ऐसा पाल तानें कि

आँधी ऊर्जा बने

विवेक और रचनात्मकताः जीत के नायाब सूत्र

ऐसा पाल तानें कि आँधी ऊर्जा बने

विवेक और रचनात्मकताः जीत के नायाब सूत्र

पवन चौधरी

लोकप्रिय लेखक व
प्रबंधन रणनीतिकार

अनुवादक : मंजरी चतुर्वेदी, रमेश चन्द्र कपूर

Wisdom Village Publications Pvt. Ltd.
Knowledge is information. Wisdom is transformation

A WISDOM VILLAGE PRESENTATION

Books from Wisdom Village envision to enhance and enrich their readers with life changing experiences from the business, mind, body and soul genres. They strive towards holistic development.

Editorial Coordinator : Anu Anand

ISBN : 978-81-90655-53-8

Published by :

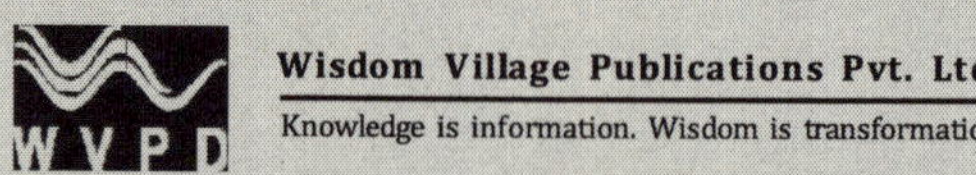

www.wisdomvillagepublications.com

To Book Your Orders:
Email: wvpdindia@gmail.com
Or Call: +91 9810800469

Published by Anu Anand; Cover Design by Sunil Mathur; Page Setting by Mamta Sahni; *Printed by* Thomson Press.

अनुक्रम

भाग तीनः शक्ति की आधारशिलायें

लेखक के बारे में

पवन चौधरी द्वारा लिखित अन्य महत्त्वपूर्ण पुस्तकें हैं: *मैकियावेली फॉर मोरल पीपल,* चाणक्य, कन्फ्यूशियस और कबीर पर लिखी *सफलता की त्रिवेणी* और दि आर एक्स फैक्टर, जो एक बिजनेस क्लासिक है। उन्होंने किरण बेदी के साथ संयुक्त रूप से दो पुस्तकों की रचना की – *ब्रूम एण्ड ग्रूम और अपराइजिंग 2011–इंडियंस अगेंस्ट करप्शन* और कांग्रेसी नेता अनिल शास्त्री के साथ मिल कर, *लाल बहादुर शास्त्री–लेसन्स इन लीडरशिप की।*

पवन फ्रान्स की एक अग्रणी बहुराष्ट्रीय कम्पनी 'वाइगॉन' के प्रबंध निदेशक हैं। इसके अतिरिक्त वह दूरदर्शन के राष्ट्र निर्माण के लिए प्रेरित करने वाले टी.वी. कार्यक्रम 'हम ऐसे क्यों हैं?' के प्रस्तुतकर्ता भी हैं। वह सी.आई.आई. के चिकित्सा प्रौद्योगिकी विभाग के अध्यक्ष हैं। वह भारत के कई सलाहकार मण्डलों के सम्मानित सदस्य भी हैं तथा एक विख्यात प्रबंधन रणनीतिकार हैं। अधिक जानकारी के लिए www.pavanchoudary.in पर लॉग ऑन करें अथवा उन्हें twitter@authorpavan पर फॉलो करें।

साभार

इससे पहले कि मैं उन लोगों के प्रति अपना आभार प्रकट करूं, जिन्होंने इस किताब को लिखने में मेरी मदद की, मैं भारत की नमोकार परंपरा में मौजूद इन पांच गुरुओं को नमन करना चाहूंगा।

अरिहंतः जिनका कोई शत्रु नहीं होता, जिन्होंने अपने विरोधी तत्वों और प्रतिकूल विचारों पर विजय प्राप्त कर ली हो और जो पूरी तरह से संतुलित अवस्था को प्राप्त हो चुके हों।

सिद्धः जिन्होंने प्रकृति पर विजय पा ली हो।

आचार्यः जिनकी भाषा, विचार और कर्म में संपूर्ण एकलयता हो।

उपाध्यायः ऐसे आचार्य, जो दूसरों को शिक्षा भी देते हों।

साधुः सभी महान सनातन आत्माएं।

मैं विशेष रूप से उन उपाध्यायों का आभारी हूं, जिनके विचारों ने मेरा मार्ग प्रशस्त किया और जिनके कामों से मैंने बहुत कुछ सीखा। उनके चरणों में खड़े होकर मैं उनके महान योगदान को पूरे अभिभूत होकर देखता हूं। उनके संचित ज्ञान के शिखर पर खड़ा हो कर मैं कुछ

और दूर तक देख पाने में सफल हुआ हूं।

इन महान हस्तियों में कुछ नाम प्रमुख हैं:

ओशो

रॉबर्ट ग्रीन और जूस्ट एल्फर्स

कबीर

मैकियावैली

अरस्तू

चाणक्य

लाओजू

फ्रेड स्मिथ

फ्रांसिस बैकन

फ्रेड्रिक नीत्शे

बेसिल बर्नस्टीन

सुकरात

वॉल्टेयर

कार्ल मार्क्स और

मैक्स वेबर

मैं अपने माता-पिता का बेहद शुक्रगुजार हूं कि लगातार मुझे प्रेरणा देते रहे। जहां मेरी मां ने संदर्भों को खोजने और उन संदर्भों को अन्य स्थानों पर प्रयोग करने में मेरी मदद की, वहां मेरे पिताजी ने अपने नये-नये विचारों के ज़रिये इस किताब को समृद्ध बनाया। मेरी प्रकाशक अनु आनन्द ने पुस्तक के विवरणों को पूरी विचारशीलता से निखारने में मेरी मदद की और अपनी ओर से पूरा प्रयास किया कि इस किताब का संदेश लाखों पाठकों तक सरलता से पहुंच सके।

मैं अपने बोर्ड के साथी सदस्यों का तहे दिल से शुक्रिया अदा

करता हूं, जिन्होंने 'वाइगॉन' नामक प्रयोगशाला की जिम्मेदारी मुझे सौंपी। यहां हमने तमाम विचारों के साथ कई स्तरों पर प्रयोग किया। इन प्रयोगों के निष्कर्ष संस्थान की सफलता का आधार बने। किताब में मौजूद कई युक्तियां इन्ही प्रयोगों का नतीजा हैं। मैं अपने को खुशकिस्मत मानता हूं कि मुझे काम करने के लिए ऐसी जबरदस्त फलक, टीम और संगत मिली।

मैं अपने उन मित्रों का भी धन्यवाद करना चाहूंगा, जिनके नाम मैं यहां सम्मिलित नहीं कर पा रहा। वे सब मेरे विशेष मित्र हैं और सभी सम्मानित, विश्वसनीय व्यक्ति हैं। अपने जीवन में उन्हें पाकर मैं स्वयं को बहुत सौभाग्यशाली मानता हूं।

भूमिका

सत्ता की दूनिया में मोटे तौर पर दो तरह के लोग होते हैं। एक वो, जिनके लिए सिर्फ अंत या साध्य महत्वपूर्ण होता है और दूसरे वो, जिनके लिए साध्य के साथ-साथ साधन भी उतना ही महत्वपूर्ण होता है। इसे सरल शब्दों में समझाने के लिए चलिए हम इन्हें नाम दे देते हैं। पहले तरह के लोगों को Vile (घाघ) कहें और दूसरे तरह के लोगों को कहें Naive (भोलेनाथ)। सत्ता के इस संघर्ष में कभी-कभी भोलेनाथ जीत जाता है, लेकिन अधिकतर मौकों पर जीत घाघ की ही होती है।

घाघ का खाका

घाघ में महत्वकांक्षाएं तो बहुत होती हैं, लेकिन अंतरात्मा बहुत कम। वह नैतिक दबावों से पूरी तरह आजाद होता है। वह उन सारी चीजों को करने के लिए स्वतंत्र है, जिसमें उसे खुशी मिलती है या जिनसे उसका स्वार्थ सिद्ध होता है। उसकी ऐसी कोई लोक छवि नहीं होती, जिसकी उसे चिंता करनी पड़े। हर वक्त उसका सारा ध्यान अपने लक्ष्य की प्राप्ति की तरफ होता है। वह सिर्फ अपनी महत्वकांक्षाओं के प्रति ही वफादार होता है। उसे इस चीज की परवाह नहीं होती कि अपने उद्देश्यों को पाने की ललक के चलते अपने ही समुदाय की नजरों में

उसकी कैसी छवि बन रही है। वह न तो संवेदनशील या दयालु है और न ही उसके लिए जीवन पिकनिक है। उसके लिए जीवन चाटुकारिता है, षडयंत्र है और संघर्ष है। वह अक्सर शक्तिशाली लोगों की खुशामद में लगा रहता है, लेकिन जो लोग उसकी योजनाओं के लिए गैर जरूरी होते हैं, उनके प्रति उसका रवैया उदासीन रहता है। वह आत्मप्रशंसा में विश्वास करता है और हमेशा दूसरों को प्रोत्साहित करता है कि वो उसकी तारीफ करें।

वह समस्याएं खड़ी करता है और समस्याएं भी ऐसी, जिन्हें सुलझाने में वह पूरी तरह सक्षम हो। लेकिन वह समस्याओं को इस तरह सामने रखता है कि वे पहले से ज्यादा गंभीर नजर आएं। समस्या का वह हिस्सा जो वह संभाल नहीं पाता, उसे दूसरे के सिर मढ़ देता है। वह अपनी रणनीतियां बदलता जाता है, ताकि दूसरे उसे समझ ही न पाएं। वह अपनी चाल भी लगातार बदलता रहता है, ताकि दूसरे लोग उसके बारे में ठीक-ठीक कयास न लगा सकें।

जैसा कि मैंने पहले ही कहा है, वह सिर्फ अपने लक्ष्य के प्रति वफादार होता है, इसलिए वह आकार विहीन है। उसका आकार उसके उद्देश्यों से निर्धारित होता है। जैसे-जैसे उसके उद्देश्य बदलते हैं, वैसे-वैसे उसका आकार। अगर उसे लगता है कि जीत उसकी होगी, तो वह उठ खड़ा होता है। अगर उसे लगता है कि वह हार सकता है, तो वह झुक जाता है। उसके न तो कोई सिद्धांत होते हैं और न ही कोई नैतिकता। दिमाग विहीन होने की अपेक्षा दिल विहीन होने में उसे अपनी ज्यादा भलाई नजर आती है। वह बिना अंतरात्मा के काम करता है। वह सिर्फ अपने लक्ष्य के प्रति सच्चा होता है और यही चीज उसकी ताकत की असली कुंजी है।

दरअसल, दो तरह के घाघ होते हैं। पहली किस्म का घाघ तिकड़मी होता है। उसका रास्ता काफी कुटिल होता है। वह अपने आप को 'वो' दिखाने की कोशिश करता है, जो वह नहीं होता। ऐसा व्यक्ति भेड़ की शक्ल में भेड़िया होता है। वह मित्रवत लुटेरा होता है। इसके शिकार कई लोगों को ताउम्र महसूस नहीं होता कि उन्हें लूटा गया है। उनमें से कुछ जब तक समझते हैं, तक तक काफी देर हो चुकी होती है।

दूसरी किस्म डराने या धमकाने वाले हेकड़ीबाज घाघ की होती है। वह अपनी ताकत से भोलनाथ को नतमस्तक करता है। उसका मानना है कि जो चीज जोर जबरदस्ती से नहीं सुलझाई जा सकती, उसके लिए और अधिक जोर जबरदस्ती की जरूरत होती है। समय के साथ, उसे अहसास होने लगता है कि भोलेनाथ टकराव को टालने में ही अपनी भलाई समझता है। यह अहसास उसे और उत्साही बना देता है और उसका आत्मविश्वास जबरदस्त बढ़ जाता है। उसका यही आत्मविश्वास उसकी सफलता की दर को कई गुना बढ़ा देता है। धीरे-धीरे उसका आतंक बढ़ने लगता है। इसके बाद वह दूसरों पर हावी होता चला जाता है।

समय के साथ-साथ घाघ चालबाजी के हुनर और हेकड़ीबाजी के फन में इतना माहिर हो जाता है कि उसके शिकार तक उसके प्रशंसा के गीत गाने लगते हैं। क्योंकि उन्हें पता होता है कि अगर वे ऐसा नहीं करेंगे तो घाघ उन्हें और प्रताड़ित करेगा। और जब ऐसा होता है तो वह 'सुपर घाघ' बन जाता है। वह भोलेनाथ और उसकी नादानी को अच्छी तरह समझ जाता है। वह आदान-प्रदान के सिद्धांत में विश्वास तो करता है, लेकिन पारंपरिक लेन देन में नहीं। वह देने में कम और लेने में ज्यादा भरोसा रखता है।

भोलेनाथ का खाका

शुरुआती दौर में अपनी सामाजिकता के चलते वह हमेशा 'बोझ का मारा' होता है। वह दयालु और प्रेमी जीव होता है और उसकी दिली तमन्ना होती है कि उसकी ऐसी ही छवि बने। वह अपनी उपलब्धियों को लेकर काफी विनम्र होता है। उसके लिए साध्य के साथ-साथ साधन भी महत्वपूर्ण होता है।

वह अपने अधिकारियों के साथ-साथ अपने नीचे काम करने वाले लोगों के साथ भी विनम्र होता है। वह जानता है कि किस जगह उसे सहयोग करना है और कहां विरोध, क्योंकि उसकी अंतरात्मा उसे ऐसा करने के लिए कहती है। हालांकि शुरू में वह घाघ की रणनीतियों और चालबाजियों को समझ नहीं पाता। समय के साथ वह घाघ को पहचानने

लगता है, फिर भी वह उसे उसकी गलतियों के लिए क्षमा कर देता है।

दरअसल, भोलेनाथ मानता है कि घाघ को उसके कर्मों का फल भुगतना पड़ेगा। उसे लगता है कि विधि का विधान होकर रहेगा। जब ऐसा होता है तो वह 'सुपर भोलेनाथ' बन जाता है। धीरे-धीरे वह एक नेक लेकिन एक पराजित व्यक्ति में तब्दील हो जाता है। नेकी का सबसे बुरा इश्तिहार। जाने-अनजाने वह एक ऐसा पिटा हुआ उदाहरण बन जाता है, जिसे देख कर लोग अच्छाई के मार्ग से ही दूर हो जाते हैं। वह समझ नहीं पाता कि कुछ स्थितियों में भला होना 'बुराई की जीत' को गारंटी करता है। वह समझ ही नहीं पाता कि कब उसे चुप बैठना है और कब आक्रामक होना है? यहां तक कि वह यह समझ पाने में भी असफल रहता है कि कभी कभार, भलाई के लिए उसे हथियार भी उठाना चाहिए। ज्यादातर तो उसके पास हथियार तक नहीं होता।

गौरतलब है कि यह किताब भोलेनाथों के लिए है। जो न सिर्फ घाघ द्वारा खेले जा रहे खेलों को समझाती है, बल्कि इनसे निपटने के तरीके भी सुझती है। यह मैकियावेली के उस विश्वास को चुनौती देती है, जिसके अनुसार भले व्यक्ति को कभी मौका नहीं मिलता और वे हमेशा बुरे लोगों के बीच रहते हुए बदहाली झेलने के लिए विवश होते हैं। साथ ही साथ किताब घाघों को यह सोचने पर भी मजबूर करती है कि दूसरे के कंधों पर चढ़कर आप वर्तमान में तो आगे बढ़ सकते हैं, लेकिन आपका कोई भविष्य नहीं होता।

आगे के पेजों में विभिन्न दलीलों, तर्कों और खोजपूर्ण अध्ययनों के आधार पर स्पष्ट किया गया है कि कैसे अच्छाई, विवेक और रचनात्मकता का मिश्रण इंसान को आखिरी जीत तक ले जाता है। इस किताब में दी गई सूक्तियां जीवन के सच्चे उदाहरणों से प्रेरित हैं, जो पाठक को जीवन के मूलभूत सिद्धांतों को समझने और याद रखने में बतौर दिशा-निर्देश मदद करेंगी।

पाठक इस किताब में ऐसे तमाम सूत्र पाएंगे, जो जीवन के हर क्षेत्र में उपयोगी हैं। कई मायनों में यह पुस्तक सार्वभौमिक और सनातन समाधानों की बात करती है।

भाग एक

घाघ की कार्यप्रणाली

अध्याय-1

श्रेय चुराना

जानकारी की साझेदारी में हमेशा श्रेय की चोरी की संभावना रहती है।

श्रेय चुराना एक ऐसा कार्य है जिसमें एक व्यक्ति आपके किसी विचार, कृत्य या सोच को चोरी कर लेता है और उसे अपना मौलिक कृत्य बता कर लोगों के सामने पेश करता है। और इस कृत्य का श्रेय चुरा जाता है।

अमेरिका के एक मेडिकल रिसर्चर डॉ. जोनास साक ने सीबीएस नेशनल रेडियो नेटवर्क पर पोलिया की टीके की खोज की घोषणा की और उसके सिर्फ दो दिन बाद उन्होंने अमेरिकन मेडिकल एसोसिएशन के एक जनरल में इस पर एक आलेख भी लिख डाला। ऐसा करते समय उन्होंने वैज्ञानिक जगत के उन तमाम नियम कायदों को ताक पर रख दिया, जिनके अनुसार किसी भी खोज को जनता के सामने रखने से पहले उसे वैज्ञानिकों के बीच रखना पड़ता है। इतना ही नहीं उन्होंने उन सभी लोगो के योगदान को भूला दिया, जिन्होंने इस सफलता को पाने में उसकी मदद की थी और वह वैक्सिन की सफलता का सारा श्रेय खुद ले उड़े। अपने क्षेत्र की मर्यादाओं के इस अनादर के चलते

डॉ. जोनास आगे चलकर न सिर्फ अकेले और कुंठित रहने पर विवश हुए, बल्कि उन्हें अपने काम के लिए फंड जुटाने और दूसरों का सहयोग पाने में काफी मुश्किलों का सामना करना पड़ा।

वैसे, श्रेय चुराने की घटनाएं हर तरफ देखने को मिलती हैं। विज्ञान, कला व व्यवसाय से लेकर रंगमंच खेल, फिल्म व राजनीति की दुनिया तक में श्रेय लुटाने के किस्से आम हैं।

श्रेय लुटाने के तमाम रूप और पैंतरे होते है। जो पैंतरे सबसे ज्यादा इस्तेमाल में आते हैं, वे यहां दिए जा रहे हैं।

पैंतरा न. 1 : **यह टीम वर्क है :** अगर कोई विचार घाघ का नहीं होता और न ही उसे उस पर अपना स्वामित्व जमाने की संभावना दिखाई देती है, तो वह बड़े प्यार से इसे 'टीम वर्क' करार देता है। उसके ऐसा कहने से इस विचार का जन्मदाता कहीं पीछे छूट जाता है और देखने वाले भोलेनाथ इस भ्रम में रहते हैं कि घाघ कितना उदार है, जो अपने किए का श्रेय अपनी टीम को दे रहा है।

पैंतरा न. 2 : **मैं सोचकर बताऊंगा :** इस पैंतरे की मदद से दूसरे व्यक्ति के सामने चुग्गा फेंका जाता है, ताकि यह पता लग सके कि वह इस काम के श्रेय में घाघ को साझेदारी देने के लिए तैयार है या नहीं। अगर उस विचार का जन्मदाता उसका श्रेय बांटने को तैयार नही होता तो घाघ इसे दबाकर बैठ जाता है। इस तरह, अगर घाघ श्रेय लेने में कामयाब नहीं हो पाता, तो वह किसी ओर को भी श्रेय नहीं लेने देता।

पैंतरा न. 3 : **गैर मौजूद लोगों के काम का श्रेय बटोरना :** इस पैंतरे का इस्तेमाल घुटे हुए घाघ करते हैं। टीम से जो साथी जा चुके हैं, उनके सारे विचारों को अपना बनाकर पेश किया जाता है। चूंकि इन विचारों के असली जनक इन पर अपना मालिकाना हक जताने के लिए आने से रहे, इसलिए यहां किसी विवाद की संभावना काफी कम बचती है। इस पैंतरे का दूसरा रूप है कि काम बिगड़ने पर बड़ी आसानी से सारा दोष उनके मत्थे मढ़ दो, जो इस परिदृश्य में अब मौजूद नहीं हैं।

पैंतरा नं 4 : **किसी दूसरे के प्रतिफलों की चोरी कर लेना :** कभी-कभी लोग दूसरों के विचारों की चोरी कर लेते हैं और कभी-कभी दूसरों के परिणामों का श्रेय उनसे छीन लेते हैं। प्रतिफल छीन लेने की घटनायें अक्सर उन संगठनों में होती हैं जहां उत्पादन के साथ प्रोत्साहन से संबंधित योजनायें जुड़ी होती हैं। ऐसे संगठनों में घाघ अपने सहकर्मियों की उपलब्धियों पर अपना दावा पेश करने का प्रयास करते हैं।

पैंतरा नं 5 : **क्षितिज पर प्रकट होने वाले श्रेय को चुराना :** कभी-कभी घाघ को यह अंदाज़ा हो जाता है कि आने वाले समय में शीघ्र ही किसी प्रोजेक्ट को सराहना मिलने वाली है। वह जल्दी से जल्दी औपचारिक या अनौपचारिक रूप से उस प्रोजेक्ट में अपना स्थान बनाने में सफल हो जाता है।

पैतरा नं. 6 : **दूसरों की अपेक्षा ज्यादा विश्वसनीय ढंग से कामयाबी की कहानी का ब्योरा पेश करना :** घुटा हुआ घाघ जब अपनी सफलता की कहानी का ब्यौरा देना शुरू करता है, तो सामने मौजूद भोली-भाली जनता सोचने लगती है कि यह विचार सचमुच इसी का है। उसे लगता है कि अगर विचार किसी और का होता, तो भला इसे इतनी जानकारियां कहां से होतीं। हालांकि इस बखान में बड़ी उदारता से 'हम' या 'हम सब' जैसे शब्दों का इस्तेमाल किया जाता है, ताकि जनता के जेहन में चालाक घाघ की छवि ऐसे उदारमन इंसान की बन सके, जो खुशी-खुशी अपनी कामयाबी का श्रेय अपनी टीम के साथियों के साथ बांटने को तत्पर दिखाई देता हो। दरअसल, एकल गान में सामूहिक स्वरों (कोरस स्टाइल) के इस्तेमाल की यह युक्ति टीम के सदस्यों को भी भ्रम में डाल सकती है। इन ठगे गए लोगों में से कुछ भोलेनाथ यह भी सोच सकते हैं कि घाघ उनकी उपलब्धियों को प्रचारित कर रहा है। ऐसा हर्गिज नहीं है। वह इस विचार पर अपना पितृत्व साबित करने में लगा हुआ है।

पैंतरा नं. 7 : **किसी विचार की वकालत करना :** एक तरह से यह पैंतरा भी पैंतरं नं. 4 का भाई-बंधु ही नजर आता है। समय के साथ कई सफल विचार जनता की नजरों में इसलिए पड़ जाते हैं, क्योंकि

किसी विचार और उसके नतीजे के आपसी संबंधों में हमेशा कोई स्पष्टता नहीं होती। ऐसे मौकों पर जो भी उस योजना या विचार की वकालत करता नजर आता है, उसे ही इसका जनक मान लिया जाता है। ज़ाहिर है, घाघ बड़ी दिलेरी से ऐसी वकालत के लिए तत्पर दिखाई देता है।

पैतरा नं. 8 : **बाटों और लागू करो :** महा घाघ का यह तरीका पूरी तरह से गोपनीयता और प्रभुता के सिद्धांत पर आधारित है। इसमें घाघ योजना के अमलीकरण की पूरी रूपरेखा की चर्चा किसी से नहीं करता। सबसे पहले वह पूरी टीम को छोटे-छोटे हिस्सों में बांट देता है, फिर हर हिस्से को अलग-अलग सीमित जानकारी देता है। इस तरह वह हरेक को हर अगले कदम की सूचना के लिए खुद पर निर्भर बनाए रखता है। दरअसल, इस तरह उसकी छवि एक अपरिहार्य नेता के तौर पर उभरने लगती है।

भोलेनाथ के लिए सुझाव

- अपने विचारों को चोरी होने से बचाने का सबसे अच्छा तरीका है कि उन्हें पूरी तरह संभाल कर रखा जाये।
- **अपने सर्वश्रेष्ठ विचारों को दस्तावेज की शक्ल दें।** इसके लिए आप अपने विचारों को तिथिवार लिख लें। यदि आपके पास इनसे संबंधित कोई दस्तावेज, प्रिंट आउट, रेखाचित्र, चित्र, समाचारपत्रों की कतरनें, फोटोग्राफ और अन्य कोई ऐसी वस्तुएं हैं, जिसने आपके उस विचार के लिए प्रेरणा प्रदान की है, तो उन्हें भी संभाल कर रखें। इससे आपको यह प्रमाणित करने में मदद मिलेगी कि वह विचार वास्तव में आपके दिमाग़ की उपज है क्योंकि उसकी उत्पति के संबंध में आपके इलावा कोई अन्य व्यक्ति नहीं बता सकता।
- **प्रमाण छोड़ना बहुत ज़रूरी है।** यदि आपका बॉस या ऑफिस का कोई साथी लगातार आपका विचार चोरी कर रहा है अथवा आपको भय है कि वे ऐसा करेंगे, तो उस विचार के पीछे कोई न कोई दस्तावेजी प्रमाणों की श्रृंखला अवश्य छोड़ें, जो आपके मूल स्वामित्व को सिद्ध करें। अपने विचारों को साझा करने के लिए केवल मौखिक बातों पर यकीन न करें।

- **यदि संभव हो तो आप मौखिक बातचीत की अपेक्षा कोई ईमेल या लिखित नोट भेजें।** मूल संदेश की एक प्रतिलिपि अपने पास अवश्य संभाल कर रखें।
- **अपने विचारों की एक लिखित कापी स्वयं अपने नाम पर रजिस्टर्ड डाक से अवश्य भेज दें।** उस लिफाफे को आप खोलें नहीं, उसे वैसे का वैसा अपने पास संभाल कर रखें। यदि कोई अनुचित ढंग से आपके विचार को अपना बताता है या वह कहता है कि वह विचार आपसे पहले उसके दिमाग़ में आया था, तो आप वह लिफाफा अदालत के सामने खोल कर उसे प्रमाणित कर सकते हैं, जिस पर किसी पिछली तिथि की मुहर लगी होगी। इससे साबित हो जायेगा कि वह विचार आपके दिमाग़ की उपज है, किसी और की नहीं। यह किसी ग़रीब के पेटेंट के समान है। इस तिकड़म का मुझे तब पता चला था जब मैंने बॉलिवुड अभिनेता सलमान खान पर मुकदमा किया था और मैं अदालत में यह साबित करने में सफल रहा था कि फिल्म 'वीर' का एक महत्त्वपूर्ण संदर्भ मेरी सोच पर आधारित था।
- **किसी व्यक्ति को अपना गवाह बना कर रखें।** आप सार्वजनिक रूप से भी अपने विचारों को प्रकट कर सकते हैं। आप किसी बैठक में हिस्सा लेते हुए, किसी सामूहिक परिचर्चा में या फिर ऑफिस लंच के दौरान भी ऐसा कर सकते हैं, जहां कई लोग आपके साक्षी के रूप में उपस्थित होते हैं।

घाघ के लिए सुझाव

- अगर तुम लंबे समय तक टिकना चाहते हो तो अपनी खूबियों पर जीना सीखो।
- अपना प्रभाव जमाने की बात छोड़कर अपने काम पर ध्यान केंद्रित करो।
- *दो तरह के लोग होते हैं: एक, जो काम करते हैं और दूसरे, जो इसका श्रेय लेते हैं।*

— इंदिरा गांधी

शासक के लिए सुझाव

- किसी भी नए विचार या नई चीजों की शुरुआत हमेशा यथास्थिति के लिए एक चुनौती होती है। अगर इस तथ्य को पूरी तरह समझकर काम किया जाए, तो उस नई शुरुआत पर राजनीति होने की संभावना को कम किया जा सकता है।
- प्रयास करें कि इन नये विचारों का जनक ही इन्हें लोगों के सामने लेकर आये ताकि उसे उसका उचित श्रेय मिले।
- अपनी टीम का मूल्यांकन करते समय खोज या मौलिक विचारों पर ज्यादा ध्यान केंद्रित करें। साथ ही, ऐसा कोई औपचारिक तरीका निकालें, जिससे मौलिक विचारों के जनकों को ना सिर्फ पहचाना जा सके, बल्कि उन्हें पुरस्कृत भी किया जा सके।
- श्रेयों को बांटना और दोषों को अपने सिर लेना सीखो।

अध्याय-2

अपनी प्रशंसा को बढ़ावा देना

दूसरों द्वारा प्रशंसित प्रतिभाविहीन भी प्रतिभावान समझे जाते हैं। जबकि इंद्र जैसे देवता भी आत्मस्तुति करने पर तुच्छ नजरों से देखा जाता है।

– एक हिंदु सूक्ति

दूसरों से अपनी सत्ता या अधिकार को बचाए रखने के लिए अपनी तारीफ करवाना भी श्रेय बटोरने का एक और तरीका है। कई बार घाघ सीधे तौर पर किसी दूसरे का श्रेय खुद लेने की नहीं सोच सकता, क्योंकि इसमें उसके श्रेय हथियाने वाले की छवि बनने का खतरा रहता है। चूंकि वह दंभी लगने के डर से अपना भोंपू खूद नहीं बजा सकता, इसलिए उसे अपने आत्म-प्रचार के लिए दूसरे की जरूरत पड़ती है।

दूसरों से प्रशंसा पाने के लिए वह निम्नलिखित पैंतरों का इस्तेमाल करता है।

तरीका नं. 1 : **अपनी तारीफ पर मुस्कुरा दो :** अपनी हर तारीफ पर घाघ मुस्कुरा देता है। उसकी मुस्कुराहट पूरी तरह से साफ कर देती है कि उसे तारीफ पसंद है। इस तरह उसे ज्यादा से ज्यादा तारीफ मिलने लगती है।

तरीका नं 2: **अपने कार्यों का औरों के सामने बखान करना :** इस तरीके का इस्तेमाल अपने मातहतों को प्रेरित करने के लिए किया जाता है, ताकि वह औरों के सामने घाघ के कामों का बखान करें।

तरीका नं. 3 : **खुशामदियों को पुरस्कृत करना :** यह घाघ का एक घातक पैंतरा है, जहां वह मातहतों में चापलूस स्वभाव को एक खूबी के तौर पर देखता है। वह जानबूझ कर ऐसे चापलूसों को पदोन्नति देता है, वेतन में भारी वृद्धि, आकर्षक जॉब प्रोफाइल और एक बड़ी सी कार या एक बड़े ऑफिस के रूप में स्पष्ट दिखाई देने वाले भत्ते मुहैया कराता है जो सब अपने आप में सत्ता के प्रतीक हैं।

जब यह पैंतरा खेल लिया जाता है तो बाकी समझदार कर्मचारियों तक भी 'तलवे चाटने' का संदेश साफ तौर पर पहुंच जाता है। चूंकि कर्मचारियों को चापलूसी प्रदर्शन का अनुपात सीधे तौर पर संगठन में उनकी प्रगति से जुड़ जाता है, इसलिए घाघ की तारीफ की मात्रा, स्तर और आवृति में जबरदस्त इज़ाफा होने लगता है।

भोलेनाथ के लिए सुझाव

- जब कोई डींगें हांक रहा हो, तो आपका ख़ामोश रहना ही बेहतर है। अगर यह काम न करे तो आप भी डींगें मार कर देखें। अक्सर यह तरकीब दूसरे व्यक्ति को मुद्दे की बातों पर लाने में कामयाब सिद्ध होती है।
- *'मेरी खुशामद करें, तो मैं शायद आप पर विश्वास नहीं करूंगा, मेरी आलोचना करें, तो मैं शायद आपको पसंद नहीं करूंगा, मेरी अनदेखी करें, तो मैं शायद आपको क्षमा नहीं करूंगा, मुझे प्रोत्साहित करें, तो मैं आपको कभी नहीं भूलूंगा।'*

– विलियम आर्थर वार्ड

घाघ के लिए सुझाव

- अपनी सहायता पर फिदा होना ठीक नहीं। चूजे की तरह उस मुगालते में मत रहिए कि मेरे सिर पर ही आसमान टिका है।
- अगर आप चाहते हैं कि लोग आपके बारे में अच्छा बोलें, तो आप खुद अपने बारे में अच्छा बोलना छोड़िए।
- जब आप अपनी गलतियों के बारे में सुनना नापसंद करते हैं, तो एक दिन दुर्भाग्यपूर्ण मौके आते हैं।
- जैसे ही आप डींगें हांकना शुरू करते हैं, आपकी प्रगति रुक जाती है।

शासक के लिए सुझाव

- इस दुनिया में बेकार की प्रशंसा बहुतायत में मिलती है।
- जब आपकी प्रशंसा हो तो उसे झूठी विनम्रता या श्रेष्ठता की भावनाओं के बिना ग्रहण करें।
- किसी व्यक्ति विशेष की बजाए पूरी टीम को श्रेय देकर अपने संगठन को चापलूसों से बचाएं।
- अगर उच्चाधिकारी खुद शेखीबाज होगा तो उसके मातहत भी उसकी शेखी बघारने में लग जाएंगे और संस्थान के काम में हर्जा होगा।

अध्याय-3

फूट डालो, राज करो और खुद बेलगाम रहो

कोई भी तानाशाह अपनी प्रजा/अपने अधीनों को खुद से प्यार न करने के लिए आसानी से माफ कर सकता है, बशर्ते वे आपस में एक दूसरे से प्यार न करें।

— एलेक्सी डी टोकिएविली

जनरल ज़िया उल हक ने फौजी तख्ता पलट के जरिए तत्कालीन प्रधानमंत्री जुल्फिकार अली भुट्टो की सत्ता को उखाड़ फेंका और उनकी जगह वह खुद पाकिस्तान के राष्ट्रपति बन बैठे। अपने शासनकाल में जब भी वह किसी विदेश यात्रा पर गए तो अपने साथ वह अपने मातहतों को भी ले गए। इस तरह वह आश्वस्त होना चाहते थे कि उनकी अनुपस्थिति में कोई उन्हें अपदस्थ न कर पाए। इस खेल का एक ही लक्ष्य था कि जो मिलकर उनकी सत्ता पलट सकते हैं, वे हमेशा उनकी नजरों के सामने रहें और उनके खिलाफ कोई षडयंत्र न रच सकें।

आगे इस खेल के कुछ खास पैंतरों का जिक्र किया जा रहा है।

पैंतरा नं. 1 : **दुर्लभ पुरस्कार का लालच देकर आपस में लड़वाना :** इस पैंतरें के तहत घाघ लोगों को आपस में उनके स्वार्थ को लेकर लड़वाता है। स्वार्थ बेहद मामूली भी हो सकते है जैसे कि घाघ की नजरों में चढ़े रहना। ऐसे में जितने भी लोग फायदा लेना चाहते हैं, उनमें आपसी संघर्ष शुरू हो जाता है। जब तक उनका आपसी संघर्ष चलता रहता है, तब तक घाघ बेखौफ शासन करता है।

पैंतरा नं. 2 : **एक की मदद से दूसरे को ठिकाने लगाना :** इसके तहत संस्थान के फायदे की आड़ में लोगों को एक दूसरे पर हमला करने के लिए उकसाया जाता है। घाघ इस पैंतरे को अपने आपको यह समझाते हुए सही ठहराता है कि संस्थान में इस किस्म की आक्रामकता से न सिर्फ लोगों की काबलियत निखरती है, बल्कि संस्थान की कार्यक्षमता का भी विकास होता है।

पैंतरा नं. 3 : **चुगली का इस्तेमाल :** इसके तहत एक मातहत को यह बताया जाता है कि दूसरे मातहत ने उसके काम या व्यवहार के बारे में कब, क्या कहा। नतीजा होता है कि प्रतिक्रिया स्वरूप अक्सर पहला मातहत उस व्यक्ति की बुराई शुरू कर देता है, जिसने कथित रूप से उसके खिलाफ कुछ कहा था। फिर घाघ इस मातहत की बात को बढ़ा चढ़ाकर पहले वाले को बता देता है। इस तरह वह दोनों के बीच मनमुटाव पैदा कर देता है।

पैंतरा नं. 4 : **मुझे पारदर्शिता चाहिए :** घाघ इस बात पर इसलिए जोर देता है कि उसके मातहतों के बीच चलने वाली हर गतिविधि की तस्वीर उसके सामने हो, मसलन उनके बीच आपस में क्या मनमुटाव चल रहा है, परस्पर वे लोग कैसा बर्ताव कर रहे हैं या क्या बात कर रहे हैं। उराके ऐसे उकसावे से प्रेरित होकर मातहत अपने साथियों की हर छोटी-बड़ी गलती के बारे में उसे बताते रहते हैं। इस तरह वे कभी एकजुट होकर घाघ के लिए खतरा नहीं बन पाते। अगर घाघ के मातहतों में आपसी अनबन चलती रहती है तो वह जज की भूमिका पा जाता

है। इस तरह वह न सिर्फ अपनी सत्ता को मजबूत करता है, बल्कि मातहतों के बीच अपना कद भी बढ़ा लेता है।

पैंतरा नं. 5 : **हर शिकायत को बेहद गंभीरता से लेने का दिखावा करना :** यह घुटे हुए घाघ का एक जबरदस्त पैंतरा होता है। जब भी कोई मातहत उसके पास दूसरे साथी की शिकायत लेकर पहुंचता है, तो वह उस शिकायत को इतनी गंभीरता से लेता है, जिससे शिकायत करने वाला और अधिक मुखबिरी के लिए प्रोत्साहित हो उठता है। उधर खुद घाघ बड़ी चालाकी से कुछ भी बोलने से बचता है, क्योंकि उसे पता है कि बाद में उसके शब्दों को तोड़ा-मरोड़ा जा सकता है। वह इशारों-इशारों या शारीरिक हाव-भाव से ही अपनी गंभीर प्रतिक्रिया जाहिर करता है, क्योंकि शारीरिक हावभावों का शिकायत या निंदा में उल्लेख होने का ख़तरा नहीं होता। दूसरे शब्दों में, वह अपराध तो करता है, लेकिन कोई सबूत नहीं छोड़ता।

'फूट डालो और बेलगाम रहो' का पैंतरा : यहां घुटे हुए घाघ के एक और जबरदस्त पैंतरे का जिक्र करना जरूरी है। मैंने इस तरह के पैंतरे का इस्तेमाल अक्सर सत्ता के ऊंचे स्तर पर होते देखा है, इसलिए मैं इसे 'फूट डालो और बेलगाम रहो' वाला दांव कहता हूं।

लेकिन इसे समझने से पहले आइए एक कहानी सुनते हैं...

एक जंगल में चीलों और कौवों ने आपस में समझौता किया कि जब भी वे किसी जानवर का शिकार करेंगे तो उसे आपस में आधा-आधा बांट लेंगे। एक दिन उन्हें एक घायल लोमड़ी दिखाई दी। कौवों ने तय किया कि वे उसका ऊपरी हिस्सा खाएंगे, जबकि चीलें उसका निचला हिस्सा खाने के लिए तैयार हो गईं। घायल लोमड़ी ने चीलों को सलाह दी कि चूंकि वे कौवों से ज्यादा महान है, इसलिए उन्हें उसके शरीर का ऊपरी हिस्सा मिलना चाहिए। इस सुझाव के बाद चीलों और कौवों में झगड़ा शुरू हो गया। यह लड़ाई इतनी हिंसक हो उठी कि दोनों ही पक्षों की तरफ से कोई जिंदा नहीं बचा। सारी चीलें और कौए मारे गए। इसके बाद चालाक लोमड़ी ने मरे हुए चीलों और

कौवों की दावत उड़ानी शुरू कर दी। इस घटना से उसने निष्कर्ष निकाला कि ताकतवरों की आपसी लड़ाई से कमजोर को फायदा होता है।

घुटा हुआ घाघ सिर्फ अपने मातहतों में ही नहीं, बल्कि अपने अधिकारियों में भी फूट डालने का पैंतरा खेलता है। ऐसा करके वह जवाबदेही से बचना चाहता है। इस दांव की मदद से घुटा हुआ घाघ अपने वरिष्ठ अधिकारियों के बीच के आपसी मतभेद को और हवा देता रहता है और अपने अधिकारियों में मनमुटाव पैदा कर देता है। इस तरह उसकी जवाबदेही कम हो जाती है और तब हर अधिकारी उसे अपनी तरफ मिलाने के लिए तत्पर रहता है। वह अपने अधिकारियों के बीच की मौजूद उस दुर्भावना का पूरा फायदा उठाता है, जो उसने पैदा की थी। अगर उसे लगता है कि दुर्भावना की यह आग मंदी पड़ने लगी है तो वह फिर से हवा देने लगता है।

घाघ के लिए सुझाव

- 'फूट डालकर राज करने' का पैंतरा दिखाते ही आप यह जाहिर करने लगते हैं कि आपको अपनी ताकत पर भरोसा नहीं है, इसलिए खुद आप ही का प्रभाव कम होने लगता है। जब आप फूट डालकर राज करते हैं तो आपके सहकर्मी न जाने कैसे सटीक ढंग से यह ताड़ लेते हैं कि आप उनके संगठित होने पर उनका सामना नहीं कर पाएगें। यह चीज आपके प्रभुत्व को खत्म करने लगती है।

शासक के लिए सुझाव

- 'फूट डालो राज करो' की रणनीति किसी भी संस्थान को स्थायी चोट पहुंचाती है। यह सच है कि घर्षण से ही धार पैदा होती है, लेकिन जरूरत से ज्यादा घर्षण संस्थान की आत्मा को ही नष्ट कर देता है। स्वस्थ प्रतिद्वंद्विता के लिए, हल्के-फुल्के आपसी मतभेद को ही स्वीकार किया जा सकता है। दरअसल, इस तरह का स्वस्थ घर्षण उसे घिसने के बजाए चमकाएगा।

अध्याय-4

नस पकड़ना

हर आदमी के अंदर एक न एक कमजोरी होती है। यों कहें कि उसके किले में एक दरार होती है। उसकी यह कमी असुरक्षा का भाव, अनियंत्रित भावना या जरूरत भी हो सकती है। यह कोई बहुत छोटा सा खुशनुमा राज भी हो सकता है।

– रॉबर्ट ग्रीन और जूस्ट एल्फरस

इर्विंग पॉल स्विफ्टी लाजार (1907-1993) हॉलीवुड का एक बहुत नामी, तेज तर्रार और प्रसिद्ध सुपर एजेंट था। उसे इस बात का गर्व था कि वह अपने क्लाइंट की किताब को देखे या पढ़े बगैर उन्हें ऊंचे दाम दिलवा देता था। उसकी मदद लेने वालों में इंगलैंड के नोएल कावर्ड, कोल पोर्टर, जॉन कालिन्स से लेकर मेडोना और ट्रूमैन कापोटी तक शामिल थे।

एक बार इर्विंग लाजार स्टूडियो मुगल जैक वॉर्नर को एक नाटक बेचना चाहता था। इस सिलसिले में वह वॉर्नर से मिला और एक लम्बी

मिटिंग भी की, लेकिन इस मिटिंग के दौरान उसने इस नाटक के बारे में कोई जिक्र नहीं किया। उसने तय किया कि वह अगले सप्ताहांत तक इंतजार करेगा। दरअसल, हर सप्ताहांत में वॉर्नर पाम स्प्रिंग्ज में नहाने और स्पा के लिए जाते थे। लाजार को पता था कि 80 वर्षीय वॉर्नर बहुत ही कमजोर आत्मसम्मान वाले व्यक्ति हैं। उन्हें ये पसंद नहीं था कि कोई उन्हें निर्वस्त्र देखे। लाजार ने उनकी इस कमजोरी का फ़ायदा उठाने की योजना बनाई। उसने तय किया कि वह वॉर्नर से निर्वस्त्र ही मिलने जाएगा, क्योंकि उसे निर्वस्त्र रहने से कोई फर्क नहीं पड़ता था। लाजार ने तय किया कि वह वॉर्नर के पास जाएगा और उनसे इस सौदे की बात करेगा। इससे न सिर्फ वॉर्नर झेंप जाएगें, बल्कि बातचीत से बचने की भी कोशिश करेगें। ऐसे में उनके सामने सबसे आसान तरीका 'हां' कहकर बच निकलना होगा। लाजार ने तय किया कि जब तक वॉर्नर हामी नहीं भरेगें, वह उनके सामने खड़ा रहेगा और वॉर्नर उसे बर्दाशत नहीं कर पायेगें। आखिर उन्हें हां कहना ही पड़ेगा।

दो हफ्ते बाद दुनिया को खबर मिली कि वॉर्नर ब्रदर्स ने इस नाटक को खरीद लिया है। ये सौदा ठीक उसी तरीके से हुआ, जैसे लाजार ने सोचा था।

यह उदाहरण घुटे हुए घाघ नस पकड़कर अपनी बात मनवाने का सटीक उदाहरण है। घुटा हुआ घाघ हर इंसान की कमजोर नस ढूंढता है। इस पैंतरे के दो रूप हैं। पहले में तो किसी की कमजोरी का इस्तेमाल किया जाता है। सिद्ध घाघ यह पहचानने लगता है कि भोलेनाथ को किस तरह उकसाया जा सकता है। साथ ही, वह भोलेनाथ के पूरे बर्ताव पर भी नज़र रखता है। फिर भोलेनाथ से एक खास प्रतिक्रिया पाने के लिए वह उसे उकसाता है। भोलेनाथ झांसे में आ जाता है और घाघ का मनोरथ सिद्ध हो जाता है।

एक बार घाघ A ने अपने मातहत B (भोलेनाथ) से कहा कि वह अपने मातहत C की परफॉर्मेंस रिर्पाट में नकारात्मक प्रतिक्रिया लिखे। B ने हल्की फुलकी टिप्पणी लिखी और वह उसे घाघ के पास ले गया। घाघ ने प्रतिक्रिया को असहमति भरी निगाहों से देखा, लेकिन फार्म को

अपने दराज में ये कहते हुए रख लिया कि मुझे लगता है कि मुझे ही इस प्रतिक्रिया को थोड़ा और तीखा बनाना पड़ेगा। जबकि घाघ अच्छी तरह से जानता था कि वह B की टिप्पणी को बदल नहीं सकता था। अगले कुछ दिनों तक उसने B से इस बारे में कोई जिक्र नहीं किया। फिर एक दिन A ने किसी बहाने से C को अपने केबिन में बुलवाया और उस टिप्पणी वाले फार्म को दराज से निकाल कर B के सामने रख दिया और चुपचाप अपना काम करता रहा। उसने बड़ी ही चतुराई से अपनी चुप्पी का इस्तेमाल करके C को इस तरह प्रेरित किया कि वह फार्म पर वैसी ही टिप्पणी लिख दे, जैसी घाघ चाहता था।

A को खुश करने के लिए B ने कहा कि लगता है कि आपको मेरी टिप्पणी पसंद नहीं आई, तभी आप इससे संतुष्ट नहीं हैं। ठीक है, मैं टिप्पणी को और तीखा कर देता हूं। A ने सिर हिलाकर हामी भरी। उसकी आंखों में अपनी जीत की चमक थी कि कैसे उसने अपने खुशामदी मातहत की भावनाओं को ठीक ढंग से पढ़ लिया था और वह उसे उसी तरह से चलाने में सफल रहा, जैसे वह चाहता था।

कमजोर नस का इस्तेमाल करने के अगले पैंतरे में या तो किसी व्यक्ति से कोई गलती करवाई जाती है या उसे अपने द्वारा की जा रही गलती में भागीदार बना लिया जाता है। इस पैंतरे में पहले तो घाघ अपने शिकार को अपनी किसी कुटिल योजना में शामिल होने के लिए बाध्य करता है और फिर ग्लानि का साझा भागीदार बना देता है। इसके बाद वह उसे अपनी मर्जी के मुताबिक चलाना शुरू कर देता है। 1920 के दशक में फ्रांसीसी जालसाज सर्जे स्ताविस्की ने भी इसी पैंतरे को खेल कर वहां की सरकार को अपनी जालसाजी में इस कदर फंसा लिया था कि सरकार उसके खिलाफ किसी भी जांच का आदेश ही नहीं दे पाई।

एक नामी समाचार पत्रिका के घाघ एडिटर ने कहीं यह बयान दिया था : 'मैंने जिस भी मालिक के साथ काम किया, उन पर कभी विश्वास नहीं किया। मैं हर बार अपने कार्यकाल के शुरुआती दौर में ही उन्हें किसी एक गलत काम में फांस देता हूं। और फिर उसे छिपाने

में उनकी मदद करता था। इसलिए ये मूल्यहीन मालिक हमेशा मुझसे कायदे से पेश आते रहे, क्योंकि वे जानते थे कि मैं उनके काले कारनामों का कच्चा चिट्ठा रखता हूं। असल में भेड़िये को काबू में करने के लिए खुद भी भेड़िया बनना पड़ता है।'

आपकी असफलता के दौर में जो लोग आपको नुकसान पहुंचा सकते हैं, उन्हें काबू में रखने की ये चतुर रणनीति है।

अध्याय-5

मानसिक दबाव बनाना

अधिकांश भावनाओं का स्त्रोत भय होता है।

– अज्ञात

किसी के ऊपर मानसिक रूप से दबाव डालने का उद्देश्य उसे डरा कर उसके ऊपर हावी हो जाना होता है। इसमें कोई शक नहीं कि अल्प अवधि के लिए डर शासन का एक उपयोगी औज़ार है। लेकिन सत्ता के मद में चूर घाघ कभी-कभी यह नहीं समझ पाता कि सही तरह का डर पैदा करना महत्वपूर्ण है। शासित व्यक्ति को इस बात का एहसास जरूर होना चाहिए कि गलती होने पर सजा मिल सकती है। हालांकि सजा देने का मकसद गलती करने वाले को सुधारना होना चाहिए, न कि उसे परेशान करना। दरअसल, सजा तभी दी जानी चाहिए, जब अनुशासन काम करना बंद कर दे।

अगर बेलगाम होकर लोगों को आंतकित किया जाए, तो इसका असर उल्टा ही पड़ता है। घुटा हुआ घाघ यह बात अच्छी तरह से जानता है। इसलिए अगर वह एक आदमी से नाराज होता है तो अक्सर दूसरों से बेहद मीठा बर्ताव करने लगता है।

लोगों को धमकाने और अपनी ताकत बढ़ाने के लिए घाघ निम्नलिखित पैंतरों का इस्तेमाल करता है।

पैंतरा नं. 1 : **यह सब नज़रों का खेल है :** घाघ अपने दिमाग में सबसे महत्वपूर्ण बात यह गांठ बांधकर रखता है कि सत्ता असल में नजरों का खेल है ओर कुछ नहीं। अगर आपको लगता है कि आपके पास ताकत है तो वह है। वरिष्ठ बॉस के कमरे से बाहर निकल कर लोगों को डांटना उसका पसंदीदा पत्ता होता है। चूंकि शीर्ष बॉस से हुई मुलाकात के फौरन बाद ही इस तरीके की डांट डपट की जाती है, ऐसे में डांट खाने वाले व्यक्ति को लगता है, शीर्ष बॉस घाघ के जरिए अपना गुस्सा प्रदर्शित कर रहा है।

अक्सर भविष्य में होने वाले निर्णय का अहसास होते ही घाघ ऐसा बर्ताव करता है कि यह निर्णय वही ले रहा है या इस निर्णय को लेने में उसने बड़ी भूमिका निभाई है। कभी-कभी घाघ यह दावा भी करता है कि दूसरे वरिष्ठ जनों की अपेक्षा उसे एक खास ढंग से ही बुलाया जाए। इस तरह से वह वरीयता क्रम में अपनी स्थिति को और अधिक मजबूत बनवा लेता है, ताकि लोगों को उसकी शक्ति के बारे में फिर कोई संशय न रह जाए।

नीचे पैट्रिक फ्रेंच की लिखी किताब 'लिबर्टी और डेथ' का एक उदाहरण दिया जा रहा है, जिसमें पैट्रिक ने उस शुरुआती कारण की चर्चा की है, जिसके चलते गांधी और जिन्ना के बीच मनमुटाव हुआ।

जिन्ना को लगा कि गांधी की रणनीतियां एक राजनैतिक अभियान को 'विशुद्ध आध्यात्मिक अभियान' में बदल रही हैं। जैसे ही वह बोलने के लिए मंच पर खड़े हुए पार्टीजनों ने 'शर्म करो-शर्म करो' के नारे लगा कर उन्हें चुप कराने की कोशिश की। साथ ही, गांधी जी को 'मिस्टर गांधी' कहने के लिए भी उनकी खिल्ली उड़ाई। पार्टीजनों का कहना था कि बापू के लिए 'मिस्टर गांधी' नहीं, 'महात्मा गांधी' का सम्बोधन कीजिए। यहां ध्यान देने वाली बात यह है कि इस पूरी घटना में ऐसा कोई उल्लेख नहीं मिलता, जहां महात्मा ने अपने अनुयायियों को ऐसा करने से रोका हो। नतीजा हुआ कि 'हिन्दु मुस्लिम' एकता

की पैरवी करने वाले और 'लखनऊ समझौते' के जनक जिन्ना को कांग्रेस की इस सभा से दुत्कार कर निकाल दिया गया। इस घटना के बारे में जिन्ना के जीवनी लेखक ने लिखा है : 'इस घटना के बाद जिन्ना ने तुरंत मध्य भारत छोड़ने का फैसला कर लिया और अगली ही ट्रेन से वह अपनी पत्नी के साथ वहां से वापस चल दिए। नागपुर में मिली इस हार की याद हमेशा के लिए उनके दिल में घर कर गई।' (शायद शुरू-शुरू में गांधी जैसा सिद्ध पुरुष भी आत्म-स्तुति के अपने मोह को तब तक काबू नहीं कर पाया था।)

1960 के दशक के शुरू में संयुक्त राज्य अमेरिका के राष्ट्रपति केनेडी के प्रशासन में सेक्रेटरी ऑफ स्टेट डीन रस्क और राष्ट्रीय सुरक्षा मामलों में राष्ट्रपति के विशेष सहायक मैकजॉर्ज बंडी के बीच सत्ता का संघर्ष शुरू हो गया। बंडी उस खास किस्म के इंसानों का सटीक उदाहरण थे, जिन्हें 'प्रशासन का आदमी' कहा जाता है। उनकी निष्ठा अपने और अपने जैसे लोगों के लिए ही थी। उन्होंने अपनी शक्ति बढ़ाने के लिए एक तरफ तो अपने ही जैसे लोगों को शीर्ष पदों पर रखना शुरू कर दिया, जबकि दूसरी ओर अपनी अनौपचारिक मित्र मंडली से लिए गए लोगों को सरकारी पदों पर भरना शुरू कर दिया।

बंडी और उनके स्टाफ की इस बढ़ती ताकत और छवि से रस्क बेहद नाखुश थे और अक्सर इसकी शिकायत भी किया करते थे। हालांकि रस्क की शिकायत से बंडी के ही हित सध रहे थे। बंडी को अपनी बढ़ती ताकत और प्रभाव को लेकर उड़ने वाली अफवाहों की जरा भी परवाह नहीं थी। दरअसल, इसमें उन्हें खुशी ही मिलती थी। साथ ही, वह अच्छी तरह जानते थे कि अगर उनकी छवि एक ऐसे व्यक्ति की बन रही है, जो अपने आप में देखने की चीज है तो इससे उनकी छवि न सिर्फ और अधिक उभरेगी, बल्कि वह ज्यादा ताकतवर भी होंगें।

आखिरकार ताकत नजरों का ही तो खेल है।

पैंतरा नं. 2 : **डंका पीटना :** यह पैंतरा इस विश्वास पर आधारित है कि अगर आप शक्तिशाली होने का दिखावा करेंगे तो शक्ति अपने आप आ जाएगी और अगर शक्ति के इस्तेमाल में कमी करेंगे, तो वह

कम हो जाएगी। जिस समय घाघ की स्थिति कमजोर होती है, तब भी वह लगातार अपनी बुलंदी का डंका पीटता रहता है। वह अपनी ऐसी छवि बनाए रखता है कि अभी भी उसके पास काफी ताकत है, इसीलिए वह ऐसा बर्ताव कर रहा है। इस रणनीति के कारण उसकी सत्ता में टिके रहने की काबलियत बनी रहती है, जबकि उसके कोप का भाजन बनने वालों को लगता है कि अभी भी घाघ का पर्दे के पीछे से कोई ताकत सहयोग कर रही है।

इस मानसिकता का प्रदर्शन अमेरिका के सीबीएस के मीडिया एक्जिक्यूटिव विलियम पेली (1901-1990) ने किया था। इसमें दो राय नहीं कि वह अमेरिकी ब्रॉडकास्टिंग जगत के निर्विवाद गॉडफादर थे। वे ऐसे पथप्रदर्शक थे, जिन्होंने रेडियो के विकास को दिशा दी और समाज को टेलीविजन माध्यम से परिचित कराया। असाधारण रूप से धनी और निरंकुश प्रवृति वाले पेली ने 1929 में सीबीएस को खरीद कर 22 रेडियों स्टेशनों वाली फेल होती इस कंपनी को एक ऐसे विशाल ब्रॉडकास्टिंग साम्राज्य में बदल डाला, जिसमें सैकड़ों रेडियो स्टेशन और टेलीविजन कंपनियां शामिल थीं। 89 साल की उम्र में दिल का दौरा पड़ने से उनकी मृत्यु हुई। अपनी मृत्यु के पहले तक वह सीबीएस ब्रॉडकास्टिंग डिवीजन के हर पहलू पर पैनी नजर रखते थे, फिर चाहे प्रोग्रामिंग हो या बिजनेस। सीबीएस के न्यूज एंकर डैन रादर को जब पेली की मृत्यु का समाचार मिला तो उन्होंने कहा, "पेली बीसवीं सदी के उद्योग की सबसे बड़ी हस्ती थे, जो हमेशा श्रेष्ठता के लिए प्रतिबद्ध रहे। कंपनी में लगातार घटती अपनी भागीदारी (अपने शेयर कम होने के कारण) के बावजूद पेली उसके सबसे ताकतवर मालिक की हैसियत से ही बर्ताव करते रहे। अगर उन्हें किसी चीज की सफाई देनी होती थी, तभी वह उसका ब्यौरा देते थे और अगर उनका मन किसी चीज को बताने का नहीं होता था, तो वह चुप्पी साधे रहते थे। उनका यही शहाना अंदाज लोगों को सहज रूप से उन्हें बॉस मानने के लिए प्रेरित करता था।"

पैंतरा नं. 3 : **इंतजार कराना :** दूसरों को, खासतौर पर बाहरी लोगों को प्रभावित करने का घाघ का एक और पुराना पैंतरा है कि उन्हें इंतजार कराया जाए। जानबूझकर और खुलेआम देरी कराने (इस

देरी को अक्सर गलती से होने वाली करार देना) का पैंतरा अक्सर घाघ अपनी शक्ति प्रदर्शन के तौर पर करता है। लोगों को इंतजार कराने के लिए प्रायः घाघ देर से पहुंचता है। यह देरी वह इसलिए करता है, ताकि लोगों का ध्यान उसकी ओर आकर्षित हो। साथ ही, दूसरे यह समझें कि वह उनसे ज्यादा ताकतवर है। अगर इंतजार करने वाला व्यक्ति किसी प्रभावशाली पद पर है, तो वह सोचता है कि शायद घाघ उससे भी ज्यादा ताकतवर और प्रभावशाली है, तभी वह उस जैसे महत्वपूर्ण व्यक्ति को भी इंतजार करवा रहा है। यह रणनीति घाघ की ताकतवर छवि को बढ़ाने में मदद करती है।

देरी की रणनीति का इस्तेमाल करके और अधिक ताकत का एक शानदार उदाहरण निक्सन प्रशासन के राष्ट्रीय सुरक्षा सलाहकार हेनरी किसिन्जर के रूप में देखने को मिला।

किसिन्जर को शुरू से ही पता था कि निक्सन के एक वरिष्ठ सहायक एच आर हेल्डरमैन बहुत ताकतवर और प्रभावशाली व्यक्ति हैं। ऐसे में किसिन्जर के सामने सबसे बड़ा मुद्दा यह था कि कैसे हेल्डरमैन के सामने कमजोर होने से बचा जाए। हेल्डरमैन ने शुरू से ही हर चीज को काबू में करने की कोशिश की और जल्दी ही उन्होंने यह मांग किसिन्जर के सामने रखी कि निक्सन के साथ बैठक करने से पहले वह हेल्डरमैन के कार्यालय में हेल्डरमैन के साथ शुरूआती मीटिंग करेंगे। किसिन्जर ने पहले ही दिन मीटिंग में देर से पहुंचकर ऐसी मीटिंग से कतराना शुरू कर दिया। उनकी देर से आने की युक्ति काम आई। अंततः हेल्डरमैन ने उनके साथ मीटिंग करनी बंद कर दी। आखिरकार उनकी इस रणनीति का मनचाहा परिणाम यह हुआ कि अब किसिन्जर राष्ट्रपति से अकेले मिल सकते थे। हेल्डरमैन के नियंत्रण से खुद को बचाने के लिए उन्होंने देर से आने की तकनीक का बड़े कारगर ढंग से इस्तेमाल किया।

घुटा हुआ घाघ यह अच्छी तरह समझता है कि समाज में उसकी दुर्लभता ही उसकी शक्ति और सामाजिक दायरे में उसका महत्व बढ़ाती है। इसलिए वह रोजमर्रा के जीवन में बहुत ज्यादा मिलना जुलना पसंद

नहीं करता। यही वजह है कि घाघ सामाजिक आयोजनों में भी कम या थोड़ी देर के लिए ही दिखाई देता है। इस तरह अपनी गैरमौजूदगी का इस्तेमाल वह अपने महत्व को बढ़ाने में करता है।

पैंतरा नं. 4 : **संबंधों का बखान करना :** घाघ इस तकनीक का बेहद कारगर ढंग से इस्तेमाल करके यह दिखाने की कोशिश करता है कि वह शक्तिशाली लोगों के कितना करीब है। संस्थान में मध्यम ओहदे पर काम कर रहे एक मैनेजर को जब भी कभी अपनी शर्ट या टाई के बारे में अपने सहयोगियों या मातहतों से कोई तारीफ मिलती थी तो वह यही कहता था कि यह चीज कंपनी के मालिक ने उसे उपहार में दी है। इस तकनीक के दो फायदे होते हैं। एक तो इससे घाघ की यह छवि उभरती है कि शक्तिशाली व्यक्ति घाघ से खुश है। साथ ही, घाघ के विरोधी प्रबंधन से उसकी बुराई करने से कतराते हैं।

पैंतरा नं. 5 : **खुद की खतरनाक छवि पेश करना :** घाघ अफवाहों के जरिए लोगों तक ऐसे किस्से पहुंचाता है, जिनमें उन बातो को बढ़ा-चढ़ा कर बखान किया जाता है कि कैसे उसने झगड़ा होने पर लोगों की ऐसी तैसी कर दी। ऐसे किस्सों के फैलने से घाघ के विरोधियों के हौंसले पस्त हो जाते हैं।

पैंतरा नं. 6 : **हमेशा आपे के बाहर रहने वाली छवि तैयार करना :** घाघ खुद को एक सिरफिरे की तरह प्रस्तुत करता है, ताकि सामान्य आदमी उसका सामना ही न कर सके। इस पैंतरे की मदद से वह हमेशा अपने मन की करवा लेता है।

वह दूसरों का अपमान करना जानता है। गुस्से में होने पर वह या तो डरा-धमका कर भोले नाथ की निंदा कर सकता है या फिर वह उसके मुंह पर गालियां दे सकता है। घाघ खुद ही भोले नाथ से दुर्व्यवहार करने में सक्षम होता है। यदि कोई साहसी भोले नाथ उसके इस गाली-गलौच का विरोध करने की हिम्मत जुटाता भी है, तो घाघ तुरंत उससे माफी मांग लेता है। वह अच्छी तरह जानता है कि भोले नाथ कभी यह बात भूल नहीं सकता कि घाघ किस स्तर तक गिर सकता है। घाघ पहले ही उस पर अपना ख़ौफ जता चुका है और अब भोले

नाथ शायद कभी उसके रास्ते में नहीं आएगा। इसी तरह, वह उसे शारीरिक रूप से भी घुड़की दे सकता है। उसका यह गाली देने, डराने-धमकाने और माफी मांग लेने का पैंतरा उसे भोलेनाथ को बोखलाए रखने में मदद करता है।

पैंतरा नं. 7 : **सही निर्देश न देना :** घाघ अक्सर अपने मातहतों को आधे अधूरे निर्देश देकर कार्यालय से बाहर चला जाता है। ऐसे में कर्मचारियों को न तो पूरी जानकारी होती है और न ही वह ढंग से तैयार होते हैं। जबकि घाघ को अच्छी तरह से पता होता है कि उसकी गैर मौजूदगी में उसके कर्मचारी कई गलतियां करेंगे। वापस लौटने पर वह इन गलतियों को देखकर सारा ऑफिस सिर पर उठा लेता है।

पैंतरा नं. 8 : **टेलिफोन का इस्तेमाल :** घाघ टेलिफोन की मदद से भी लोगों को प्रभावित करने में उस्ताद होता है। उसका लक्ष्य होता है कि वह अपनी ताकत की एक झूठी छवि तैयार करे।

एक बिजनेसमैन ने खूबसूरत ऑफिस तैयार किया और उसमें बहुत अच्छा फर्नीचर लगवाया। एक दिन उसने देखा कि उसके ऑफिस में एक आदमी आ रहा था। व्यस्त देखने के लिए बिजनेसमैन ने फोन उठाया और उस पर झूठ-मूठ की बात करने लगा। दरअसल वह यह दिखाने की कोशिश कर रहा था, जैसे एक बहुत बड़े अनुबन्ध की बातचीत चल रही हो। उसने बड़े-बड़े आंकड़े गिनाने शुरू किए और लम्बे चौड़े वादे भी कर डाले। आखिरकार उसने फोन रखा और आगन्तुक से पूछा कि क्या मैं आपकी कोई मदद कर सकता हूं। आगन्तुक ने जवाब दिया, 'बिल्कुल, मैं आपका टेलिफोन चालू करने आया हूं।'

फोन द्वारा प्रभावित करने का पैंतरा नं. 1 : यहां कोशिश सामने बैठे आदमी को ये जतलाने की रहती है कि दूसरी तरफ बात कर रहे आदमी को या तो डांटा जा रहा है या उसकी उपेक्षा की जा रही है। कई बार ये भी हो सकता है कि उधर से बात कर रहा व्यक्ति बहुत आक्रमक ढंग से प्रतिक्रिया कर रहा हो। चूंकि सामने बैठा आदमी उधर वाले की बात न सुनकर सिर्फ घाघ की ही बात सुन सकता है, इसलिए घाघ इस खेल को बड़े कारगर ढंग से खेलता है।

फोन द्वारा प्रभावित करने का पैंतरा नं. 2 : घाघ फोन पर बातचीत के दौरान दूसरी तरफ से बात कर रहे आदमी की ही बात में से कुछ शब्द निकालता है और उन्हें दोहराकर अपने सामने बैठे आदमी को प्रभावित करने की कोशिश करता है। उदाहरण के लिए : मैंने उसे अपने फार्महाउस पर बुलाया है।

जाहिर है कि अगर टेलिफोन पर फरेब रचने की उसकी कोशिशें नाकाम हो रहीं हैं तो घाघ अचानक फोन काटने की कोशिश करता है। इसके लिए वह एक नई चाल चलता है, जिसके तहत वह उस समय फोन नहीं काटता, जब दूसरे छोर पर आदमी बात कर रहा है। वह फोन को तब काटता है, जब वह खुद बात कर रहा हो, इससे दूसरी तरफ बात कर रहे आदमी को लगता है कि शायद लाइन कट गई है।

फोन द्वारा प्रभावित करने का पैंतरा नं. 3 : इस पैंतरे में घाघ अपने एक विश्वस्त आदमी से खुद को मीटिंग के बीच फोन करने के लिए कहता है, जिसे पहले से ही बता दिया जाता है कि उसे क्या कहना है। ऐसे मौके पर घाघ स्पीकर फोन का इस्तेमाल भी कर सकता है।

फोन द्वारा प्रभावित करने का पैंतरा नं. 4 : कई बार घाघ एक सामान्य कॉल लेने से पहले सामने बैठे व्यक्ति को कमरे से बाहर जाने के लिए कह सकता है। एक सामान्य कॉल को भी बेहद गोपनीय और महत्वपूर्ण कॉल की तरह पेश करके वह सामने बैठे व्यक्ति की नजरों अपना कद बढ़ाने की कोशिश करता है।

लोगों को प्रभावित करने के खेल का फायदा अल्प अवधि के लिए होता है। कुछ ही समय के अंदर दुनिया आखिरकार घाघ के तौर-तरीकों को पकड़ लेती है। अमेरिका के सबसे विवादास्पद राष्ट्रपति रिचर्ड निक्सन के साथ भी ठीक ऐसा ही हुआ था, जब बीसवीं सदी की सबसे नाटकीय साजिश वॉटरगेट स्कैंडल का पर्दाफाश हुआ।

हालांकि निक्सन लगातार वॉटरगेट स्कैंडल में खुद के शामिल होने की बात का खंडन करते रहे। इसके बावजूद व्हाइट हाउस की बातचीतों की खूफिया टेपरिकॉर्डिंग ने इस पूरे स्कैंडल को छुपाने में निक्सन प्रशासन की भूमिका को जग जाहिर कर दिया। कुछ लोगों का कहना है कि टेप में निक्सन को जिस तरह की भाषा का इस्तेमाल करते हुए पाया गया, उससे वह अमेरिकी जनता की नजर में गिर गए। दरअसल, टेप में मौजूद भाषा किसी राजनीतिक बातचीत की बजाय ताकत के नशे में धुत आदमी का प्रलाप ज्यादा लग रही थी।

आखिरकार महाअभियोग के डर से निक्सन ने अपने पद से इस्तीफा दे दिया। इस तरह इस्तीफा देने वाले वह अमेरिका के पहले राष्ट्रपति बन गए। उनकी मृत्यु के बाद उनका दौर अमेरिकी राजनीति का एक दुःखद अध्याय बन कर रह गया।

घाघ के लिए सुझाव

- *जो कवच पहनते हैं, वह झुक नहीं सकते और जो युद्ध के रथ पर सवार होते हैं, उन्हें स्वामित्व का ध्यान रखने की जरूरत नहीं होती। जो किलों में तैनात होते हैं, वे भागते नहीं। युद्ध के वक्त वरियता का ध्यान रखना खतरे से खाली नहीं।*

  – सूमा फा 2

- *जो लोग दूसरों को इंतजार करवाते है लोग उनकी गलतियों का हिसाब रखना शुरू कर देते हैं।*

  – फ्रांसीसी मुहावरा

- *सद्‌ व्यवहार मधुर स्मृतियों को जन्म देता है, जबकि दुर्व्यवहार अलविदा कहने पर मजबूर कर देता है।*

  – फिल्म 'पीपुल आइ नो' में अलपचीनो

शासक के लिए सुझाव

- आप अपने सेवकों से युद्ध में लड़ने की उम्मीद नहीं रख सकते, इसलिए कृपा सैनिकों को सेवक न बनाएं।

अध्याय-6

अपना नफा नुकसान देखना और प्रदर्शन करना

अपने फायदे की सोच में बैठा घाघ सिर्फ अपने लक्ष्य का ही ध्यान रखता है। वह जो भी काम करता है, उससे पहले ये सोचता है कि ऐसा करने से उसे वर्तमान और भविष्य में क्या फायदा हो सकता है। चीजों की ऐसी कुटिल और गहरी समझ उसे सटीक ढंग से उन सारे फायदों को समझने में मदद करती है जो उसे भविष्य में उन लोगों से मिलेगें, जिनसे फिलहाल उसके सम्बन्ध हैं। जो लोग भले ही आज अच्छी स्थिति में नहीं हैं, लेकिन अपने काम और ओहदे के कारण आगे चलकर महत्वपूर्ण पदों पर पहुंच सकते हैं, उनके प्रति घाघ अपनी वफादारी का डंका पीटता रहता है। साथ ही, वह उनसे गहरे सम्बन्ध बनाने की भी पूरी कोशिश करता है, क्योंकि उसे मालूम होता है कि इन लोगों का वक्त बदलेगा ही। दरअसल, उसके भीतर चालाक आदमी उसे इसका अहसास दिलाता है। हालांकि वह बार-बार यह सफाई देता है कि वह मतलबी यार नहीं है, जबकि सच्चाई बिल्कुल इसके विपरित होती है। वह पूरी तरह से मतलबी यार ही होता है। इतना ही नहीं, जो भी व्यक्ति उसके नफे और नुकसान की बिसात पर अप्रासंगिक हो जाता है, उस पर वह पल भर बरबाद नहीं करता।

घाघ हर वक्त न सिर्फ परिस्थितियों को तोलता रहता है, बल्कि मौके की ताक में भी रहता है। वह एक चालाक सेल्समेन होता है, जिसे पता होता है कि दुनिया उसी की मदद करती है, जिसे मदद की जरूरत नहीं होती और जो वापिस मदद कर सकता है। बिना हिचकिचाए लोगों की मदद सिर्फ इसलिए करता है, ताकि बाद में उनसे फायदा उठा सके। वह इन पैंतरों को खेल कर खुद को फायदा पहुंचाने वाली स्थिति में ले आता है :

पैंतरा नं. 1 : **अपने सम्बन्धों का बखान करना :** घाघ अक्सर लोगों को अपने नामचीन और ताकतवर दोस्तों के बारे में बताता रहता है। असल में अनुभवी घाघ लोगों को ये बताता है कि अपने इन दोस्तों से वह अपने लिए या दूसरे के लिए क्या-क्या करवा चुका है। वह खुद को जाने-मानें लोगों के बीच में रखता है। उसे अच्छी तरह से पता होता है कि वह इन लोगों से मदद नहीं लेने वाला। बावजूद इसके, वह ऐसे लोगों से सिर्फ इसलिए सम्बन्ध रखता है ताकि सामने वालों पर रोब डाला जा सके कि उसके सम्बन्ध कितने बड़े-बड़े लोगों से है। इन नामचीन लोगों से अपनी करीबी का प्रदर्शन करके वह उम्मीद करता है कि दूसरे भी उसके प्रति वही सम्मान और आदर रखेंगें, जैसा समाज में इन प्रसिद्ध लोगों का होता है।

एक प्रदर्शन करने वाला घाघ किसी भी बड़े आदमी के अंतिम संस्कार में शामिल हो जाता है। हो सकता है कि मरने वाली वह शख्सियत उसे जानती तक न हो, लेकिन अंतिम संस्कार में शामिल होने से उसे मृत्यु पर संवेदना प्रकट करने आए अन्य नामचीन लोगों के साथ खड़े होने और कभी-कभी उन्हें जानने का भी मौका मिल जाता है। साथ ही, किसी को यह भी पता नहीं लग सकता कि वह मृतक को जानता था या नहीं।

पैंतरा नं. 2 : **दौलत का प्रदर्शन :** घाघ जानता है कि सफलता का सबसे जाहिर पैमाना दौलत है, इसलिए वह अपनी बढ़ती दौलत का प्रदर्शन करता है। अनुभवी घाघ खरीदी गई हर नई चीज काअपनी लगातार बढ़ रही व्यावसायिक सफलता के साथ जोड़ कर देखता है अपने व्यवसायिक जीवन के लक्ष्य की कसौटी पर तौल कर देखता है और

बहुत ही परिष्कृत ढंग से इसका प्रचार करता है। उसकी ये रणनीति उसके लिए बहुत कारगर होती है।

फायदे की फिराक में रहने और प्रदर्शन करने वालों के बारे में इतना कुछ बताने के बाद मैं यहां यह भी बताना चाहुंगा कि सामाजिक दायरे में खुद को स्थापित करने की चाह गलत नहीं है और न ही नैतिक रूप से अपने गुणों को प्रदर्शित करके लोगों को आकर्षित करने में कोई बुराई है। परेशानी तब खड़ी होती है जब तेजी से सफलता की सीढ़ियां चढ़ने की चाह इतनी बढ़ जाती है कि व्यक्ति हर वक्त समाज में अपने स्तर को उठाने के बारे में ही सोचता रहता है। और इसके लिए वह साम, दाम, दंड, भेद जैसी हर युक्ति का इस्तेमाल करता है।

घाघ के लिए सुझाव

- जिंदगी गणित नहीं, बल्कि एक कविता है। जीवन हिसाब-किताब की तरह नहीं चलता, बल्कि छंदों के रूप में हमारे सामने आता है। जीवन की अक्षरमाला हमारे अंको पर आधारित नहीं है। जिंदगी के नतीजे हमारी गणनाओं पर नहीं टिके हैं। उनके अपने पैमाने होते हैं।

अध्याय-7

चरण चंपन

यह कहानी बारबोस और जोजुतका नाक के दो कुत्तों की है। एक दिन बारबोस ने देखा कि उसकी पुरानी साथी जोजुतका आराम से एक मुलायम गद्दी पर बैठी है। यह देखकर वह सोचने लगा कि पिछली मुलाकात से आज तक के बीच जोजुतका की जिंदगी में अचानक इतना बड़ा बदलाव कैसे आ गया? पहले तो दोनों भूख से बेहाल रहते थे, लेकिन अब जोजुतका आराम से रह रही थी, जबकि बारबोस आज भी भूख, उपेक्षा और मालिक की बेरहमी का शिकार हो रहा था। उसने जोजुतका से पूछा कि इतनी अच्छी जिंदगी पाने के लिए उसने क्या किया। जोजुतका ने जवाब दिया, 'मैं मालिक को खुश करने के लिए उसे देख पिछले पैरों पर खड़ी हो जाती हुं।'

हर संस्थान में आमतौर पर एक न एक ऐसा घाघ होता है, जो अपनी आर्थिक और व्यक्तिगत जरूरतों को पूरा करने के लिए कार्यालय के माहौल को खराब कर दूसरों की जिंदगी दुर्भर कर देता है। चापलूसी करके आगे बढ़ने की कोशिश में वह अधिकारी वर्ग के व्यवहार के मानदण्डों को गिरा देता है। वह बिना किसी हुनर के सिर्फ चापलूसी के बल पर शिखर तक पहुंचना चाहता है।

ऐसा घाघ शिखर पर पहुंचने का आसान रास्ता ढूंढता है।

उसे लगता है कि अगर वह शक्तिशाली लोगों के सामने अपने अंहकार का समपर्ण कर देगा तो उसे इसका जरूर फायदा मिलेगा। कार्यलय में ऐसे लोग अलग से ही दिखाई दे जाते हैं। पेशेवर चापलूस बॉस के सामने आते ही पूरी तरह बदल जाते हैं। ऐसा लगता है कि जादू की छड़ी घुमी और वह अपने साथियों से अलग हो गए। साथ ही, घाघ बॉस को यह अहसास कराने की भी कोशिश करता है कि वह साथियों से सिर्फ इसलिए बात करता है, ताकि उन्हें विद्रोह और अनुशासनहीनता से दूर रखे।

अक्सर ऐसा घाघ उस माहौल में बहुत सफल होता है, जहां बॉस की अंहकार की सीमा नहीं होती। इस चीज का अहसास होते ही वह बॉस की अंहकार तुष्टि के लिए कुछ भी करने को तैयार हो जाता है और खुलेआम उनका गुणगान करने लगता है। साथ ही, वह इस चापलूसी को 'सकारात्मक रवैये' का जामा पहना कर सही साबित करने की भी कोशिश करता है। ऐसा व्यक्ति कभी भी आईने में खुद को नहीं देखता, इसलिए उसे यह पता नहीं चल पाता कि वह आईने में कितना हास्यास्पद दिखता है। वैसे भी, उसे इसकी परवाह ही नहीं होती कि वह दूसरों के सामने कैसा लग रहा है। घुटे हुए घाघ की चापलूसी के तीन पैंतरे होते हैं :

पैंतरा नं. 1 : **मक्खनबाजी करके चापलूसी करना :** जिन संगठनों में बॉस को उसके नाम के पहले शब्द से ही संबोधित किया जाता है, घाघ वहां भी अपने बॉस को सर/मिस्टर कह कर संबोधित करता है। वह अक्सर अपने वरिष्ठ सहकर्मियों/बॉस का बैग उठाये दिखता है और इस प्रकार वह घाघ अपने कार्यालय की मर्यादा को विकृत करता है जिससे दूसरे कर्मचारी भी ऐसा करने पर मजबूर हो जाते हैं। चूंकि घाघ जानता है कि वह ऐसा करके अपने अहंकारी बॉस की नज़रों में चढ़ जायेगा, तो अपने बॉस के अहंकार का यूं पोषण कर वह घाघ अपने शक्तिशाली बॉस का अभिन्न साथी बन जाता है और उसका संरक्षण प्राप्त कर जाता है।

पैंतरा नं. 2 : **आभार व्यक्त करके चापलूसी करना :** घाघ अपने बॉस को यह विश्वास दिला देता है कि वह उसका बेहद सम्मान करता है, क्योंकि बॉस ने उसके लिए बहुत कुछ किया है, जिसका वह हमेशा एहसानमंद रहेगा। वह दूसरों की अपेक्षा खुद को अलग दिखाने के लिए ताउम्र एहसानमंद और निष्ठावान बने रहने की कसमें खाता है। इस पैंतरे की मदद से वह न सिर्फ बॉस को खुश रखता है, बल्कि भविष्य में उससे और भी बड़े फायदे उठाने का जुगाड़ बैठा लेता है।

पैंतरा नं. 3 : **बॉस की अजीबोगरीबी खुशी में दिखाना :** यहां घुटा हुआ घाघ अपने बॉस के किसी ऐसे खास पहलु या खुबी को पकड़ता है, जो न तो महत्वपूर्ण है और न ही किसी और ने उस पर गौर किया है। फिर वह इस खूबी की जरूरत से ज्यादा तारीफ करता है। शुरू में तो बॉस समझ नहीं पाता कि वह इस पर कैसी प्रतिक्रिया दे और वह बगलें झांकने लगता है, लेकिन आखिर में वह घाघ की चापलूसी के घुटने टेक देता है। घुटा हुआ घाघ इस तरह की चापलूसी से अपने बॉस से ऐसा मौलिक सम्बन्ध बनाता है, जिसे कोई दूसरा घाघ काट न पाए। साथ ही, उसके आस-पास के भोले साथी उसे चापलूस न समझकर पगला समझ सकते हैं, जिसकी रूचि अजीबोगरीब खूबियों में है।

शासक के लिए सुझाव

- *हम भले ही चापलूसी के झांसे में न आएं, लेकिन उसे पसंद जरूर करते हैं। दरअसल, चापलूसी हमें यह अहसास कराती है कि हम इतने महत्वपूर्ण हैं कि लोग हमें रिझाना चाहते हैं।*

  – राल्फ वॉल्डो एमर्सन

- कर्मठ और आत्मसम्मानी कर्मचारियों के मेहनताने को कभी भी उन सहकर्मियों के हत्थे न चढ़ने दें, जो चापलूस और स्तुति गायक हैं।
- दास भाव के बजाए स्वतंत्र नजरिया रखने वालों को बढ़ावा दें।

अध्याय-8

झूठ बोलना

किसी को कायल या आकर्षित करने के लिए हममें विश्वसनीयता होनी चाहिए। विश्वसनीय होने के लिए हमें भरोसेमंद होना चाहिए और भरोसेमंद होने के लिए हमें सच्चा होना चाहिए।

– एडवर्ड आर मरो

मनुष्यों के इलावा भी कुछ प्राणियों में जैसे बंदर प्रजातियों में भी झूठ बोलने की प्रवति पाई जाती है। इस का एक प्रसिद्ध उदाहरण है कोको नाम का एक गोरिल्ला। कोको ने अपने बंधने की जगह पर अपने मालिक की स्टील की एक सिंक तोड़ डाली थी। कोको ने अपने मालिक से सामना होने पर और उसके गुस्से के डर से सांकेतिक भाषा में निपुण मालिक की बिल्ली की ओर इशारा करते हुए कहा, 'यह बिल्ली ने तोड़ी है।'

सिर्फ़ छः माह के बच्चों को भी झूठा रोना रोते हुए पाया गया है।

हममें से हर कोई झूठ बोलता है लेकिन क्यों? हम झूठ क्यों बोलते हैं? यह सही है कि झूठ बोलना अक्सर बहुत फायदेमंद होता है और

कभी मज़ेदार भी, लेकिन फिर भी कुछ बुनियादी कारणों से हम झूठ बोलते हैं। ये मुख्य कारण हैं:

हानि पहुंचने का डर : हमारे झूठ बोलने का सबसे आम कारण होता है, आत्म-रक्षा, स्वयं को हानि पहुंचने से रोकना। यह हानि मानसिक या शारीरिक दोनों तरह की हो सकती है।

झगड़ा होने का डर : किसी न किसी हद तक, हम सब किसी बहस या झगड़े में पड़ने से डरते हैं।

सज़ा मिलने का डर : जब हम बच्चे थे, तो झगड़ा होने पर हम कितनी बार इस संबंध में झूठ बोलते हैं कि आख़िर झगड़ा किसने शुरू किया। कितनी बार हम अपनी ग़लतियों और अपने दोषों पर पर्दा डालते हैं।

अस्वीकृति का डर : कभी-कभी, हमारा एक दूसरे से झूठ बोलने का आधार होता है हमारे भीतर असुरक्षा का भाव, क्योंकि अपने संबंधों में हम लोकप्रिय बने रहना चाहते हैं। अपने आपको दूसरों के समक्ष ज़्यादा अच्छा दिखाना, घमण्ड से भरा ऐसा कार्य है जिससे आमतौर पर किसी को कोई हानि नहीं पहुंचती।

नुकसान होने का डर : आमतौर पर इसमें व्यक्तिगत वस्तुओं जैसे पैसे या कीमती सामान की हानि शामिल होती है। इसका मुख्य कारण होता है लालच और यह लालच अमूमन हम सभी में पाया जाता है। जब हमारे स्वाभिमान में कमी आने लगती है, तो हम अपने मनोबल को टूटने से रोकने के लिए स्वयं को भी झूठ बोलते हुए पाये जा सकते हैं।

परोपकारी कारण : अक्सर हम अपने मित्रों और प्रियजनों की मदद करने के लिए झूठ का सहारा लेते हैं। दूसरों को अच्छा महसूस हो, इसके लिए हम अक्सर झूठ बोलते हैं लेकिन इस झूठ में ज़्यादातर हमारा किसी प्रकार का कोई स्वार्थ नहीं छिपा होता।

इसका अर्थ है कि हर झूठ बुरा नहीं होता। झूठ का मकसद तय

करता है कि वह सही है या नहीं। एक अच्छे झूठ का उदाहरण देखिए :

हॉलीवुड की चर्चित फिल्म 'प्रिटी वूमैन' में करोड़पति की भूमिका निभा रहे रिचर्ड गियर को उसमें वेश्या की भूमिका निभाने वाली जूलिया रॉबर्ट्स से प्यार हो जाता है।

जूलिया को लेकर जब वह एक पार्टी में जाते हैं, तो उनका दोस्त पूछता है कि यह करती क्या है? गियर जवाब देते हैं कि ये सेल्स वूमैन है। इस झूठ (आधा-अधूरा सच भी झूठ ही होता है) कि मदद से वह अपनी प्रेमिका की साख बचा लेता है।

कुछ लोग अपनी हैसियत बढ़ाने के लिए आदतन झूठ बोलते हैं। वे किसी को नुकसान नहीं पहुंचाना चाहते, बल्कि खुद को एक खास ढंग से पेश करना चाहते है। अक्सर इन लोगों में आत्मविश्वास की कमी होती है और ये लोग बड़े नामों का सहारा लेते हैं। ऐसे लोग बड़े नामों को जानने का उल्लेख ही नहीं करते, बल्कि यह भी बताते हैं कि वे किस बड़े रेस्तरां में खाने गए, किस होटल में रहे या किस विशिष्ट जगह वे छुट्टी मनाने गए। आदतन या अक्सर झूठ बोलने वालों के लिए मनोचिकित्सक एक शब्द प्रयोग में लाते हैं 'स्यूडोलोजिया फैंटेस्टिका' अर्थात् आदतन झूठ बोलने वाला।

कुछ लोग तो खुद से भी झूठ बोलते हैं। ऐसे ही एक व्यक्ति की यह कहानी है।

एक आदमी जामून के पेड़ पर जामून तोड़ने के लिए चढ़ा, लेकिन उसने देखा कि जामून के गुच्छे तक पहुंचना मुश्किल है उसने मन ही मन ईश्वर से वादा किया कि अगर उसे जामून मिल गए तो वह अपनी एक घण्टे की मजदूरी मंदिर में दान कर देगा। इसके बाद जब वह गुच्छे के बेहद करीब पहुंचा कि उसके मन में एक ख्याल आया कि जामून के एक गुच्छे की एवज में उसने ईश्वर से कुछ ज्यादा ही बड़ा वादा कर लिया। जामून को अपने नजदीक देख वह सोचने लगा कि इस मामले में भला ईश्वर को बुलाने की क्या जरूरत थी। घण्टे भर

की मजदूरी के बजाए उससे कहीं कम में भी काम चलाया जा सकता है। इस ख्याल ने उसका ध्यान बांट दिया, पेड़ पर उसकी पकड़ ढीली पड़ गई और वह गिर गया। जमीन पर पड़े उस आदमी ने ऊपर देखा और बोला कि क्या भग्वान! तुम मजाक भी नहीं समझते।

गलत मंशा से झूठ बोलने के पैंतरे हैं-

पैंतरा नं. 1 : **झूठ में थोड़ी सी सच्चाई जोड़ देना :** बड़े झूठ में अगर थोड़ी सच्चाई मिली हो तो उस पर आसानी से विश्वास हो जाता है। यह पैंतरा इसलिए काम कर जाता है कि झूठ में जो सच्चाई डाली गई है, उसे जांचा जा सकता है। इस सच्चाई के साथ झूठ मिश्रित कर दिया जाता है। सुनने वाला सच्चाई की जांच करता है और उसे सही पाकर मान लेता है कि बाकि बात भी सच होगी। लेकिन इस पैंतरे में घाघ ये ध्यान रखता है कि झूठ बड़ा भले ही हो, लेकिन कम शब्दों में बोला जाए। दरअसल, वह जानता है कि कम शब्दों में बोले गए झूठ के पकड़े जाने की संभावना कम होती है।

पैंतरा नं. 2 : **बहुमत की मदद से झूठ बोलना :** घाघ के बाकि साथी भी घाघ का झूठ दोहराते हैं। ज्यादातर लोगों के एक ही बात कहने से झूठ विश्वसनीय बन जाता है।

पैंतरा नं. 3 : **झूठे इशारे करना :** यहां घाघ किसी ऐसी चीज की ओर इशारा करता है, जो असल में सच नहीं है। चूंकि उसने सिर्फ इशारा ही किया है, इसलिए इसमें उसे पकड़े जाने का खतरा नहीं होता। अगर झूठ की जांच हो गई तो वह अपने इशारों से मुकर सकता है। वह अक्सर ऐसे इशारों की मदद से ही अपने आस-पास के लोगों में वैमनस्य पैदा करता है।

पैंतरा नं. 4 : **तथ्य दबाना :** इस पैंतरें में कई बार महत्वपूर्ण बातें दबा ली जाती हैं। भोलेनाथ घाघ को अपने एक प्रभावशाली मित्र से मिलाता है। और यह उम्मीद करता है कि घाघ उसे आने वाली मुलाकातों की पूरी जानकारी देगा। पहली बार जब घाघ इस संपर्क सूत्र से मिलता है तो आपस में हुई सारी बातचीत का ब्यौरा भोलेनाथ को

देता है, लेकिन जल्दी ही वह मुलाकातों में हुए आदान-प्रदान को छिपाना सीख जाता है। साथ ही, वह ध्यान रखता है कि कुछ महत्वपूर्ण पहलूओं के बारे में वह बात न करे। अक्सर सामाजिक प्रतिष्ठा पाने की कोशिश कर रहे लोग इस तरह का झूठ बोलते हैं।

पैंतरा नं. 5 : **झूठ में भावनाओं का इस्तेमाल :** घाघ किसी भी विषय पर जरूरत से ज्यादा भावुक होकर बात करने लगता है। उसका अचानक जोर देकर भावुक अंदाज में बोलना झूठ पर पर्दा डालने का एक ज़रिया होता है।

एक दिन एक भिक्षु अपने साथी भिक्षु के घर पंहुचा। जब दोनों खाना खा रहे थे तो मेहमान की नजर जमीन पर बिछी एक दरी पर पड़ी, जिस पर धब्बे पड़े हुए थे। उसने मेजबान से पूछा कि क्या तुम्हारे किसी महिला के साथ संबंध हैं। मेजबान ने गुस्से से बौखलाकर जवाब दिया, 'मैं ब्रह्मचारी हूं, 'तुम्हारी हिम्मत कैसे पड़ी मुझसे यह सवाल पूछने की। मैं अपने बिस्तर पर सोता हूं इस दरी पर नहीं। खाना खाओ और अपना रास्ता नापो।' इसके बाद मेजबान भिक्षु गुस्से से उस कमरे से निकलकर बाहर आंगन में चला गया। कुछ मिनटो बाद मेहमान भिक्षु भी अपने घर लौट गया। अगली सुबह मेजबान भिक्षु ने पाया कि उसकी चांदी की चमच्च गायब है। पिछले दिन आए मेहमान पर शक करते हुए उसने उसे एक चिट्ठी भेजी, जिसमें लिखा, 'मैं तुम्हें चोर तो नहीं कहूंगा। हां, अगर तुम्हें मेरी चांदी की चम्मच मिल जाए तो वापस कर देना।' इस चिट्ठी का उसे फौरन जवाब मिला, 'मैं तुम्हें झूठा तो नहीं कहूंगा, लेकिन अगर तुम पिछली रात अपने बिस्तर पर सोये होते, तो चम्मच तुम्हें रखा मिल जाता।'

पैंतरा नं. 6 : **सफेद झूठ :** इस पैंतरे में जब घाघ और किसी दूसरे के बीच हुई बातचीत को जांचने की नौबत आती है तो घाघ अपनी कही हुई बात से साफ मुकर जाता है कि उसने कुछ कहा था या कोई वादा किया था। अतः बेहतर यही होता है कि घाघ से बातचीत करते समय किसी भरोसेमंद आदमी को साथ रखें। हालांकि यह सावधान रहने का एक अच्छा तरीका है, लेकिन घुटे हुए घाघ को पकड़ने के लिए यह काफी नहीं है। घाघ किसी भी चीज से मुकरते हुए अपनी

यह छवि खड़ी कर सकता है कि लोग उसकी बात को ठीक से समझ नहीं पाए थे।

पैंतरा नं. 7 : **परोक्ष झूठ :** ऐसे मामलों में घाघ उस आदमी से झूठ नहीं बोलता, जिस के हित दांव पर लगे हों या जिसको वह प्रभावित करना चाहता है। दरअसल, वह ऐसे आदमी से झूठ बोलता है, जो उन लोगों के करीब है, जिनसे घाघ झूठ बोलना चाहता है। वह इस आदमी के सामने इस तरह से झूठ बोलता है, मानो कोई राज बता रहा हो। साथ ही, वह उम्मीद करता है कि उसका झूठ निश्चित व्यक्ति तक पहुंच जाएगा।

पैंतरा नं. 8 : **ईर्ष्या के कारण झूठ बोलना :** यहां घाघ दूसरों की उपलब्धियों को कमतर दिखाने के लिए झूठ बोलता है क्योंकि वह उनकी तरह काम नहीं कर सकता। उदाहरणार्थ, घाघ, एक भौतिक रूप से सफल व्यक्ति को लालची बताकर, उसकी सफलता को छोटा दिखाने का प्रयास करता है। ऐसा झूठ घाघ के विरोधी की उपलब्धि पर पानी डाल कर घाघ के अहंकार को कायम रखता है।

झूठ पकड़ने की कुछ सामान्य युक्तियांः

जब किसी झूठे व्यक्ति को पकड़ना हो तो अपनी आंखों और अपने कानों को खुला रखें। जब किसी निर्दोष व्यक्ति पर इल्ज़ाम लगाया जाता है तो आमतौर पर वह व्यक्ति इन इल्ज़ामों पर गुस्से से भड़क उठता है और इस विषय की सच्चाई उजागर करने में जुट जाता है, जबकि दोषी व्यक्ति की भरपूर कोशिश रहती है कि विषय को बदल दिया जाये। जब वह ऐसा करने में सफल हो जाता है, तो उसे राहत पहुंचती है और संवेदनशील आंखें इस राहत को भांप सकती हैं।

झूठी भावनाओं पर नज़र रखें। उदाहरणतः पात्र के गुस्से की जगह उसके होंठों पर मुस्कान है। आप इस कृत्रिम मुस्कान के झूठ को पकड़ सकते हैं क्योंकि इस स्थिति में उस आदमी के होंठों पर

एक ईमानदार मुस्कान नहीं होगी बल्कि उसके होंठ गुस्से से सिकुड़ कर छोटे हो जाएंगे।

बारीक़ से बारीक़ हाव-भाव पर ध्यान दें। ये बारीक़ हाव-भाव केवल कुछ क्षणों के लिए ही चेहरे पर प्रकट होते हैं, आम तौर पर एक क्षण के पच्चीसवें हिस्से तक ही, जो हमेशा छिपी हुई भावनाओं के रूप में होते हैं। जब कोई आदमी खुश होने का नाटक करता हो लेकिन वास्तव में वह किसी चीज़ को लेकर बहुत परेशान हो, तो उसके अवचेतन में छिपे गुस्से की असली भावनाओं की झलक उसके चेहरे पर प्रकट हो जाएगी। छिपी हुई वे भावनाएं चाहे डर की हों या गुस्से, खुशी या ईर्ष्या की, एक क्षण मात्र को उसके चेहरे पर दिखाई दे जाएंगीं। ऐसे क्षणिक भावों को केवल सावधानी और सूक्ष्मता से ही पकड़ा जा सकता है।

अपनी बहुत ज़्यादा सफाई देनाः झूठा व्यक्ति अक्सर अपने दोष को छिपाने के लिए घटना के बारे में संख्या में ज़्यादा से ज़्यादा पर मूलतः हल्के प्रमाण देता हुआ पाया जाता है।

ऐसे में किसी विशेष घटना पर ध्यान न देकर केवल चीज़ों के रूझान पर ध्यान देना महत्त्वपूर्ण होता है। किसी विशेष पैटर्न को देखे बिना घटना का अनुमान लगाने का प्रयास न करें।

भोलेनाथ के लिए सुझाव

- हर सुनी हुई बात पर विश्वास नहीं कीजिए, भले ही आप ने उसे दो बार ही क्यों न सुना हो।

घाघ के लिए सुझाव

- झूठ से वर्तमान में तो काम चलाया जा सकता है, लेकिन झूठ का कोई भविष्य नहीं होता। जल्दी ही इसकी पोल खुल जाती है।
- विश्वसनीय बनें, उसका ढोंग न करें, क्योंकि दोनों में बराबर मेहनत लगती है।

शासक के लिए सुझाव

- *लोग अपने आपको बचाने के लिए (माफ करना, मुझे देरी हो गई लेकिन असल में रास्ते में बहुत भारी ट्रेफिक जाम लगा हुआ था) अपना दोष दूसरों पर लादने के लिए (यह मेरे बॉस का फैसला था, मेरा नहीं) या किसी अनबन अथवा डांट डपट से बचने के लिए (ठीक है, मां, मैं फ्लाइट से तीन घंटे पहले ही हवाई अड्डे पर पहुंच जाऊंगा) या किसी बहानेबाजी से अपना स्वार्थ सिद्ध करने के लिए (बॉस, माफ करना, मैं आज काम पर नहीं आ पाऊंगा। मुझे बुखार आ गया है) या फिर दूसरों की निगाह में अच्छा बनने की गर्ज़ से (यह ड्रेस आप पर बहुत खूबसूरत लग रही है) झूठ बोलते हैं।*

  – जेना मैकार्थी

- *कुछ बातों को नजरअंदाज कीजिए और कुछ पर ध्यान मत दीजिए। हर देखी-सुनी सच नहीं होती।*

  – आयरिश मुहावरा

- झूठ शब्दों और चुप्पी दोनों की मदद से ही बोला जा सकता है। दूसरों का श्रेय लूटने वाले अक्सर चुप्पी की मदद से झूठ बोलते हैं।

- अगर आपको लगता है कि कोई आपसे झूठ बोल रहा है तो अहसास कराएं कि आप उस पर विश्वास करते हैं। आपका ऐसा बर्ताव उसे लगातार झूठ बोलने के लिए प्रेरित करेगा और अंत में वह खुद अपने आप को उघाड़ कर रख देगा। अगर कोई आदमी कुछ छिपा रहा है तो ऐसे बर्ताव कीजिए कि आप उस पर विश्वास ही नहीं करते। यह चीज उसे सच्चाई बताने पर मजबूर कर देगी।

अध्याय-9

गुमनाम खतों का खेल

अगर कोई शासक ऐसे लोगों को करीब रखता है, जिन्हें ज्यादा लोग काबिल कहते हैं और वह ऐसे लोगों को नाकाबिल समझता है जिनकी भर्त्सना ज्यादा लोग करते हैं तो ऐसे में बहुसख्यंक दलों का फायदा होता है और छोटे दल दरकिनार हो जाते हैं। अक्सर बुरे व्यक्तियों के दल आपस में मिलकर सचमुच काबिल लोगों को हाशिये पर रख देते हैं। ऐसे में वफादार साथी निर्दोष होते हुए भी मारे जाते हैं, जबकि खतरनाक साथी झूठी प्रसिद्धि के बल पर पद और प्रतिष्ठा पाते हैं।

— छह गोपनीय सूत्र (सिक्स सीक्रेट टीचिंग्स)

औसत कर्मचारी इस खेल के बारे में ज्यादा नहीं जानता। कुछ राजनेताओं और उद्योगपतियों ने मुझे इस खेल के बारे में बताया। एक मंत्री का कहना था कि अक्सर उसे बेनाम चिट्ठियां मिलती थीं, जिनमें कुछ लोगों के खिलाफ शिकायत होती थी। चूंकि अक्सर ये चिट्ठियां टाइप होकर आती थीं, इसलिए यह पता लगाना मुश्किल हो जाता था कि इन्हें किसने भेजा है।

जब मैंनें उनसे पूछा, 'क्या ये बेनाम चिट्ठियां उन लोगों के बारे में आपकी राय को प्रभावित करती हैं, जिनके खिलाफ चिट्ठी लिखी जाती है?'

इस पर मंत्री का कहना था, 'हां, ऐसी चिट्ठियां तब और अधिक हानि पहुंचाती हैं जब उनमें लिखा गया हो कि जिस व्यक्ति के बारे में शिकायत की जा रही है, उसने इस चिट्ठी में संबोधित अधिकारी के संबंध में उलटी सीधी बातें की हैं। यदि ऐसा है तो उस अधिकारी का परेशान होना स्वाभाविक है।'

अपनी बुराई करने वाले के प्रति पूर्वाग्रह रखना इंसान की सहज प्रवृति है। लेकिन शासक को इस प्रवृत्ति से सावधान रहना चाहिए।

शासक के लिए सुझाव

- *अगर जनरल बदनामी की बात पर भरोसा कर रहा है तो वह जनता के दिल तोड़ देगा।*

– हुआंग शी कुंग 1 (प्रथम)

अध्याय-10

यौन शोषण

अगर आप बिल्लियों के साथ खेलेंगे तो खरोंच लगेगी ही।

— आयरिश मुहावरा

लंदन के एक प्रकाशक महोदय एक बार अपनी प्रेमिका को लेकर छुट्टियां बिताने के इरादे से नॉरमैंडी गए। घर में उन्होंने पत्नी को बताया कि वह किसी काम से ब्रसेल्ज जा रहे हैं। चुपके से छुट्टिया मनाने वाला यह जोड़ा एक होटल में ठहरा। दोनों दिन भर घूमते, शराब पीते, खाना खाते और आपसी रोमांस में खोए रहते। इस तरह वे एक हफ्ता साथ में रहकर वापस लंदन लौट आए।

साल भर बाद शायद अंतरात्मा की पुकार से परेशान होकर प्रशासक महोदय ने पत्नी के साथ भी छुट्टियां बिताने की योजना बनाई। वह अपनी पत्नी को लेकर एक ट्रैवल एजेंट के पास पहुंचे, ताकि वह दोनों छुट्टिया बिताने का इंतजाम कर सकें। वहां मौजूद पैंफ्लेटों को देखते हुए प्रकाशक की पत्नी की नजर नॉरमैंडी के ब्रोशर पर पड़ी, जो लोगों को अपने यहां आने की पेशकश कर रहा था।

उसके कवर पर हंसता हुआ खुशियों में डूबा एक जोड़ा दिखाई दे रहा था, जो हार्बर की दीवार के सहारे एक दूसरे की बांहों में खोया हुआ था। दरअसल, यह तस्वीर प्रकाशक महोदय और उनकी प्रेमिका की थी, जिन्हें कतई ये अहसास नहीं था कि फ्रांसीसी टूरिज्म ने उनकी तस्वीर खींच ली है।

– स्यूब्लैक हॉल

लंदन के फैशनपरस्त ऑस्टियोपैथ और काबिल पोट्रेट चित्रकार डॉक्टर स्टीफन वार्ड अपने वक्त के धनी और ताकतवर लोगों के प्रश्रय से फल-फूल रहे थे। सर विन्स्टन चर्चिल सहित तमाम बड़े राजनेता उनके मरीज हुआ करते थे। वार्ड को गरीब घरों की सुंदर व सुशील लड़कियों में गहरी रूचि थी। वह उन्हें ऊंचे तबकों में जाने के लिए बतौर वेश्या तैयार करते थे। लोगों ने उन्हें कहते हुए भी सुना था, 'मुझे खुबसूरत लड़कियां पसंद हैं। मैं उनकी जरूरतों और आधुनिक जीवन के तनावों के प्रति काफी संवेदनशील हूं।'

इन्हीं में से एक लड़की थी क्रिस्टीन कीलर, जिसे वार्ड ने उस समय के रईसों, नामचीनों, अभिजात्यों और शक्तिशाली पुरूषों से मिलवाया। वे सब क्रिस्टीन को आकर्षित करने के लिए लालायित दिखे। ब्रिटेन के सेक्रेटरी ऑफ स्टेट फॉर वॉर (युद्ध मामलों के राष्ट्रीय सचिव) जॉन प्रोफ्यूमो भी उनमें से एक थे। वार्ड ने क्लाइवडेन की पूल पार्टी में कीलर को उनसे मिलवाया था। प्रोफ्यूमो के संबंध क्रिस्टीन के साथ बन गए। कुछ समय बाद जब इसका भांडा (प्रोफ्यूमो स्कैंडल) फूटा तो प्रोफ्यूमो ने कीलर से अपने किसी भी तरह के संबंधों से इन्कार कर दिया। इतना ही नहीं, उन्होंने राज्य सहित हाउस ऑफ कॉमन्स और प्रधानमंत्री हैरल्ड मैकमिलन तक को यह विश्वास दिला दिया कि कीलर से उनके संबंधों की बात में जरा भी सच्चाई नहीं है। प्रोफ्यूमो का झूठ पकड़ा गया और प्रेस ने उनके खिलाफ मुहिम छेड़ दी।

तथ्यों के सामने आने के बाद वार्ड को इस जुर्म से गिरफ्तार किया गया कि वे जानबूझकर आंशिक या पूरे तौर पर वेश्यावृति के पैसे से

जीवन-यापन कर रहे थे। मुकदमे के दौरान सामने आई वार्ड और उनके सामाजिक संबंधो की जानकारी मीडिया में खूब उछली। इस बात की भी अफवाहें उड़ने लगीं कि वेश्याओं का एक अंतर्राष्ट्रीय तंत्र काम कर रहा था, जिसमे ब्रिटेन व अमेरिका के राजनेता व अन्य नामी गिरामी हस्तियां भी शामिल हैं। मुकदमे के अंतिम दिन वार्ड ने नींद की गोलियां खाकर आत्महत्या कर ली। प्रोफ्यूमो को इस्तीफा देना पड़ा और अगले चुनाव में कंजरवेटिव पार्टी हार गई।

घाघ अपनी वरियता का इस्तेमाल यौन शोषण के लिए करता है। महिलाओं से यौन फायदा लेने के लिए वह निम्नलिखित दांव खेलता है।

पैंतरा नं. 1 : **नजरें मिलाना :** घाघ आंखों में आंखे डालकर महिला को मुश्किल में डाल देता है, क्योंकि उसे पता होता है कि महिला के दिल तक पहुंचने का यह पहला रास्ता है। वह अपनी नजरों से ही महिला को निर्वस्त्र करने की कोशिश करता है। उसे इस बात की कोई परवाह नहीं होती कि महिला ऐसी स्थिति में क्या महसूस कर रही होगी।

पैंतरा नं. 2 : **द्विअर्थी बातें या यौन संकेत :** इसमें घाघ महिला के रक्षात्मक कवच को तोड़ने के लिए अक्सर द्विअर्थी बातों या यौन भावनाओं को भड़काने वाले भद्दे मज़ाक करने में लगा रहता है।

पैंतरा नं. 3 : **देर तक काम करवाना :** देर तक काम करने के कारण उसे महिला के साथ अकेले वक्त काटने का अवसर मिल जाता है और फिर घाघ अपने असली रूप में आ जाता है, क्योंकि ऐसे समय में महिला के विरोध की उम्मीद भी कम हो जाती है।

पैंतरा नं. 4 : **यौन सुख के एवज में फायदा :** इस पैंतरे की मदद से घाघ तनख्वाह में बढ़ोतरी या पदोन्नति का लालच देकर यौन सुख लेने की कोशिश करता है।

पैंतरा नं. 5 : **अगर महिला तब भी न माने तो उस पर दबाव डालो :** ऐसे में घाघ हर उस जगह पहुंचता है, जहां काम के सिलसिले

में महिला शहर के बाहर जाती है। एक बार फिर ऑफिस से बाहर होने के कारण अकेलेपन का फायदा उठाकर वह अपनी हरकतें शुरू कर देता है। अगर ये दांव भी बेकार जाता है तो वह उस महिला को अकर्मण्य साबित करके उसकी काबलियत को कम आंकने की कोशिश करता है।

पैंतरा नं. 6 : **वरिष्ठ अधिकारियों के लिए दलाल का काम करना :** यह पैंतरा घुटा घाघ बखूबी खेलता है। इसमें घाघ अपने वरिष्ठ अधिकारी का परिचय खूबसूरत महिला से करवाता है और उम्मीद करता है कि वह वरिष्ठ अधिकारी अपना आपा खो देगा। अगर अधिकारी आपा खो देता है वह अपने अधिकारी का राज अपने तक रखने की कीमत वसूल लेता है।

शासक के लिए सुझावः

- हिम्मत रखें, न्याय पर कायम रहेंः मैकियावेली ने एक उल्लेखनीय उदाहरण देते हुए बताया है कि एक शासक को क्यों न्यायसंगतता पर कायम रहना चाहिए और क्यों गंभीर अपराधों में दण्ड देते समय हिम्मत से काम लेना चाहिए, फिर चाहे अपराधी कितना भी शक्तिशाली क्यों न हो! सिकंदर के पिता और मैसेडोनिया के राजा फिलिप के दरबार में पोसेनियस नामक एक सुंदर व शरीफ युवक नियुक्त था। उसके दरबार में अटॉलस नामक एक अन्य व्यक्ति भी था, जो बहुत शक्तिशाली था और राजा फिलिप के बहुत क़रीब माना जाता था। अटॉलस, बुरी तरह से पोसेनियस के मोहपाश में बंधा हुआ था, लेकिन उसे पोसैनियस की ओर से हमेशा प्रतिरोध का सामना करना पड़ रहा था। उसने अंततः छल कपट और ताकत का सहारा लेने का निश्चय किया। एक दिन पोसेनियस का अपहरण हो गया और उसे एक सुनसान जगह पर ले जाया गया। यहां न सिर्फ अटॉलस ने उसका यौन शोषण किया, बल्कि अपने अन्य साथियों को भी उकसाया कि वे भी उसके साथ वैसा ही दुर्व्यवहार करें। इस तरह उसने पोसैनियस को बहुत अपमानित किया। इस अपमान के बाद, पोसेनियस ने राजा फिलिप से बार-बार न्याय की भीख मांगी।

राजा फिलिप ने उसे न्याय दिलवाने का आश्वासन भी दिया। लेकिन उसने अटॉलस को दण्ड देने की बजाय उसे ग्रीस प्रांत के गर्वनर के रूप में पदोन्नत कर दिया। अब पोसेनियस का गुस्सा अटॉलस के प्रति नहीं, बल्कि राजा फिलिप के प्रति था। जिस दिन राजा फिलिप की बेटी एपिरस के राजकुमार के साथ प्रणय-सूत्र में बंधने जा रही थी, तो वह अन्यायी राजा इस समारोह में भाग लेने के लिए मंदिर की ओर जा रहा था। तभी मौका देखकर पोसेनियस ने उसकी हत्या कर दी।

- संयम से रहें। (भाग तीन के अध्याय दो में दी गई 'संत और चोर' की कहानी पढ़ें)।
- समान लिंगी के साथ भी यौन शोषण की घटनायें हो सकती हैं। यदि किसी व्यक्ति में वैकल्पिक लिंग अर्थात् समान लिंग के लिए यौन प्रवृत्ति मौजूद है, तो ऐसे व्यवहार को भी कानून के अंतर्गत दंडनीय माना गया है।

अध्याय-11

नकारात्मक पैरवी का खेल

कुछ लोग हितैषी बनकर जहाज को हमेशा के लिए डुबो देते हैं।

इस खेल में इस ढंग से पैरवी की जाती है कि मानो पूरी भलमनसाहत और निष्ठा आपका पक्ष रखा गया है। लेकिन इसमें पैरवी का आधार जानबूझकर कमजोर रखा जाता है, ताकि उम्मीदवार की स्थिति पूरी तरह से लचर और पंगु नजर आए। इस खेल का यह भी फायदा होता है कि उम्मीदवार के मौके को हमेशा के लिए खत्म करने के बावजूद घाघ उसकी पैरवी करने का श्रेय लूट लेता है। घाघ अच्छी तरह जानता है कि अगर वह अपने शिकार के कंधे पर हाथ नहीं रखेगा तो उसकी पीठ में छुरा कैसे घोंपेगा?

मंत्री बनवाने की काबलियत रखने वाले एक ताकतवर दलाल से उसके विधायक चचेरे भाई ने खुद को मंत्री बनवाने की पैरवी मुख्यमंत्री से करने को कहा। पैरवी करने वाले भाई ने अपने विधायक भाई को आश्वासन दिया कि वह मुख्यमंत्री से अवश्य उसकी सिफारिश करेगा। उसने मुख्यमंत्री के सामने इस मामले की पैरवी की और कहा कि अगर

उसके विधायक भाई को मंत्री पद मिल गया तो वह अच्छा रहेगा। मंत्री बनकर वह बाजार से लिया गया अपना उधार भी चुका सकेगा।

उसे पता था कि मुख्यमंत्री ईमानदार इंसान है, जो इस पैरवी के बाद उसके चचेरे भाई को कभी मंत्री नहीं बनाएगा। इस तरह उसने अपने चचेरे भाई की उम्मीदवारी को एक नकारात्मक सिफारिश के जरिए हमेशा के लिए खत्म कर दिया।

एक बेहद सफल सेल्समैन अपने गृहनगर में अपना तबादला कराना चाहता था। उसके गृहनगर में एक पद खाली हुआ और वरिष्ठ प्रबंधन उसे भेजने के लिए तैयार भी था। लेकिन उसका तात्कालिक बॉस यानि एरिया मैनेजर उसका तबादला नहीं चाहता था। जब प्रबंधन ने उससे पूछा तो उसने कहा, 'हां, यह आदमी बहुत अच्छा सेल्समैन है और उसे अवश्य उसके गृहनगर भेजा जाना चाहिए। वहां पहुंचकर वह अपने परिवार की ज्यादा मदद कर सकेगा। अपने भाई की ट्रांसपोर्ट कंपनी को चलाने के साथ-साथ पिता को केमिस्ट शॉप चलाने में भी मदद कर पायेगा।' जाहिर है, प्रबंधन ने उस आदमी का तबादला रोक लिया।

भोलेनाथ के लिए सुझाव

- अगर लक्ष्य का बोध पूरी निष्ठापूर्वक नहीं किया जाता, तो अंत में खुद को ही चोट लगती है।

घाघ के लिए सुझाव

- साफ अंतर्रात्मा ही शांति का सबसे कारगर तरीका है।

शासक के लिए सुझाव

- हमेशा यह ध्यान रखिए कि सिफारिश से किसे फायदा हो रहा है। और फिर अपना निर्णय लिजिए।
- जिस तरह तीन प्राथमिक रंग होते हैं – लाल, नीला, पीला। वैसे ही तीन प्राथमिक भावनाएं भी होती हैं – प्रेम, नफरत, ईर्ष्या।

अध्याय-12

पैसा बनाने वाले खेल

बेमानी से कमाया गया धन ज्यादा देर तक नहीं टिकता।

– चीनी मुहावरा

हर धनी आदमी के पीछे आमतौर पर कोई ऐसा व्यक्ति जरूर होता है, जो उस पर हाथ साफ करने की योजना बना रहा होता है। दूसरों पर भरोसा करने वाले व्यक्ति के आस-पास दगा देने वाला व्यक्ति मंडरा रहा होता है। भोलेनाथ जब तक यह बात समझ पाता है, तब तक काफी देर हो जाती है। इस खेल का सीधा-सा उद्देश्य है कि किस तरह सामान या सेवा की सप्लाई करने वाले लोगों से कमीशन बनाया जाए। इस खेल के कुछ पैंतरे इस प्रकार हैं :

पैंतरा नं. 1 : **पार्टियों को अलग-अलग समय सीमा और दिशा निर्देश देना :** घाघ अपने साथियों को फायदा पहुंचाने के लिए टैंडर भरने की अलग डैड लाइन देता है। दूसरे शब्दों में कहें तो जिन पार्टियों को घाघ टेंडर लेने के खेल में शामिल नहीं होने देना चाहता, उन्हें टेंडर भरने के लिए असंभव डेडलाइन देता है। उन्हें वो जानकारी नहीं दी जाती, जो उन्हें टेंडर में भरनी है। जैसे कि संस्थान की जरूरतें, गारंटी की अवधि, निरस्त करने की सीमा वगैरह। नतीजा ये होता है कि दूसरे

उम्मीदवार कारगर ढंग से बाजार को समझ नहीं पाते और प्रतियोगिता से किसी ने किसी नियम के कारण बाहर हो जाते हैं, क्योंकि वे अनजाने में उसका पालन नहीं कर पाते।

पैंतरा नं. 2 : **अपनी पसंदीदा साथियों की एकाधिकार वाली सेवा या वस्तु को स्वीकृत करना :** इस पैंतरे के तहत ऐसी चीजों या सेवाओं को चुना जाता है, जिन्हें सिर्फ़ घाघ के पसंदीदा व्यक्ति या पार्टी ही उपलब्ध करा सकते हों और उन पर एकाधिकार होने के कारण उनका दाम कम करना मुश्किल हो।

पैंतरा नं. 3 : **दूसरे पक्षों के काम में खामियां निकालना :** इसमें लोगों के बिलों, काम या किसी और पहलू में लगातार कोई न कोई कमी निकाली जाती है, ताकि घाघ अपने मातहत को इस कंपनी का काम रद्द करने के लिए मजबूर कर सके।

पैंतरा नं. 4 : **जरूरत से ज्यादा चीजों की मांग करना लेकिन बिल में दी हुई संख्या से कम चीजें लेना :** पहले मामले में तो घाघ की ऊपरी आमदनी बढ़ जाती है। दूसरे मामले में सामान के लिए जो राशि तय की गई है, उतना सामान नहीं लिया जाता। इस तरह बचा हुआ पैसा घाघ की जेब तक पहुंच जाता है।

पैंतरा नं. 5 : **घटिया माल ख़रीदना**

पैंतरा नं. 6 : **इस पैंतरे में घाघ किसी संगठन की संपत्तियों/संसाधनों को अपनी पसंदीदा पार्टी को बेच दता है। इसमें वह नीलामी अथवा बिक्री के अन्य निष्पक्ष तरीकों से परहेज़ करता है।**

पैंतरा नं. 7 : **घाघ नौकरी में नियुक्ति के ज़रिये या कर्मियों के स्थानांतरण के माध्यम से पैसा बनाता है।** वह हाज़िरी रजिस्टर में ऐसे व्यक्तियों की उपस्थिति दिखाता है, जिनका कोई अस्तित्व ही नहीं है और उनका वेतन अपनी जेब में डाल लेता है।

पैंतरा नं. 8 : **इस पैंतरे में घाघ लायसेंस स्वीकार करने,**

विनियामक की अनुमति देने और देय प्रमाण-पत्रों के एवज़ में पैसे की मांग करता है या ऐसे लोगों को लायसेंस व विनियामक की अनुमति देता है, जो इनके योग्य नहीं हैं। इसके अतिरिक्त वह बिना देरी किये किसी व्यक्ति अथवा कम्पनी को लायसेंस प्रदान करने के लिए अपने पद का उपयोग करता है और ऐसी इकाइयों की बिक्री से होने वाले लाभ में बंदरबांट करता है।

पैंतरा नं. 9 : **इस में घाघ जाली बिल बना कर उनके भुगतान से पैसा बनाता है।**

पैंतरा नं. 10 : **मातहत को धमकाना :** यहां मातहतों से कहा जाता है कि अगर उन्होंने वरिष्ठ अधिकारियों से घाघ की शिकायत की तो कोई फायदा नहीं होने वाला, क्योंकि वे लोग भी इस घोटाले में मिले हुए हैं। अक्सर भ्रष्ट व्यक्ति अपनी हरकतों की यह कहकर किलाबंदी करता है कि उसके वरिष्ठ अधिकारी भी भ्रष्ट ही हैं।

पैंतरा नं. 11 : **दूसरे लुटेरों को भी पनपने देना :** अगर दूसरे भी गलत ढंग से पैसा कमा रहे हैं तो घाघ उन्हें नजरअंदाज कर देता है।

पैंतरा नं. 12 : **ऐसे लोगों की मदद करना, जो भविष्य में उसकी मदद कर सकते हैं :** इस पैंतरे के तहत घाघ फायदा लेने वाले से तत्काल आर्थिक मदद की उम्मीद नहीं करता। वह अपनी शक्ति का इस्तेमाल करके उन्हें फायदा पहुंचाता है, ताकि भविष्य में वे उसकी मदद कर सकें।

भोलेनाथ के लिए सुझाव

- विवेक की राह में ईमानदारी पहला कदम है। छोटी-छोटी बातों में ईमानदारी बरतना छोटी बात नहीं है।
- करार के नियम आपको धोखे से नहीं बचाते, बल्कि ईमानदारों के साथ किया गया करार आपको धोखेबाजी से बचाता है।

घाघ के लिए सुझाव

- अगर ईमानदार लोगों के साथ काम करना है, तो खुद ईमानदार होना पड़ेगा।
- बेईमानी उस हथियार की तरह है, जो उस वक्त पलटवार करती है, जब आपको लगता है कि सब कुछ ठीक हो गया है।
- धन-दौलत की उपलब्धि तभी संतुष्टि देती है, जब उसे बिना दूसरों के शोषण के पाया गया हो और जिसे पाने में आपको मजा आया हो।
- एक वरिष्ठ प्रशासनिक अधिकारी ने अपनी गैर-कानूनी दौलत को छिपाने के लिए कई बेनामी संपत्तियां खड़ी कीं। लेकिन जब वह रिटायर्ड हुए तो उनके दोस्तों ने उनका साथ छोड़ दिया और उनकी सारी संपत्ति पर कब्जा कर लिया। इस आघात से उक्त अधिकारी महोदय को दिल का दौरा पड़ गया।

शासक के लिए सुझाव

- लोग कभी भी जीवन के एक ही पहलू में धोखेबाज नहीं होते।
- *कभी भी मातहतों को अनुशासित करते समय उस अधिकारी को मत छोड़ो, जिसने भ्रष्ट मुद्दों को नजरअंदाज किया है।*

  – जॉन एफ वेल्च
- समझदार आदमी बकरी को कभी अपना माली नहीं बनाता।
- एक आदमी जो मेरे लिए चोरी करता है, वह मेरे घर में भी सेंध लगा सकता है।
- कभी-कभी बेईमान लोग अपना उल्लू सीधा करने के लिए सगंठन में आधुनिक प्रौद्योगिकी की शुरुआत करते हैं और संस्था को भविष्य उन्मुख बनाते हैं। लेकिन हां, ऐसा करने से अंततः संगठन की संस्कृति जरूर विकृत होती है।

अध्याय-13

अकर्मण्यता को पालना और बलि के बकरे ढूंढना

फ्रेंकलिन डी रूज़वेल्ट मूलतः एक ईमानदार और न्यायप्रिय व्यक्ति थे। लेकिन उनके राजनैतिक जीवन में ऐसे वक्त भी आए, जब स्थितियां बिगड़ीं। ऐसे मौकों पर उनके सचिव बिना किसी शिकायत के सारा दोष खुद पर ओढ़ लेते थे। देश की भलाई की खातिर रूज़वेल्ट इसे स्वीकार भी कर लेते थे। इस आपसी समझ के चलते दोनों के बीच एक गहरा संबंध स्थापित हो गया था। ऐसे नेता अपने सचिव में निम्न बातों की तलाश करते हैं बात मानने की क्षमता, लचीलापन, कम समझ और सबसे महत्वपूर्ण बात कि चीजों को बदलने के कोई ज़ज़्बे और आस्था का अभाव।

जिस समय जिम राइट हाउस के स्पीकर के रूप में अपनी ताकत बढ़ा रहे थे, उस समय उन्होंने लोगों का चुनाव करते समय उनकी बौद्धिक क्षमता के बजाए व्यक्तिगत वफादारी पर ज्यादा ध्यान दिया। यहां तक कि जनरल मोर्टस के वित्त विभाग ने भी 1950 के दशक के अंत में अपनी शक्ति को वापस पाने के लिए ऐसे लोगों को बढ़ावा दिया जो कार्यकुशल भले ही नहीं थे, लेकिन विभाग के प्रति वफादार और गहरा प्रेम दर्शाने वाले जरूर थे।

एक शहर की घेरेबंदी के दौरान हान वंश का एक ताकतवर जनरल साओ साओ सैनिकों की रसद की आमद का अदांजा नहीं लगा पाया। सेना के पास पर्याप्त भोजन नहीं था। ऐसे में भोजन की निगरानी करने वाले अधिकारी से कहा गया कि वह सैनिकों का राशन कम कर दे। कुछ समय बाद साओ साओ को जानकारी मिली कि सैनिकों में इस बात का आक्रोश बढ़ रहा है कि जनरल तो डटकर दावत उड़ा रहा है, जबकि उसकी सेना भूखी मर रही है। सेना में पनपते विद्रोह को दबाने के लिए जनरल ने उस अधिकारी से कहा कि वह अपना सिर कलम करवा दे, ताकि सैनिकों के सामने यह साबित हो जाए कि गलती करने वाले अधिकारी को दंड दे दिया गया है। बदले में साओ साओ ने इस अधिकारी से मृत्यु के बाद उसके परिवार की पूरी जिम्मेदारी लेने का वादा किया। जब सैनिकों को इस आदमी को कटा हुआ सिर दिखाया गया तो विद्रोह टल गया।

इस पैंतरे का उद्देश्य होता है कि किसी भी किस्म की गड़बड़ी और हर चुनौती से खुद को बचा कर रखना। घाघ जब भी कोई गलती करता है तो उसका सारा दोष अकर्मण्य या मासूम मातहत पर मढ़ देता है। अक्सर घाघ अकर्मण्य और मूर्ख व्यक्ति को रखने से बचता है। वह समझदार, जानकार, लेकिन अकर्मण्य आदमी को रखना ज्यादा पसंद करता है, जो समझदार और सुशिक्षित हो। इस खेल के पैंतरे इस प्रकार हैं :

पैंतरा नं. 1 : **किसी अकर्मण्य साथी को अपना अगला मातहत रखना :** किसी भी अकर्मण्य साथी में इस अहसास की मदद से वफादारी विकसित की जाती है कि घाघ को उसकी कमजोरी के बारे में पता तो है, लेकिन फिर भी वह उसे किसी तरह साथ लेकर चल रहा है। अपनी अकर्मण्ता और घाघ के प्रति अपनी वफादारी या यूं कहें कि मूलतः अपनी अकर्मण्यता के कारण ही वह मातहत घाघ को कभी चुनौती नहीं दे पाता। घाघ अपने मातहत में अकर्मण्यता, एक साफ सुथरी छवि (यदि यह महत्त्वपूर्ण हो तो), अप्रभावी व्यक्तित्व और विशेषकर घाघ के विरुद्ध न लड़ पाने की क्षमता जैसे गुणों को ढूंढता है।

पैंतरा नं. 2 : **गलत काम में दोस्त को शामिल करना :** सत्ता

में रहने वाले आदमी को जो भी गलत काम करने पड़ते हैं, वह ऐसे साथी को सौंप दिए जाते हैं। अगर कहीं योजना में गड़बड़ी होती है तो उस व्यक्ति को बलि का बकरा बना दिया जाता है। इसी तरह कभी लड़ाई का मौका आता है तो भी ऐसे व्यक्ति को सामने कर दिया जाता है। कई बार सौदेबाजी में घाघ आसानी से दोस्त की बलि चढ़ा देता है और उसके बजाए एक और उतने ही अकर्मण्य आदमी को बैठा देता है। पुराने समय में राजा भी अक्सर अपनी गलती के लिए दरबार में अपने दोस्तों की बलि चढ़ा देते थे। जाहिर है कि इस पैंतरे के बाद दोस्ती हमेशा के लिए खत्म हो जाती है, लेकिन घाघ को इससे कोई फर्क नही पड़ता।

शासक के लिए सुझाव

- अगर आप अति साधारण आदमियों को नौकरी पर रखेगें तो वे लोग भी अति साधारण लोगों को ही नियुक्त करेंगें।

घाघ के लिए सुझाव

- फ्रांस में 1848 में हुए चुनाव के दौरान लुई अडोल्फ थियर्स और जनरल यूजिन केविनेक के बीच बराबर की टक्कर थी। एक मौका आया कि थियर्स को लगा कि उनकी स्थिति कमजोर पड़ रही है। उस वक्त उन्होंने अपनी स्थिति मजबूत बनाने के लिए महान जनरल नेपालियन बोनापार्ट के पोते लुई बोनापार्ट का सहारा लिया, क्योंकि उन्हें लगता था कि लुई भले ही मूर्ख है, लेकिन उसकी मदद से वह चुनाव जीत सकते हैं। थियर्स का मानना था कि वह बोनापार्ट का कठपुतली की तरह इस्तेमाल करेंगें और फिर सत्ता से हटा देंगें। बोनापार्ट का चुनाव हो गया, लेकिन इस सारे खेल में थियर्स एक चीज नहीं देख पाये कि मूर्ख दिखने वाले इस आदमी की महत्वकांक्षा बहुत बड़ी थी। सत्ता मे आने के सिर्फ तीन साल के अंदर ही उसने संसद भंग करके खुद को सम्राट घोषित कर दिया और इसके बाद अठारह साल तक शासन किया। इस सारे मामले में थियर्स और उनकी पार्टी हाथ मलती रह गई, लेकिन कुछ कर नहीं पाई।

अध्याय-14

संस्थान के हितों को नुकसान पहुंचाना

व्यक्तिगत पसंदों में डूबे रहना और काम के लिए दूसरों को आदेश देना, नैसर्गिक नियमों के विरूद्ध है। खुद को ठीक करना और दूसरों में परिवर्तन लाना ताओ के नियमों के अनुरूप है।

स्विस सेना के ब्रिगेडियर जनरल ज्यां लुई जैनामायर में एक आदर्श वरिष्ठ अधिकारी के सभी गुण मौजूद थे। वे एक अच्छे, दबंग, ईमानदार और देश के प्रति समर्पित इंसान थे। उन्हें आदर्श राष्ट्रभक्त और सैनिक कहा जा सकता था। जब वे स्विट्जरलैंड की तमाम खासियतों और साम्यवाद की बुराइयों पर अपनी बात कहते थे तो लोग उन्हें पूरे सम्मान के साथ सुनते थे। 1957 में जैनामायर को फुल कर्नल बना दिया गया। इसके बाद उनकी गिनती स्विट्जरलैंड के प्रभावशाली लोगों में होने लगी। लेकिन जब उनका तबादला सिविल डिफेंस फोर्स में कर दिया गया तो उनको गहरा धक्का लगा। इसके दो साल बाद ही वह रूसी जासूस बन गए।

इस खेल को नाराज घाघ खेलते हैं। यहां नाराजगी उनके खिलाफ किसी वरिष्ठ अधिकारी द्वारा की गई अन्याय (सचमुच के या काल्पनिक)

से पैदा होती है। इस अन्याय का स्वरूप शक, शोषण या दबाव, एक नया बॉस यहां तक कि तरक्की से हाथ धो बैठना भी हो सकता है। घाघ यह खेल अपनी नाराजगी जाहिर करने के लिए खेलता है।

पैंतरा नं. 1 : **जिम्मेदारी कम करना :** इसमें वह खुलेआम अपनी जिम्मेदारियों को कम करना शुरू करता है। साथ ही, वह अपने मातहतों के दिलों में गलत विचार भरता है और संस्थान के कामों को नुकसान पहुंचाने की कोशिश करने लगता है।

पैंतरा नं. 2 : **किसी और से बगावत करवाना :** ऐसा करते समय वह इस बात का पूरा ध्यान रखता है कि इस सबकी जिम्मेदारी उसके सिर न आए। इसके लिए वह दूसरों से अपने निर्णय को पारित करवाता है और सर्वसम्मति से उन गलत निर्णयों को लागू भी करवाता है।

पैंतरा नं. 3 : **विरोधियों को महत्वपूर्ण जानकारी देना।**

पैंतरा नं. 4 : **विरोधियों की मदद से तख्ता पलट की योजना बनाना।**

शासक के लिए सुझाव

- संस्थान के भीतर ईनाम और दंड की मदद से काम-काज के मूल्यों को विकसित करना चाहिए। इस तरह कम लोगों की मदद से भी बड़ी सफलता हासिल की जा सकती है।
- *एक लाख आदेश न मानने वालों की अपेक्षा दस हजार योद्धा बेहतर हैं। दस हजार योद्धाओं के मुकाबले वे सौ लोग बेहतर हैं, जो लड़ने के लिए तत्पर हैं।*

— वेई लियासओत्सु-2

भाग दो

भोलेनाथ कैसे सफल हों

अध्याय-1

सफलता पचाना और शक्ति नियंत्रित करना

सफलता जबर्दस्त हुनर के बजाय सतत समझ पर ज्यादा निर्भर है।

— आन वांग

दौलत की अति हमें आलसी और अकर्मण्य बना देती है। अगर हमारी दौलत और सत्ता सुरक्षित है तो हम कुछ भी करने के लिए प्रेरित नहीं होते। जिन लोगों को कम उम्र में ही सफलता और सत्ता मिल जाती है, उनके लिए यह एक खतरनाक स्थिति है। उदाहरण के लिए नाटककार टैनिसी विलियम्स अपने नाटक 'द ग्लास मिनेजरी' की मदद से अचानक गुमनामी के अंधेरे से निकल कर सफलता और शोहरत के शिखर पर जा बैठे। यह नाटक शिकागो में बेहद सफल रहा। इसके बाद उसने ब्रॉडवे में धूम मचाई, फिर इसे न्यूयार्क ड्रामा क्रिटिक्स सर्किल से उस साल के सबसे अच्छे नाटक का सम्मान भी मिला।

इसके बारे में बाद में विलियम्स ने लिखा : 'इस सफलता को पाने से पहले मैं जिस जिंदगी को जी रहा था, उसमें बड़ा संघर्ष करना पड़ता था। उस जिंदगी में मेहनत थी, छोटी-छोटी चीजों के लिए जूझना पड़ता था, फिर भी वो जिंदगी अच्छी थी। उसी जिंदगी के लिए इंसान

बनाया गया है। जब तक मेरा संघर्ष खत्म नहीं हुआ, तब तक मुझे अहसास ही नहीं हुआ कि उस संघर्ष में मेरी कितनी प्राण शक्ति लगी थी। सफलता के बाद मैंने बैठकर खुद को देखा और अचानक बहुत दुखी हो गया।'

कोई नई चुनौती सामने न होने और किसी नए शिखर के दिखाई न देने के कारण विलियम्स को आखिरकार नर्वस ब्रेकडाउन हो गया। लेकिन एक तरह से यह उनके लिए अच्छा ही रहा। एक बार वह फिर से संघर्ष के दौर में पहुंच गए और उन्हें चुनौती के रूप में नई संभावनाएं दिखने लगीं। इन चुनौतियों ने उनके लिए प्रेरणा का काम किया। उन्होंने एक बार फिर अपनी लेखन की यात्रा शुरू की और अपनी सबसे प्रसिद्ध किताब 'अ स्ट्रीट कार नेम्ड डिजायर' की रचना की।

रूसी उपन्यासकार, पत्रकार और लघु कथा लेखक फ्योदोर दोस्तोवेस्की की मनोवैज्ञानिक रूप में गहराई तक उतरने वाली और मानव मन को छूने वाली रचनाओं ने 20 वीं सदी के उपन्यासों पर गहरा असर डाला। वे ऐसे किरदारों को उठाते थे, जिनके चुनाव करने की स्वतंत्रता, समाजिकता, नास्तिकता, सही और गलत विषयों के बारे में परस्पर विरोधाभासी विचार होते थे, लेकिन कहानी के मूल में वे ईश्वर के विषय को ढूंढते थे और उनका हर किरदार अपनी गलतियों और बेइज्जितयों के बीच लगातार ईश्वर की तलाश में जुटा रहता था। रोचक बात यह है कि जब भी वह सफल उपन्यास लिखते थे तो उन्हें लगता था कि उससे मिली आर्थिक सुरक्षा ने उनके लेखन को बेमानी कर दिया। इसलिए वे कैसीनो में जाते थे और अपनी सारी दौलत जुए में उड़ा देते थे, ताकि वे एक बार फिर से गरीब हो जाएं और लिख सकें।

सिर्फ आर्थिक सफलता ही नहीं, बल्कि सत्ता भी सिर पर चढ़ जाती है। वह आपके सिर पर ऐसी सवार होती है कि आपके आस-पास के लोग परेशान होने लगते हैं और आप एक काल्पनिक दुनिया में रहने लगते हैं।

एक बार एक पत्रकार किसी शहर में पहुंचा और वह उस शहर के मेयर से मिलने के लिए गया। लेकिन मुलाकात से पहले उसने कुछ

लोगों से मेयर के बारे में बातचीत की, जिसमें उसे कुछ इस तरह के प्रतिक्रियाएं सुनने को मिलीं।

पेट्रोल पंप के कर्मचारी के मुताबिक मेयर मूर्ख था। एक घरेलू महिला के मुताबिक घटिया इंसान था और शहर के पादरी का मानना था कि वह एक बदमाश आदमी था। पत्रकार ने जिससे भी बात की, उसकी नजर में मेयर की छवि अच्छी नहीं निकली। इसलिए मेयर से बात करते हुए पत्रकार ने आखिरकार सवाल पूछा, 'आपको इस काम के लिए कितना पैसा मिलता है?'

मेयर ने कहा, 'कुछ भी नहीं, मैं तो पद के सम्मान के लिए यह काम करता हूं।' उसे यह अहसास ही नहीं था कि लोग ऊपर से उसे जो इज्जत दे रहे थे, उसके पीछे उनकी घृणा छिपी हुई है।

जैसे ही सत्ता सिर पर सवार होती है, इंसान अहंकारी और असंवेदनशील हो उठता है। खुद को ऐसे अहंकार से बचाएं, वर्ना हम हास्यास्पद लगने लगते हैं।

साथ ही, पिछली सफलता को अगर जल्दी नहीं पचाया गया तो मनःस्थिति बिगड़ने लगती है। इसलिए यह जरूरी है कि जो शक्ति अर्जित की है, उसे संभालने की योग्यता विकसित की जाए। इसके कई तरीके हैं। सबसे पहले तो हर सफलता को शिखर की बजाय मील का एक पत्थर मानना चााहिए। अगर भविष्य के सपनों के मुकाबले अतीत की सफलताएं ज्यादा बड़ी लगने लगें तो इसे आप अपने पतन की चेतावनी मान लें। जब सफलता प्रसिद्धी, आराम और सम्मान दिलाए, उसका आनंद लें, लेकिन आरामतलबी न करें। साथ ही, यह याद रखें कि ये सुख सुविधाएं किस वजह से आईं, कैसे टिकीं हैं और आप इस मुकाम पर कैसे पहुंचे हैं। जिंदगी का मजा तो यात्रा में है, मंजिल तो सिर्फ सुस्ताने की सराय है। कर्म ही जीवन है, जबकि कामचोरी मौत की निशानी है। एक सफलता पाने के बाद थोड़ा सुस्ताएं, उस अनुभव का मजा लें, लेकिन आगे बढ़ने की कोशिश न छोड़ें। हमेशा अपने स्तर को बढ़ाते चलें।

उन लोगों पर नजर डालें, जिनकी सफलता आपसे ज्यादा बड़ी है।

अपने जीवन की तस्वीरों को वृहद् परिप्रेक्ष्य में देखने से भी नजरिए में बदलाव आता है। जैसा कि इस कहानी से पता चलता है:

सुकरात अपने विद्यालय में अपने छात्रों के साथ बैठे थे, तभी एथेंस का एक नामी और रईस व्यक्ति उनसे मिलने आया। सुकरात उसे आते हुए नहीं देख पाए थे, अतः वह छात्रों से बात करते रहे। उस आदमी को बुरा तो लगा, फिर भी वह इंतजार करने लगा। लेकिन समय के साथ उसका गुस्सा बढ़ता जा रहा था। आधे घंटे के इंतजार के बाद वह अचानक आपा खो बैठा और सुकरात पर जोर से चिल्लाया, 'तुम्हें पता नहीं है कि मैं कौन हूं।

सुकरात ने आगंतुक को देखा और कहा कि यह भी तय कर लेते हैं कि आप कौन हैं? इसके बाद सुकरात ने दुनिया का मानचित्र मंगवाया और उस आदमी से कहा कि वह बताए कि इस नक्शे में एथेंस कहां है?

काफी ध्यान से देखने के बाद उस आदमी ने एक छोटे से बिंदु की तरफ इशारा किया। इस पर सुकरात ने उससे कहा कि वह बताएं कि उसके महल, जमीन आदि कहां है? जब उस आदमी को यह अहसास हुआ कि अपनी जिन चीजों पर उसे गुमान है, वह एक बिंदु के भीतर एक बिंदु से ज्यादा कुछ नहीं हैं, तो वह चक्कर में पड़ गया। अब उसे अपनी अप्रासंगिता का अहसास होने लगा था। उसे सबक मिल चुका था। सुकरात ने नक्शा लपेट कर उस आदमी के हाथ में रख दिया, ताकि उसे हमेशा यह याद रहे कि दुनिया में उसकी हैसियत क्या है?

इसी तरह, मृत्यु के प्रति हमारी चेतनता भी कई बार हमें हमारी हकीकत से रूबरू करा देती है।

शक्ति को संभालने का एक तरीका यह भी है कि आप अपने स्त्री पक्ष को विकसित करें। पुरुष स्वभावतः आक्रामक होता है, जबकि महिला दयालु। बाइबिल की एक व्याख्या के अनुसार, भगवान ने छह दिन में दुनिया का निर्माण किया, पर वह हर दिन इसमें सुधार करता गया और अंत में उसने पुरुष को बनाया। फिर भी उसे संतोष नहीं हुआ। उसने पुरुष की एक पसली ली और पुरुष के परिष्कृत संस्करण स्त्री को

तैयार किया। असल में आदमी तभी पूर्ण और बड़ी सफलता के लिए तैयार हो पाता है, जब वह अपने स्त्री पक्ष यानी सौहार्द, बांटने की क्षमता और दया आदि को विकसित करता है। नीरज की एक कविता कहती है,

'आदमी को आदमी बनाने के लिए छोटी सी प्रेम कहानी चाहिए। कागज पर लिखने वाली रोशनाई नहीं, आंखों में थोड़ा सा पानी चाहिए।'

अब भारतीय फिल्मों के सुपर स्टार अमिताभ बच्चन को ही लें। वह अपनी उम्र के साठवें दशक में होने के बावजूद हर सुबह बहुत जल्दी, लगभग 6 बजे उठ जाते थे और देर रात तक अपने काम में मशगूल रहते थे। अपनी व्यस्त दिनचर्या के बावजूद वह सोने से पूर्व, अरसे से बिस्तर पर पड़ी अपनी बूढ़ी मां की खिदमत करते थे, उनके पास बैठ कर अपने दैनिक कार्यों की पूरी जानकारी उन्हें देते थे।

कभी-कभी उनकी निढाल और बीमारी के कारण बिस्तर पर पड़ी मां चंदेक वाक्य उनके साथ बोल लेती थीं। इन इक्का-दुक्का वाक्यों में ही अमिताभ को जैसे पुण्य की प्राप्ति हो जाती थी। हममें से कितने लोग हैं, जो अपने बूढ़े मां-बाप के साथ समय बिताते हैं? हममें से कितने लोगों के मन में उनके लिए दयाभाव है? मुझे लगता है कि यह अत्यंत दुर्लभ और अति विकसित करुणा से भरपूर स्त्री पक्ष की प्रवत्ति ही है, जो अमिताभ को इतना अधिक धन और अपार प्रसिद्धि को सहेज कर रखने में मदद करती है। इन्हें पचा पाने की उनकी इस क्षमता से और अधिक यश व वैभव के लिए संभावना उत्पन्न होती है। अपने करिअर के दौरान, उन्होंने सफलता के अनंत शिखर छुये हैं। वास्तव में, यह कहना अतिश्योक्ति नहीं होगी कि वह दशकों तक भारतीय सिनेमा के सर्वप्रकाशमान सितारे रहे।

बी.बी.सी. ने पाठकों के बीच कराये गये एक ऑनलाइन सर्वे में उन्हें 'सदी का महानतम सितारा' के ख़िताब से नवाज़ा था। ऐसी विशाल सफलता के बावजूद, उनके समकालीन जावेद अख्तर के शब्दों में *'अमिताभ बच्चन एक ख़ास हस्ती हैं और ऐसा केवल उनकी सफलता के कारण नहीं है। अमिताभ बच्चन बनने के लिए एक महान अभिनेता बनना*

पड़ता है और इसके साथ-साथ एक दयालु इंसान भी होना पड़ता है। उनकी उपलब्धि उनकी सफलता नहीं है, उनकी उपलब्धि उनकी इस काबलियत में है, जिसके कारण उन्होंने अपनी सफलता को कभी अपने ऊपर हावी नहीं होने दिया, हमेशा उसे नियंत्रित रखा और अपनी सफलता से अधिक अपनी शालीनता को बनाये रखा।'

अपने संबंध में हास्यबोध की भावना विकसित करने से भी सफलता को संभालने में मदद मिलती है। हास्यबोध हमें एक दूसरे से जुड़ने में सहायता करता है। इस प्रकार, यह अपरिमित ताकत के कारण व्यक्ति में उपजे अकेलेपन के एहसास पर विजय पाने में मदद करता है। स्वयं पर हंसने की क्षमता हमें हमारी अहंकार से उत्पन्न अन्य ग़लतियों से बचाती है।

स्त्री पक्ष की समझ या ब्रह्मांड को चलाने वाली अदृश्य लय को समझते ही शक्ति को संभालना आ जाता है। ब्रह्मांडीय न्याय का आधार है कि जैसा बोओगे, वैसा ही काटोगे। कर्म के सिद्धांत या ऊपरवाले के डर से किसी पर भी भरोसा करें, ये दोनों उसी एक सिक्के के दो पहलू हैं, जो यह बताता है कि न्याय के सिद्धांत पर ही दुनिया चलती है। न्याय (संतुलन) ही ब्रह्मांड का आधार है।

तो जब शक्ति का मद सिर चढ़ कर बोलने लगता है और हम अंदरूनी लय या सिद्धांत को भूलकर दुस्साहसी और क्रूर ढंग से काम करने लगते हैं तो उसका खमियाना तो भुगतना ही पड़ता है। यह प्रतिफल स्वर्ग में बैठा ईश्वर नहीं देता, बल्कि हमारे अंदर से ही उपजता है। हम अपने शारीरिक और मानसिक असंतुलन के कारण अपनी पूरी संभावनाओं को साकार नहीं कर पाते।

अपनी सफलता में किस्मत की भूमिका को मानने से भी विनम्रता बनी रहती है। इंसान की ताकत ही नहीं, बल्कि किस्मत उसे सत्ता के शिखर पर पहुंचाती है। यह अहसास अहंकार को नियंत्रण में रखता है।

आखिरी बात, हमें अपनों से प्यार करना चाहिए और उनके प्रति दयालु रहना चाहिए। प्रेम शक्ति को पचाने की दवा है और दया शक्ति के मादक असर को रोकने का अचूक इलाज है।

अध्याय-2

संकेत पकड़ना

जो बीज में संभावना देख लेते हैं, वे अपूर्व बद्धिमान होते हैं।

– लाओजू

बहुत ही कम लोग वर्तमान के आगे की बात सोच और समझ सकते हैं। लोगों को भविष्य के बारे में ज्योतिषियों की भविष्यवाणी के बजाय खुद की समझ और संवेदनशीलता पर भरोसा करना चाहिए।

दुनिया के घाघों से जूझने के लिए संकेतों को समझने की यह काबलियत बहुत महत्वपूर्ण है, इसलिए हमें इसका विकास करना चाहिए। लोग अपनी ही चुगली से बाज नहीं आते। उदाहरण के लिए कोई आदमी छोटी-छोटी बातों में दूसरों का ख्याल नहीं रखता और सिर्फ अपने फायदे की सोचता है या दूसरे के हित पर अधिकार जमाता है तो साफ पता चलता है कि वह अन्यायी व्यक्ति है। इसकी मदद से उसके व्यक्तित्व के बारे में बहुत कुछ समझा जा सकता है। किसी भी व्यक्ति के बोलचाल, व्यवहार और गतिविधियों से उसकी मानसिक स्थिति व उसके तौर तरीकों का पता लगाया जा सकता है।

समझदार लोग उन संकेतों को पकड़ लेते हैं, जो दूसरों की पकड़ के बाहर होते हैं। एक ईरानी व्यापारी ने हिंदुस्तान की यात्रा के दौरान एक जंगल से एक चिड़िया पकड़ी और उसे अपने देश ले जाकर पिंजरे में रख दिया। अगली बार हिंदुस्तान की यात्रा पर निकलते वक्त उसने चिड़िया से पूछा कि उसके लिए वहां से कुछ लाना तो नहीं है। चिड़िया ने कुछ चीज न मांग कर आजादी की मांग की, जिसे व्यापारी ने ठुकरा दिया। इस पर चिड़िया ने व्यापारी से कहा कि जिस जंगल से उसने उसे पकड़ा था, वहां जाकर व्यापारी घोषणा कर दे कि वह चिड़िया ईरान में उसके पिंजरे में कैद है। व्यापारी इसके लिए तैयार हो गया। कुछ दिनों बाद वह उसी जंगल में पहुंचा और उसने चिड़िया का संदेश देना शुरू किया। इस संदेश को सुनकर एक चिड़िया जमीन पर गिर पड़ी। व्यापारी को उस चिड़िया की मौत पर बहुत दुख हुआ। घर लौट कर उसने पिंजरे में बंद चिड़िया को यह कहानी सुनाई। पिंजरे में मौजूद यह चिड़िया इतना सुनते ही मरणासन्न स्थिति में गिर पड़ी। व्यापारी को लगा कि अपने दोस्त की मौत की खबर सुनकर यह भी चल बसी। उसने पिंजरा खोला और चिड़िया को बाहर निकालकर खिड़की पर रख दिया। अचानक चिड़िया उठी और पंख फड़फड़ा कर उड़ गई।

दरअसल, वह चिड़िया इसलिए बच निकली, क्योंकि उसने अपने दोस्त द्वारा कैद से बच निकलने के लिए भेजे गए छिपे हुए संकेत को पकड़ लिया था।

अक्सर आदमी की बातें ही उसके व्यक्तित्व का परिचय देती हैं। जो व्यक्ति सचेत होकर सुनता है, उसे बोलने वाले की बात से ही उसके दिमाग में चल रही बातों की जानकारी मिलने लगती है। इसमें यह जानना चाहिए कि उसका आदर्श कौन व्यक्ति है।

इस बात पर ध्यान देना चाहिए कि वह किन बातों पर हंसता है और छोटी-छोटी बातों पर कैसा बर्ताव करता है। उन संकेतों को याद करने की कोशिश कीजिये जो उसने अपने साथ हुई पहली कुछ मुलाक़ातों में दिये थे।

इस बात पर खास ध्यान दिजिए कि वह कब बात के विषय को बदलता है। थोड़े से अभ्यास के बाद आप समझने लगेंगे कि एक विषय से दूसरे विषय तक उसका दिमाग कैसे यात्रा करता है। जैसे ही यह काबलियत आपमें आएगी, आप लगभग उसके विचारों को पढ़ने लगेंगे।

सिर्फ इंसान ही नहीं, बल्कि परिस्थितियां भी अपने बारे में संकेत देती हैं। अगर कोई समझदार इंसान है, तो वह नतीजों को ध्यान में रखे बिना यात्रा की शुरुआत नहीं करेगा।

यह कहानी कुंएं में रहने वाले दो मेंढकों की है। एक बार कुंआ सुख गया तो दोनों उससे बाहर निकले और नए घर की तलाश करते-करते एक ऐसे गहरे कुंएं पर पहुंचे जिसमें काफी पानी भरा हुआ था।

दोनों में से एक मेंढक ने कहा कि कुंएं के अंदर पहुंचकर भोजन और घर की व्यवस्था की जाए, लेकिन दूसरा मेंढक दूरदर्शी था। उसने अपने दोस्त से कहा, 'हम कुएं में नहीं उतरेगें, क्योंकि एक बार इसमें उतरे तो इसके सूखने पर हम बाहर नहीं निकल पाएंगे।' इसी तरह हर व्यक्ति को अपने वर्तमान निर्णयों के भविष्य में होने वाले असर पर जरूर ध्यान देना चाहिए, वरना बुढ़ापा बुरे निर्णयों का एक कबाड़खाना बन सकता है।

समझदार लोग हर चीज से संकेत लेने में समर्थ होते हैं। एक बार एक सूफी राजा से मिलने पहुंचा। उसने राजा से कहा कि अगर उसे सौ दीनार दी जाएं तो वह पते की बात कहेगा। उसे जैसे ही मुंह मांगी रकम मिली, उसने राजा से कहा, 'नतीजों को समझे बिना कभी कोई काम शुरू न करना।' उसकी इस राय पर दरबार में मौजूद सभी लोग हंस पड़े। लेकिन राजा ने इस बात को मन में रख लिया और इन शब्दों को सोने में मढ़वा कर अपने महल की दीवार पर लगवा दिया। साथ ही, अपने चांदी के बर्तनों पर भी इसे उकेर दिया। कुछ दिनों बाद एक षडयंत्रकारी ने शाही वैद्य को घूंस दी कि वह जहर भरी छुरी से वार करके राजा का वध कर दे। जिस वक्त वैद्य के सामने खून रखने के लिए चांदी का बर्तन लाया गया, तभी वैद्य की नजर

बर्तन पर उकेरे सूफी के उस वाक्य पर गई। वैद्य ने जब उस सुझाव को पढ़ा तो उसे अहसास हुआ कि वह अनजाने में षडयंत्रकारी का अगला शिकार बनने जा रहा था। यह सोचते ही वह कांप उठा और राजा के पूछने पर उसने सच बता दिया। षडयंत्रकारी को सजा मिली और राजा ने उन सभी को बुलवाया, जो सूफी के सुझाव पर हंस रहे थे। राजा ने उनसे पूछा कि क्या वे अभी भी उस दरवेश की बात पर हंसना चाहेंगे।

अगर दोबारा आपके संग दुखद अनुभव होता है, जिससे आपको बुरा लगता है तो इसे एक दैवीय संकेत मानिए, जो आपको यह समझाने की कोशिश कर रहा है कि आपको इससे कुछ सीखने की जरूरत है। साथ ही, यह भी जरूरी है कि आप संकेत और अंधविश्वास के बीच अंतर रखें, वर्ना आप वहां भी संकेत ढूंढने लगेंगे, जहां वे मौजूद ही नहीं हैं।

फिल्म 'ट्राय' में राजा सहज रूप से एक संकेत को शुभ लक्षण मानकर अपने मन की बात पर भरोसा करता है और लड़ाई की तैयारी करके हमला बोलता है। वह जीत जाता है। जिस वक्त दुश्मन पीछे हट कर अगली सुबह जहाज से वापस लौटने की तैयारी कर रहा होता है, उस समय राजा का कर्मकांडी पुरोहित आकर उसे एक और शुभ लक्षण की जानकारी देता है। अंधविश्वास में आकर राजा उसकी राय इसलिए मान लेता है, क्योंकि यह राय पुरोहित की तरफ से आती है। पुरोहित की राय के अनुसार राजा उस दुश्मन पर फिर हमला करता है, जो अगले दिन अपने परिवार से मिलने की उम्मीद में लौटने को तैयार था। चारों ओर से घिर जाने के कारण दुश्मन डटकर लड़ता है और ट्राय को तबाह कर देता है। संकेतों को पकड़ने की क्षमता दैवीय कृपा है, लेकिन उससे भी बड़ी नियामत अपनी समझदारी है। अगर आप किसी परिस्थिति में मिल रहे संकेतों को लेकर संशय में हैं या आप का पूर्वानुमान शांत है तो अपनी समझ पर ही भरोसा करें।

ऊपर दिये गये उदाहरण से एक अन्य महत्त्वपूर्ण बिंदु दिखाई देता है कि जिस प्रकार किसी व्यक्ति को किसी ख़तरे या समस्या को भांप लेने की आवश्यकता होती है, उसी प्रकार सफलता के दिये गये संकेतों

की गंध को भी महसूस करने की ज़रूरत होती है। जिस चीज़ ने अतीत में आपको सफलता दिलाई थी, क्या वह भविष्य में भी सफलता दिलाने में सफल होगी? क्या आपकी सफलता स्थाई होगी या फिर वह कम समय में ही समाप्त हो जायेगी? क्या जीवन में खुशियां और जश्न जारी रहेंगे या उनकी छाया में निराशाओं के घोर अंधेरे आपकी प्रतीक्षा कर रहे होंगे? और जिस समय कोई व्यक्ति सफलताओं में उड़ रहा होता है तो ठीक उसी समय उसके इन संकेतों को न पकड़ पाने की संभावना सबसे ज़्यादा होती है। यह ऐसे ही है, जैसे उसकी कार पूरी रफ़्तार के साथ सफलता के हाइवे पर दौड़ रही है। अपनी रफ़्तार के रोमांच में डूब कर उसे महसूस ही नहीं होता कि उसके लिए ख़तरों के प्रति सचेत रहना कहीं ज़्यादा महत्त्वपूर्ण है अन्यथा किसी भी क्षण कोई बड़ी दुर्घटना हो सकती है।

भोलेनाथ/शासक के लिए सुझाव

- *खतरनाक भावनाओं को काबू में करने से बेहतर है कि उन्हें दरकिनार कर दिया जाए। भलाई इसी में है कि उन्हें नियंत्रित करने के बजाय, उठने ही न दिया जाए।*

— लूसियस आनियस सेनेका

अध्याय-३

ईर्ष्या पर नियंत्रण

पहले वे आपकी उपेक्षा करते हैं, फिर वे आपका मजाक उड़ाते हैं, इसके बाद वे आपसे लड़ते हैं और फिर आपकी जीत होती है।

– महात्मा गांधी

फ्रांस के शासक लुई चौदहवें के शासन काल में निकोलस फॉक्यू वित्त मंत्री थे। समाज में उनकी पहुंच काफी ऊपर तक थी और वह बेहद नफासतपसंद इंसान थे। एक इतिहासकार के मुताबिक, फॉक्यू समाज के बौद्धिक तबके के एक सर्वमान्य नेता थे। वह कलाकारों के संरक्षक थे और उन्हें खूबसूरत इमारतें व महिलाएं पसंद थीं। उनके पास बेशुमार दौलत थी। अपने नए राजा को खुश करने की कोशिश में निकोलस ने 1691 में एक पार्टी का आयोजन किया, जिसमें यूरोप के तमाम अभिजात्य परिवारों और बुद्धिजीवियों को बुलवाया गया। यह पार्टी 6000 दोस्तों सहित राजा और उसके पूरे दरबार के लिए आयोजित की गई थी। इस पार्टी में मेहमानों का खुले दिल से स्वागत किया गया, जहां सारे मेहमानों को हीरे के जेवर और जीन कसे घोड़े उपहार में दिए गए। मैदान में एक हजार संतरे के पेड़ लगाए गए और मेज पर सोने के बर्तनों में खाना परोसा गया। निकोलस ने मेहमानों के शानदार मनोरंजन के लिए एक विशाल

मैदान में चांदी का एम्फी थिएटर बनवाया, जिसमें हफ़्ते भर यह पार्टी चली। जहां हर रात जबर्दस्त आतिशबाजी करवाई गई। हालांकि फॉक्यू ने राजा को भरपूर सम्मान दिया, फिर भी राजा नाराज हो गया। ऐसी हैरतअंगेज पार्टी से लौटने के दो महीने बाद ही उसने फॉक्यू को हिरासत में लेकर बास्टील जेल में उम्र कैद की सजा दे दी। दरअसल, लुई 14 एक अहंकारी व्यक्ति था, जिसे यह बुरा लगा कि उसके दोस्त और उसकी प्रजा उससे ज्यादा फॉक्यू से प्रभावित थी। ईर्ष्या के कारण उसने निकोलस फॉक्यू को हमेशा के लिए खत्म कर दिया।

कुछ शासक अपने जनरलों की सफलता के चलते खुद को असुरक्षित महसूस करने लगते हैं। मेसिडोनिया के राजा फिलिप ने अपने नवजात भतीजे को राज गद्दी से हटाकर सत्ता हथियाई थी। उसने कई बार बड़ी जीत के नायक रहे अपने जनरलों को उनके पदों से हटा दिया था। फिलिप को हमेशा डर लगा रहता था कि भविष्य में ये सफल जनरल उसके मातहत रहने की बजाय उसके लिए चुनौती बन सकते हैं।

अपनी जीत का जरूरत से ज्यादा अहंकार भरा प्रदर्शन करने से बचना चाहिए। ईसा से चार शताब्दी पहले चीन में हुए एक युद्ध से वापस लौटते समय एक कप्तान कई दुश्मनों के सिर काट लाया। यह देखकर जनरल ने टिप्पणी की, 'यह अधिकारी अच्छा है, लेकिन आदेश नहीं मानता।' इसके बाद उसने आदेश दिया कि कप्तान का सिर कलम कर दिया जाए।

कभी भी ईर्ष्या को कम करके नहीं आंकना चाहिए, उसका सामना करना चाहिए। आपके सबसे करीबी शुभचिंतक भी शायद आपको खुद से ज्यादा सफल होते देखना पसंद नहीं करेंगे। बहुत कम ही लोगों में इतनी हिम्मत होती है कि वे बिना ईर्ष्या के अपने दोस्त की सफलता का सम्मान कर सकें। ईर्ष्या एक ऐसा दानव है, जो अलग-अलग मौकों पर अप्रत्याशित ढंग से उभरता है।

एक अस्पताल के कमरे में दो बेड थे, जिन पर दो गंभीर रूप से बीमार व्यक्ति भरती थे। कुछ ही समय में दोनों एक दूसरे के अच्छे साथी बन गए। पहला मरीज दूसरे से हमेशा कहा करता था कि उसकी

खिड़की से दुनिया बेहद खूबसूरत नजर आती है। वह उसे लगातार हरी घास, खूबसूरत झील और हंसते-खेलते बच्चों के बारे में बताता रहता था। दूसरे मरीज के लिए ये सब चीजें बिल्कुल नई थीं, क्योंकि उसका बिस्तर कमरे के दूसरे छोर पर था। खिड़की के पास वाला मरीज दूसरे मरीज को हमेशा यह अहसास दिलाता रहता कि खिड़की से बाहर देखने में कितना आनंद आता है। साथ ही, वह उसको यह अहसास भी कराता था कि वह कितना खुशकिस्मत है, जो उसे खिड़की के पास का बेड मिला। धीरे-धीरे दूसरा मरीज ईष्या से भर उठा। चूंकि दूसरा मरीज बाहरी दुनिया की खूबसूरती का आनंद नहीं ले पा रहा था, इसलिए उसमें पहले मरीज का बेड हथियाने की इच्छा कुलबुलाने लगी। एक रात पहले मरीज की हालत अचानक काफी खराब हो गई। उसकी तकलीफ बढ़ने लगी और वह बुरी तरह खांसने लगा। उसकी हालत इतनी खराब हो गई कि वो बेड के बगल में रखी घंटी भी नहीं बजा पा रहा था। दूसरा मरीज यह सब देख रहा था। वह आसानी से घंटी बजाकर स्टाफ को बुला सकता था, लेकिन उसने ऐसा नहीं किया। दरअसल, वह एक योजना के तहत ऐसा कर रहा था। उस रात पहले मरीज की मृत्यु हो गई। अगली सुबह दूसरे मरीज ने डॉक्टर से अनुरोध किया कि उसे पहले मरीज के खाली हुए बिस्तर पर भेज दिया जाए। डॉक्टर ने उसकी बात मान ली।

दूसरे मरीज को नए बिस्तर तक ले जाया गया और बड़ी खुशी और उत्सुकता से वह खिड़की के बाहर मौजूद खूबसूरत दुनिया को देखने के लिए लपका। लेकिन वह हैरान रह गया, क्योंकि खिड़की के सामने न तो कोई पार्क था, न झील, और न ही बच्चे, बल्कि वहां एक गंदी सी सामान्य दीवार खड़ी थी।

इस कहानी से हमें दो सबक मिलते हैं। पहले मरीज से तो हम यह सीखते हैं कि जब भी आप ख्वामखाह शेखी बघारते हैं तो लोगों में आपके प्रति ईर्ष्या पैदा होती है और आप ख्वामखाह अपनी मौत बुलवाते हैं। दूसरे मरीज से हमें यह सीखने को मिलता है कि दूसरों के पास मौजूद चीज को पाने की चाह आपको बदतर स्थिति की तरफ धकेल सकती है। जैसे कि दूसरे मरीज की चाह ने उससे उसकी संगत भी छीन ली और वह कमरे में अब अकेला रह गया।

ईर्ष्या एक सहज भावना है और ईर्ष्यालु होना भी सामान्य सी बात है। लेकिन ईर्ष्या भी दो तरह की होती है। एक सकारात्मक ईर्ष्या होती है, जो सफल लोगों के मूल्यों को अपनाकर हमें उनकी तरह बनने के लिए प्रेरित करती है। यह ईर्ष्या का रचनात्मक पक्ष है, जो किसी भी संस्कृति के विकास में संलग्न रचनात्मक लोगों को आगे बढ़ने के लिए प्रेरित करता है। ईर्ष्या की दूसरी किस्म नकारात्मक ईर्ष्या है, जिसमें हम दूसरों की सफलता से कुढ़ते हैं और उनके खिलाफ नफरत से भरकर नकारात्मक कार्रवाई करने लगते है। इस किस्म की ईर्ष्या न सिर्फ नकारात्मकता होती है, बल्कि अपने लिए भी नुकसानदेह होती है।

जब कोई नकारात्मक ईर्ष्या से प्रेरित होता है तो वह सफल व्यक्ति की कामयाबी के प्रति हिंसक रूप से प्रतिक्रिया करता है। दूसरे व्यक्ति की सफलता उसे इतना परेशान करती है कि उसकी खुद सफल होने की क्षमता पर बुरा असर पड़ने लगता है। तब वह अपनी सारी ऊर्जा खुद के आगे बढ़ने के बजाय दूसरों को पीछे खींचने में लगाता है। इस तरह दूसरे की सफलता से कुढ़ने के कारण उसका विकास रुक जाता है।

ध्यान दें कि हर कोई व्यक्ति आपसे ईर्ष्या नहीं करता। ऐसा भी संभव है कि कुछ बड़े और सफल लोग, आपकी सफलता के सफर के दौरान आपको आगे बढ़ने के लिए प्रेरित करें। जो लोग आपसे छोटे हैं और जो आपकी प्रगति से लाभान्वित होते हैं, वे भी आपको प्रोत्साहन देते हैं। हालांकि समय-समय पर उन्हें यह भी महसूस होता होगा कि जब आप एक बहुत ऊंचे मुकाम पर पहुंच जायेंगे, तो संभवतः आप उन्हें याद नहीं रखेंगे। आपके समान सामाजिक स्तर और आपके अतीत व वर्तमान के सामाजिक वातावरण में मिलने वाले लोग ही आपसे सबसे अधिक ईर्ष्या करते हैं, जैसे आपके पूर्व सहपाठी, आपके साथ काम करने वाले, आपके मित्र, संबंधी और आपके समकालीन अन्य लोग। यह आपका ईर्ष्या का दायरा है। इस दायरे में रहने वाले लोगों से सावधान रहें।

जब तक ईर्ष्या आप के रास्ते में रोड़ा नही अटकाती, तब तक सब ठीक है। लेकिन जब दूसरे आपके खिलाफ अफवाहें फैलाएं, आपकी सफलता को कम करने का प्रयास करें या कामयाबी की राह में रोड़े अटकाने लगें तो आप क्या करेंगे?

अगर ऐसा है तो जाकर सामनेवाले से उसकी शुभकामनाएं लीजिए। उन्हें इसका अहसास कराइए कि आप उनके अधिकार क्षेत्र का हनन नहीं कर रहे और यहां सब के विकास के लिए पर्याप्त जगह मौजूद है। अगर यह पैंतरा कामयाब न हो तो आप अपनी बदनामी करने वालों के दावों को अनदेखा कर दीजिए। याद रखें कि उनके विरोध के कारण आपकी छवि निखरती जाती है। हिटलर ने यहूदियों का जबर्दस्त विरोध करके उनकी पहचान को मजबूत कर दिया। अनजाने में ही उसने उनकी पहचान को एक निश्चित स्वरूप दे दिया। देखा जाए तो दरअसल, इजराइल के निर्माण का श्रेय हिटलर को ही जाता है।

जिस समय हिलेरी क्लिंटन आर्कान्सास की प्रथम महिला थीं, उस समय उन्होंने अपने एक विरोधी सीनेटर की काफी बुराई की। चूंकि यह सीनेटर उन्हें पसंद नहीं था, इसलिए क्लिंटन ने अपने हर इंटरव्यू में उसकी गलतियों और कमियों को उजागर किया। नतीजा हुआ कि यह सीनेटर, जिसके कामों के बारे में लोग जानते तक नहीं थे, अचानक पूरे देश की नजरों में चढ़ गया। क्लिंटन ने जरूरत से ज्यादा ध्यान देकर उसे एक पहचान दे दी। अब वह हिलेरी के लिए और ज्यादा घातक और कारगर दुश्मन हो गया।

विरोधी के हमलों से जूझने का एक तरीका यह भी है कि कोई प्रतिक्रिया ही न की जाए। बेहतर होगा कि हम सामने वाले से बदला लेने की बजाय खुद को और अधिक मजबूत बनाएं। बदला लेने में आपका वक्त जाएगा, ताकत कम होगी और तनाव बढ़ेगा। दूसरों की ईर्ष्या से निपटने के लिए सबसे अहम बात यह जानना है कि ईर्ष्यालु व्यक्ति आपके विचारों को खारिज करने के लिए कौन से कदम उठाएगा। घाघ सबसे पहले तो आपके विचारों की उपेक्षा करेगा। अगर उपेक्षा से वो खत्म हो गए तो ठीक है, वर्ना वह आपकी बुराई करना शुरू कर देगा। अगर बुराई से भी काम नहीं चला तो फिर घाघ के पास उसे अपनाने के अलावा कोई चारा नहीं रह जाता। अतः जब भी आपके किसी विचार की उपेक्षा की जाए, आप उसे बीच में ही छोड़ने की गलती कभी न करें। जिस समय उसकी बुराई हो, तो आप प्रतिक्रिया न करें - यदि संभव हो, तो अपने प्रति उनकी ईर्ष्या को सबके सामने एक युक्तिपूर्ण रूप से उजागर करके आप उनकी आलोचना को बेअसर

कर सकते हैं। क्योंकि आपकी रचनात्मकता को वांछित सम्मान जरूर मिलेगा। साथ ही, अपनी दौलत और जीवनशैली के बारे में अपने से कमजोर लोगों के बीच शेखी बघार कर ईर्ष्या पैदा करने की गलती न करें। इसकी बजाय ईर्ष्यालु आदमी के सामने अपनी मुश्किलों की बात करके उसकी ईर्ष्या को कम करने की कोशिश करें।

दार्शनिक फ्रांसिस बेकन ने सत्ता से जुड़े कई महत्वपूर्ण पदों पर काम किया था। उनका मानना था कि अगर शक्तिशाली व्यक्ति इतनी बड़ी जिम्मेदारी के बोझ को उठाने और जनता के लिए किए गए त्याग के बदले उनसे थोड़ी सी सहानुभूति मांगता है, तो कोई उससे ईर्ष्या नहीं करेगा। शक्तिशाली लोगों को अपने आसपास मौजूद लोगों से अपनी मुश्किलों का जिक्र कर के उनसे नैतिक समर्थन लेना चाहिए और अपनी सफलता का कुछ हिस्सा इन लोगों में भी बांटना चाहिए।

एक छात्र और शिक्षक साथ-साथ फुटबाल का मैच देख रहे थे। छात्र ने शिक्षक से पूछा, 'बॉल को जो इतनी ठोकरें खानी पड़ती हैं, उसके लिए दोषी कौन है – खिलाड़ी या बॉल।'

शिक्षक ने जवाब दिया, 'जाहिर है, बॉल। अगर इसमें इतनी हवा न भरी होती तो कोई भी इसे नहीं मारता।' इसलिए बेहतर है कि विनम्र बनें, क्योंकि विनम्रता ईर्ष्या को अपनी तरफ आकर्षित नहीं करती।

साथ ही, अहंकार से भी बचें। किसी ने सच ही कहा है कि सफलता अहंकार को जन्म देती है और अहंकार विफलता लाता है। अहंकारी व्यक्ति सिर्फ अपने साथियों और सलाहकारों को ही नहीं गंवाता, बल्कि वह उस पहलू के बारे में सही जानकारी भी नहीं जुटा पाता, जिसका उसे खुद में सुधार करना है। अगर आप उर्पयुक्त पैंतरों पर अमल करें तो काफी हद तक लोगों की ईर्ष्या से बचे रहेंगे। हां, अगर आप बहुत सफल होते हैं, तब ईर्ष्या से पूरी तरह बचना मुश्किल होता है। उस स्थिति में आप सिर्फ इतना सोचें कि अगर मधुमक्खियों की ज्यादा चिंता करेंगे तो कभी शहद नहीं पा पाएंगे और फिर अपने काम पर लगे रहें।

भोलेनाथ के लिए सुझाव

- ईर्ष्या प्रसिद्धि की कीमत है। जिस पेड़ पर फलते हैं, लोग उसी पर पत्थर मारते हैं।
- कछुआ भी तभी आगे बढ़ता है, जब वह अपनी गर्दन बाहर निकालता है।
- जो टिप्पणियां आपकी प्रगति को चोट नहीं पहुंचातीं, आप ऐसी ईर्ष्यापूर्ण टिप्पणियों पर केवल मौन रहें और उन्हें हंस कर नज़रंदाज़ कर दें। और मन ही मन यह गांठ बांधते चलें कि आप उन लोगों से दूर रहेंगे, जो आपकी महत्त्वकांक्षाओं या आपकी सामाजिक स्थिति को छोटा करने में लगे हैं।

घाघ के लिए सुझाव

- उन लोगों से अपनी सफलता की चर्चा न करें, जो आपसे कम सफल हैं।
- ईर्ष्या खुशी की दुश्मन है। आप कभी दूसरों पर कीचड़ उछालते समय खुद गंदे होने से नहीं बच सकते।
- ईर्ष्या का इस्तेमाल खुद को आगे बढ़ाने में कीजिए।

शासक के लिए सुझाव

- आम तौर पर ईर्ष्या करने वाला व्यक्ति दूसरों की सफलता को कम आंकने के लिए इसे किस्मत का खेल करार देता है। यह वैसा ही प्रतीत कराता है, जैसे सफल व्यक्ति ने लॉटरी का टिकट जीत लिया हो।
- जो लोग आसाधारण सफलता पाने की कोशिश करते हैं, उनकी विफलता उतनी ही सार्वजनिक बनती है। लेकिन सफलता के लिए लोगों की आपत्ति का खतरा उठाना ही पड़ता है।
- असाधारण काम करने के लिए मन की ताकत के साथ-साथ अपने अभियान में सही विश्वास भी जरूरी है, भले ही दूसरे लोग आपमें इस विश्वास पर अपनी संशय प्रकट करें।

अध्याय-4

दुश्मनी से कैसे बचें

गलतियों को माफ किया जा सकता है, पर बेइज्जती को नहीं। हमारा आत्मसम्मान हमेशा इसे याद रखता है।

असभ्य और कठोर होने के बजाय विनम्र बनकर लोगों का ध्यान रखने में ही समझदारी है। असभ्यता से सिर्फ दुश्मन ही बनते हैं। यह अपने घर में आग लगाने जितनी ही बड़ी मूर्खता है। समझदार इंसान हमेशा विनम्र होता है, क्योंकि विनम्रता सामने वाले को बात मानने और मदद करने के लिए प्रेरित करती है। अहंकार से बचिए और शिष्टाचार का हमेशा ध्यान रखिए। याद रखिए कि असभ्यता शक्ति की कमजोर नकल है।

शक्तिशाली व्यक्ति यह अच्छी तरह जानते हैं कि अहंकार ही अक्सर समर्थन पाने में रोड़ा अटकाता है।

अगर कुछ पाना है, तो व्यक्ति को अपने अहंकार पर काबू करना होगा। वक्त रहते अहंकार पर काबू करने से भविष्य में और अधिक शक्ति और संसाधन जुटाए जा सकते हैं। कभी-कभी लड़ना, कड़े तेवर दिखाना और विरोधियों को अपनी बात न मानने के लिए कठोर दंड

देना जरूरी होता है। लेकिन ज्यादातर अपना गठबंधन बनाने और अपनी मित्र मंडली तैयार करने में ही समझदारी है।

1946 से 1971 के बीच 25 साल तक सीबीएस कंपनी में नेतृत्व के नए आयाम रखने वाले जाने-माने ब्रॉडकास्ट एग्जिक्यूटिव फ्रेंक स्टेंटन सिर्फ एक कॉरपोरेट अध्यक्ष ही नहीं थे, बल्कि उनकी छवि ब्रॉडकास्टिंग इंडस्ट्री के अनाधिकारिक प्रवक्ता की भी थी। अमूमन लोग उनके विचारों को सुनते थे और उनके भाषणों का जिक्र किया करते। कांग्रेस के सामने दिए उनके बयान किसी भी बहस का अहम हिस्सा माने जाते थे।

सीबीएस की अध्यक्ष के रूप में स्टेंटन ने दूसरे वरिष्ठ अधिकारियों को तमाम तरह की सुविधाएं, जैसे व्यक्तिगत डाइनिंग रूम, सीबीएस बोर्ड में उनके लिए निश्चित सीट आदि से उनका सम्मान बढ़ाकर उनसे अपने संबंध बेहतर बनाए थे। यूनियन की एक हड़ताल के दौरान स्टेंटन ने धरने पर बैठे लोगों के लिए कॉफी भेजी और हड़ताल खत्म होने पर उन लोगों को पैसा दिया, जिन्होंने इस दौरान हड़ताली कर्मचारियों के एवज में काम किया था। लोग उनके प्रति वफादार और कृतज्ञ रहते थे, क्योंकि उन्होंने संस्थान के भीतर दूसरों की इज्जत को बढ़ाया। स्टेंटन ने सिर्फ संस्थान और उसके नीतिगत मुद्दों पर ध्यान दिया, और कार्यक्रमों को बनाने और नई प्रतिभाएं ढूंढकर उन्हें विकसित करने का मनोरंजक काम चेयरमैन विलियम एस पेली के जिम्मे छोड़ दिया। यूं तो स्टेंटन पेली से कुल सात साल ही छोटे थे, लेकिन उन्होंने मातहतों के सामने पेली को लगातार सम्मान देकर उन्हें बड़े कायदे से संभाला।

हमें बहस करने की बजाय अपने काम से लोगों को जीतना चाहिए। यह तभी संभव है, जब आपको इस बात का भरोसा हो कि आप सही हैं और आप में इतनी सृजनात्मकता है कि आप बिना बहस किए भी इस सच्चाई को साबित कर सकते हैं।

सन् 1502 में फ्लोरेंस के मेयर पियरो सोडेरिनी ने मशहूर मूर्तिकार माइकल एंजिलो से एक बड़ी मूर्ति बनाने के लिए कहा। कुछ हफ्ते बाद जब माइकल एंजिलो मूर्ति को अंतिम रूप दे रहे थे, तब सोडेरिनी स्टुडियों

में आए और उन्होंने माइकल से कहा कि बेशक मूर्ति बहुत वैभवशाली बनी है, मगर उसकी नाक जरूरत से ज्यादा बड़ी है। माइकल एंजिलो मूर्ति के चारों ओर खड़े बांस के ढांचे पर चढ़े और उन्होंने सोडेरिनी को भी ऊपर आने के लिए कहा। माइकल जानते थे कि सोडेरिनी मूर्ति के ठीक नीचे खड़े थे, इसलिए उन्हें ठीक तरह से मूर्ति दिखाई नहीं दे रही थी। इसके बाद माइकल ने बाएं हाथ में छेनी, हथोड़ी और संगमरमर का थोड़ा सा बुरादा लिया और धीरे-धीरे हथौड़ी से छैनी पर चोट करने लगे। बीच-बीच में वह थोड़ा बुरादा भी गिराते चलते, लेकिन इस दौरान उन्होंने नाक को छुआ तक नहीं। कुछ देर बाद उन्होंने सोडेरिनी से कहा कि अब वह एक नजर मूर्ति पर डालें। मूर्ति देख कर सोडेरिनी ने कहा, 'हां, अब मैं खुश हूं, आपने तो इसमें जान फूंक दी है।'

हालांकि माइकल एंजिला उन लोगों पर तरस खाते हुए नीचे उतरे, जो किसी चीज के बारे में जाने बिना ही उसके बारे में ज्ञान रखने का दिखावा करते हैं। लेकिन माइकल ने सोडेरिनी को नाराज नहीं किया। उन्होंने सोडेरिनी को यह बताए बिना कि वे अज्ञानी हैं, उनका नजरिया बदल दिया।

एक बार सोवियत संघ की पोलित ब्यूरो के महासचिव निकिता खुश्चेव अपने एक भाषण में स्टालिन के अपराधों की भर्त्सना कर रहे थे, इसी बीच एक आदमी ने उन्हें टोक दिया। उसने कहा, 'आप तो स्टालिन के साथी थे, फिर आपने उन्हें रोका क्यों नहीं?' इस पर जब खुश्चेव ने चिल्लाकर पूछा कि यह सवाल किसने किया है, तो भीड़ में सन्नाटा छा गया। कुछ सेकंड बाद खुश्चेव ने कहा, 'अब समझ में आया कि मैंने स्टालिन को क्यों नहीं रोका था।' दरअसल, यह कहने के बजाय कि स्टालिन की उपस्थिति में बोलना मौत को दावत देना था, खुश्चेव ने अपनी हरकत से ही लोगों को यह जता दिया कि स्टालिन का सामना करने पर क्या हाल होता था। उनका यह प्रदर्शन ही काफी था। इसके बाद किसी और तर्क और दलील की जरूरत नहीं थी। कहानी का सार यह है कि बहस के बजाय अपने कृत्य से लोगों को जीतने की कोशिश करें।

हमें कभी यह नहीं मानना चाहिए कि हम जिस आदमी से बात कर रहे हैं, वह हमसे कमजोर है। अगर किसी को मना भी करना है तो बेहतर रहता है कि विनम्रता और पूरे सम्मान के साथ मना किया जाए, भले ही उसका प्रस्ताव कितना ही हास्यापद क्यों न हो। जब भी आपका किसी से विरोध हो, तो एक बार सारे विकल्पों पर नजर अवश्य डाल लें।

अगर आप अपने विरोधी से कहीं ज्यादा ताकतवर हैं तो भी ताकत का इस्तेमाल करना अक्सर सर्वोत्तम विकल्प नहीं होता। दरअसल, अपनी ताकत से आप उसे झुकने पर तो मजबूर कर सकते हैं, लेकिन उसे हार की बेइज्जती भूलने के लिए मजबूर नहीं कर सकते। उसकी यही यादें उसे परेशान करेंगी और उसमें आक्रोश भरेंगी। तब वह अपनी हार का बदला लेने की सोचेगा या कम से कम आपके हारने पर खुशी मनाएगा।

मेरे एक करीबी दोस्त ने अपने बचपन का यह संवेदनशील किस्सा सुनाया। वह उस समय 11 साल का था। हर छुट्टियों में कुछ समय के लिए वह अपने चाचा के घर कोलकत्ता जाता था। ऐसी ही एक छुट्टी के दौरान वह एक बड़े बंगले के सामने से गुजर रहा था और उसने बंगले की बांउडरी के बाहर बोंगनविलिया की डाल लटकती देखी। उसने उछल कर उसके कुछ रंगीन फूलों को तोड़ लिया। अचानक घर के अंदर से एक अधेड़ उम्र की महिला बाहर आई और उसने मेरे दोस्त को पकड़कर कुछ चांटे लगा दिए। वह महिला इतनी नाराज थी कि दोस्त के माफी मांगने, गिड़गिड़ाने और आगे से ऐसी हरकत न करने के वादे के बावजूद उसे माफ करने को तैयार नहीं थीं। किस्सा यहीं खत्म नहीं हुआ, वह महिला मेरे दोस्त को घसीट कर घर के भीतर ले गई और उसे तहखाने के एक अंधेरे कमरे में बंद कर दिया। शाम को जब घर का मालिक लौटा और उसे घटना की जानकारी हुई तो उसे लगा कि छोटे से बच्चे को उसकी गलती की जरूरत से ज्यादा बड़ी सजा दी गई थी। उसने फौरन ही दोस्त को छोड़ दिया।

इसके बाद से जब भी मेरा दोस्त कोलकत्ता जाता तो वह उस घर के सामने से जरूर गुजरता। इस दौरान वह हमेशा इस फिराक में रहता

कि कोई उसे देख तो नहीं रहा। और अगर कोई देख नहीं रहा होता तो वह चुपचाप पत्थर उठा कर बंगले की खिड़की के शीशे पर मार देता था। अगले तीन सालों में इस लड़के ने उस घर के 24 शीशे तोड़े। हालांकि वह परिवार हमेशा यही सोचा करता होगा कि कौन ऐसा व्यक्ति है, जो उनसे इतनी नफरत करता है। अगर उन्हें यह किताब पढ़ने को मौका मिला, तो वे जान जाएंगे, वह कौन था। यहां एक बात और गौर करने वाली है कि मेरे दोस्त को घर के मालिक की भलमनसाहत (उसे फौरन रिहा करने का फैसला) कभी याद नहीं रही। उसे तो हमेशा उस अधेड़ महिला की नाराजगी ही याद आती थी।

नाराज होने पर चुप हो जाइए। शुरू में आपका रोष लोगों में डर व दहशत पैदा कर सकता है, पर अंत में उनमें आक्रोश ही भरता है। आपका रोष आपके लिए शर्मिंदगी व परेशानी का कारण बनता है। तुनकमिजाज़ी से कभी भी वफादारी विकसित नहीं हो सकती। इससे हमेशा आपकी शक्ति के बारे में लोगों के मन में शंका और अनिश्चितता रहेगी। यही चीज आपके पतन का कारण बनेगी। अगर आप में किसी के प्रति आक्रोश है तो चुप बैठिए। शेखी बघारने को मन हो तो भी चुप रहिए। थोड़े शब्दों में कहें तो मुंह बंद रखिए।

किसी के बारे में भी नकारात्मक बात करने से पहले कल्पना कीजिए कि वह आपके साथ मौजूद है। वैज्ञानिक अल्बर्ट आइंस्टीन ने कहा था कि अगर ए का मतलब सफलता है, तो सफलता का फार्मूला होगा ए=एक्स+वाई+जेड। इसमें एक्स काम का प्रतीक है, वाई खेल का और ज़ेड का मतलब है मुंह बंद रखिए। याद रखिए, हर सवाल जवाब पाने के लिए नहीं किया जाता, हर सवाल का जवाब देना जरूरी नहीं और चुप्पी पर मुकदमा नहीं चल सकता।

एक बड़ी कंपनी के सीईओ पद के उत्सुक दावेदार जब अंतिम चरण तक पहुंच गए तो मालिक ने उन्हें नियुक्ति पत्र थमाते हुए कहा कि मैं आपके साथ लंबे समय तक काम करने की उम्मीद करता हूं। सीईओ बनने जा रहे इस व्यक्ति ने जवाब दिया, 'आपका प्रस्ताव शानदार है, लेकिन भविष्य में क्या होगा, कोई नहीं जानता। कल को अगर कोई मुझे इससे बेहतर प्रस्ताव देता है तो मैं चला जाऊंगा। फिर न कहिएगा

कि मैंने बताया नहीं था।' मालिक ने फौरन ही उनसे नियुक्ति पत्र वापस ले लिया और इस अधिकारी के सारे अरमान धराशाई हो गए। इस अधिकारी ने न सिर्फ अपने ही पैर पर कुल्हाड़ी मारी, बल्कि कुल्हाड़ी पर कूद ही गया।

अपने पैर पर कुल्हाड़ी मारने वाले इस उदाहरण की तुलना में जरा दूसरे उदाहरण को देखिए :

बदहाली के बुरे दौर में स्क्रीन राइटर माइकल आरलैन 1944 में न्यूयॉर्क पहुंचे। गम भुलाने के लिए वे प्रसिद्ध रेस्तरां 21 में पहुंचे। लॉबी में उनकी मुलाकात फिल्म प्रोड्यूसर सैम गोल्डविन से हुई, जिन्होंने उन्हें बेतुकी राय दी कि आरलैन को रेस के घोड़े खरीदने चाहिए।

इसके बाद, बार में उनकी मुलाकात पुराने जानकार लुई बी मेयर से हुई। मेयर ने उनसे उनकी भविष्य की योजना के बारे में पूछा। आरलैन ने कहना शुरू किया, 'अभी कुछ देर पहले ही गोल्डविन से मेरी बात हो रही थी...'

मेयर ने बीच में ही पूछा, 'उन्होंने कितने पैसे की बात की।'

आरलैन ने टालते हुए कहा, 'ज्यादा नहीं।'
मेयर ने पूछा, 'तीस हफ्ते के 15 हजार डॉलर लोगे?'
इस बार आरलैन ने बिना हिचके 'हां' कर दी।

— क्लिफटन फैडीमैन

सबसे अहम बात है कि हमें दूसरों की बुराई, अफवाहों या व्यर्थहीन कयास लगाने से बचना चाहिए, क्योंकि इसका असर कहीं न कहीं खुद पर भी पड़ता है।

लोगों के बारे में कोई धारणा बनाते समय जल्दबाजी न करें और न ही जल्दी में अपनी कोई प्रतिक्रिया दें। कुछ वर्ष पहले मैं ट्रेन से दिल्ली से उत्तर भारत के एक शहर, चंडीगढ़ की यात्रा कर रहा था। उस कूपे में अगली सीटों पर चार लोगों का एक परिवार भी सफ़र कर

रहा था। उस परिवार में पिता के इलावा तीन हुड़दंगी किशोर लड़के थे। वे तीनों लड़के गाड़ी में बहुत हंगामा कर रहे थे, जिससे सभी यात्री बहुत परेशान थे।

मैं यह देख कर हैरान था कि उनके पिता में इतनी सी शालीनता भी नहीं थी कि वह अपने बच्चों को उदण्डता करने से रोकें, हालांकि पिता देखने में बहुत सुशिक्षित लग रहे थे। मैंने उस संवेदनहीन व्यक्ति को सबक सिखाने का निर्णय किया और इस इरादे के साथ मैं उसके साथ बातचीत करने लगा। 'आप चंडीगढ़ किस उद्देश्य से जा रहे हैं?' मैंने पूछा।

उन्होंने तीनों बच्चों की ओर इशारा करते हुए कहा, 'पिछले सोमवार इन बच्चों की मां की एक दुर्घटना में मृत्यु हो गई थी। इससे इन बच्चों को बहुत सदमा पहुंचा और वे तभी से जैसे ख़ामोश से हो गए थे। मैं चण्डीगढ़ इन्हें उनके कज़िन से मिलवाने ले जा रहा हूं। मैं यह देख कर बहुत खुश हूं कि हवा बदलने से पहले ही ये बेहतर महसूस कर रहे हैं और अपनी मां की मौत को भूल गये हैं। मुझे यह एहसास तो है कि इससे साथी यात्रियों को कष्ट हो रहा है लेकिन मेरे पास इतना कठोर दिल नहीं है कि मैं उन्हें हंसने-खेलने से रोक सकूं।' इतना सुनने के बाद मैं भी ख़ामोश हो गया। अब मेरा भी शिकायत करने को मन नहीं था। आप इस बात पर ध्यान दें कि उनके पक्ष को जानने के बाद उस व्यक्ति के प्रति मेरी धारणा और उन बच्चों के प्रति मेरा नज़रिया किस प्रकार बदल गया था!

इसलिए, बिना किसी ठोस आधार के, किसी व्यक्ति के प्रति अपनी धारणा बनाने से पूर्व, हमें उसके दृष्टिकोण को भी समझ लेना चाहिए। दूसरों के प्रति आलोचनात्मक दृष्टिकोण न रखने वालों के दुश्मन कम होते हैं और दोस्त ज्यादा होते हैं। ऐसे व्यक्तियों की उपस्थिति में लोग स्वयं को असहज महसूस नहीं करते। वह शांति बिखेरते हैं।

कभी भी दूसरे व्यक्ति की लड़ाई न लड़ें। सुनज़ू की हिदायत याद रखें : 'अगर खतरे में न हों, तो मत लड़िए। अगर दोनों ही पक्ष बदमाश हैं तो आप तटस्थ रहें।'

अगर कोई आपका करीबी और विश्वस्त दोस्त नहीं है तो उसकी मदद के लिए बेवजह आगे मत आइए। अगर आपकी मदद आसानी से मिल जाती है तो उसकी कोई अहमियत नहीं रहेगी। लोगों से दूर रहें, दूरी से ताकत बढ़ती है। किसी और के कहने पर अपने संबंध मत बिगाड़ें। हो सकता है कि आगे आपको इसकी जरूरत पड़े।

खुद को किसी भी किस्म की वचनबद्धता और लोगों के अहसान से दूर रखें। दरअसल, ये ऐसे जाल हैं, जो आपको बांधते हैं और आपकी ताकत को कम करते हैं। बेकार के फायदे लेने से बचें। याद रखें कि जो चीज आपको दी जा रही है, उसकी कभी भी बड़ी कीमत मांगी जा सकती है। कम शब्दों में कहें तो सूझ-बूझ से काम लीजिए। लोगों से अपने राज बांटते वक्त सावधान रहें, खासकर दुश्मनों के बारे में अपनी राय के बारे में तो अपने करीबी लोगों से भी कभी बात न करें। आप नैसर्गिक तौर पर तो दुश्मनों से अपनी रक्षा के लिए तैयार हैं, लेकिन दोस्तों से सावधान रहने में मुश्किल होती है।

अगर आपने किसी के संग ज्यादती की है, तो उसके दुख को समझें और पूरी गरिमा और सच्चाई के साथ उससे माफी मांग लें। यह जरूरी है कि आप अपने दिल से नाराजगी और ग्लानि दोनों हटा दें, अन्यथा अंत में आपने जिसे दुख पहुंचाया है, उसी से आप नफरत करने लगेंगे। हमेशा दिल से माफी मांगे। अगर उदंडता से माफी मांगी जाए तो सामने वाले को दुगनी बेइज्जती महसूस होगी। खुद को सही और दूसरे को गलत साबित करते वक्त कठोर भाषा का इस्तेमाल न करें। इससे बेवजह दुश्मन तो पैदा होते ही हैं, साथ ही यह भी हो सकता है कि अगली बार आप ही गलत साबित हों। इसके अलावा, यह जानना भी जरूरी है कि जीतते वक्त आप विनम्र रहें, क्योंकि आपसे हारने वाला यह तो भूल जाएगा कि आपने उसे हराया था, लेकिन हार के बाद आपका बर्ताव कैसा था, ये उसे हमेशा याद रहेगा।

अंतिम बात, यह उम्मीद कभी न करें कि लोग कृतज्ञ रहेंगे। अक्सर कृतज्ञता एक झूठ होती है और आमतौर पर इसलिए दिखाई जाती है, ताकि आगे भी आपसे फायदे मिलते रहें।

साथ ही, अगर आपका विरोधी यह जानता है कि वह आपको बेइज्जत तो कर सकता है, लेकिन तबाह नहीं, तो वह आपके सामने शक्तिहीन हो जाता है और फिर आपको नुकसान पहुंचाना बंद कर देता है। छोटी-छोटी निराशाओं से हार न मानें, बल्कि संघर्ष को दूरगामी लक्ष्यों के नजरिए से देखें। ऐसे में कोई भी घटना हार की तरह नहीं दिखाई देती। अपने विरोधी के सामने इस विश्वास का प्रदर्शन कीजिए कि वह लगातार आपको नुकसान नहीं पहुंचा सकता। आखिरकार दुश्मन भी आपका साथी हो जाएगा, क्योंकि तब उसे आप में एक विजेता दिखाई देगा और वह समझ जाएगा कि आपकी जीत में उसका भी फायदा है और इस तरह वह एक ज्यादा बड़ी छवि का हिस्सा बन पाएगा।

भोलेनाथ के लिए सुझाव

- *कुछ लोग मुंह खोलकर हर मुश्किल का सामना करते हैं।*

  अदलाई ई स्टीवेंसन

- चुप रहकर आदमी ज्यादा गलतियां नहीं करता।
- अपनी जिंदगी को सुधारने में इतने मशगूल हो जाइए कि दूसरों की बुराई करने का वक्त ही न रहे।
- मूर्खता भरे कामों को करने से ज्यादा खतरनाक मूर्खता भरी बात करना है।
- अपने विवेक की शक्ति को बनाये रखें लेकिन लोगों के प्रति आलोचनात्मक धारणा बनाने में जल्दबाजी न करें, क्योंकि आलोचनात्मक रवैया संबंधों में दुश्मनी के बीज बो सकता है।
- जब कोई आपको जरूरत से ज्यादा मुनाफे की संभावना की ओर आकर्षित कर रहा हो तो उसमें निहित खतरे को पूरी सावधानी से तौलना न भूलें।

घाघ के लिए सुझाव

- अहंकार ही ज्यादातर गलतियों की जड़ होता है और यही तमाम दुश्मनियों का बीज भी होता है।

शासक के लिए सुझाव

- *मेरी आलोचना करें, तो मैं शायद आपको पसंद नहीं करूंगा,*
  मेरी अनदेखी करें, तो मैं शायद आपको क्षमा नहीं करूंगा,
  मुझे प्रोत्साहित करें, तो मैं आपको कभी नहीं भूलूंगा।'

– विलियम आर्थर वार्ड

अध्याय-5

दुश्मनों पर काबू पाना

दुनिया से यह उम्मीद करना कि वह आपसे ठीक बर्ताव करेगी, क्योंकि आप एक अच्छे आदमी हैं। वैसा ही है, जैसे सांड से उम्मीद करना कि वो आप पर इसलिए हमला नहीं करेगा क्योंकि आप शाकाहारी हैं।

– डेनिस होले

आप पूरी कोशिश करते हैं कि आपके दुश्मन न बनें, बावजूद इसके सफल लोगों के थोड़े बहुत दुश्मन तो फिर भी रहते हैं। देखा जाए तो इसमें कोई बुराई भी नहीं है। दुश्मनों के बिना हम आलसी हो जाते हैं। हमारे पीछे कोई दुश्मन पड़ा हो तो हमारा दिमाग पैना होता है और हम सचेत रहते हैं। कभी-कभी दुश्मन को दोस्त या सहयोगी बनाने से बेहतर है कि उसे दुश्मन ही बने रहने दिया जाए। बात यह नहीं है कि हमें दुश्मन बनाने चाहिए, बल्कि जो मौजूद हों, उनका पूरा फायदा उठाना चाहिए। आप अपने दुश्मनों को नहीं बदल सकते। सिर्फ उन्हें नियंत्रित कर सकते हैं।

सन् 1937 में जापानियों ने चीन पर हमला किया, जिसके चलते माओ की साम्यवादी सेना और राष्ट्रवादी सेना के बीच चल रहा गृह

युद्ध ठहर गया। कुछ साम्यवादी नेताओं ने माओ को सुझाव दिया कि राष्ट्रवादी सेनाओं को ही जापानियों से लड़ने दिया जाए। लेकिन माओ ने इस सुझाव को खारिज कर दिया, क्योंकि उनका मानना था कि जापानी चीन जैसे देश को हरा नहीं पाएंगे और जापानियों के खिलाफ लड़ते वक्त साम्यवादी सेना को वह प्रशिक्षण मिल जाएगा, जिसकी मदद से वे राष्ट्रवादियों के खिलाफ अपना संघर्ष दुबारा शुरू कर सकेंगे। माओ की योजना काम कर गई। जापानी हार गए और साम्यवादियों ने दुश्मन को मार भगाने की गुरिल्ला रणनीति में महारथ हासिल कर ली। युद्ध खत्म होने के कुछ ही समय बाद कोर्मिंगटांग से छिड़े गृह युद्ध में साम्यवादी इसी रणनीति की मदद से जीत गए। इस दौरान साम्यवादी जहां भी जाते, वे किसानों की मदद करते और इस तरह वह साम्यवाद का प्रसार भी करते। नतीजा हुआ कि 1941 में जापानियों ने साम्यवादियों के खिलाफ किसानों को खड़ा करने का जो 'थ्री ऑल अभियान' शुरू किया था, वह अभियान भी पूरी तरह से विफल रहा। अगस्त 1945 तक साम्यवादी 1937 के मुकाबले चीन के कहीं ज्यादा बड़े भाग पर कब्जा जमा चुके थे।

अब जरा इसकी तुलना अगले उदाहरण से कीजिए, जहां खुद के विकास की बजाय सिर्फ बदला लेने और रंजिश को आगे बढ़ाने की मंशा खुद के लिए ही हार की वजह बनी। पाकिस्तान की पूर्व प्रधानमंत्री स्वर्गीय बेनजीर भुट्टो सत्ता से लंबे समय तक जुड़ी रहीं। अपने पिता और सत्ता में मौजूद दूसरे नेताओं से उन्होंने सत्ता के कई गुर सीखे। लेकिन प्रधानमंत्री का पद पाकर अपना काफी वक्त अपने पिता के हत्यारों से बदला लेने में गवां दिया। उन्होंने अपने दुश्मनों को कड़ा सबक भी सिखाया। लेकिन कभी-कभी यह विचार भी उठता है कि क्या इस बदले ने उन्हें गर्व करने का कोई ठोस आधार दिया? और क्या यह ऐसी सफलता थी, जिस पर उन्हें गर्व था?

हमें जिस दौर में सबसे ज्यादा ज्ञान मिलता है, अक्सर वह जिंदगी का सबसे कठिन दौर होता है। हम कभी भी एक मजबूत विरोधी के अभाव में ताकतवर नहीं बन सकते। हमें मुश्किलों मे डालकर हमारा दुश्मन हममें भीतरी शक्ति, लगन और साहस विकसित करता है। चूंकि

वह हमें अपने भीतर मौजूद हुनर को मांझने में मदद देता है, इसलिए वह हमारा सबसे अच्छा शिक्षक साबित होता है।

कभी-कभी आपका अपने दुश्मन से लड़कर जीतना जरूरी होता है, जबकि दूसरे कई मौकों पर लड़ाई टाल कर उसे दोस्त बनाना बेहतर रहता है।

जिस समय अमेरिका का गृह युद्ध अपने चरम पर था, उस समय अब्राहम लिंकन ने अपने एक भाषण में दक्षिणी राज्यों के नागरिकों को 'साथी इंसान' कह कर संबोधित किया और कहा कि वे गलत राह पर चल रहे हैं। इस पर एक युद्ध महिला ने उन्हें झिड़क कर कहा कि दक्षिणी राज्य के लोगों को कट्टर दुश्मन कहकर उन्हें खत्म करने की बात क्यों नहीं की? तब लिंकन ने जवाब दिया, मोहतरमा! जब मैं दुश्मनों को दोस्त कह रहा हूं तो क्या मैं दुश्मन खत्म नहीं कर रहा हूं?'

अपने दुश्मनों से जूझते वक्त इस बात पर ज्यादा ध्यान न दीजिए कि वे सही काम कर रहे हैं या नहीं। अगर आप हर समय यह सोचते रहेंगे कि दुश्मन मर्यादा का पालन कर रहा है या नहीं, तो आप अपना कीमती समय और ऊर्जा बर्बाद करेंगे। आप लड़ाई के लिए तैयारी करने की अपेक्षा यह सोचने में समय बर्बाद कर देंगे कि जीवन कितना अन्यायी है। यह साफ कर दें कि आप शांति चाहते हैं, लेकिन युद्ध के लिए हर तरह से तैयार हैं।

युद्ध की तैयारी के लिए एक अच्छा गाइड काफी मददगार साबित हो सकता है। वह आपकी कमी को भी आपकी सबसे बड़ी ताकत में बदल सकता है।

बचपन में एक लड़के का दाहिना हाथ कट गया था। उसकी उम्र 15 साल हुई तो वह कराटे सीखकर चैंपियनशिप जीतने के ख्वाब देखने लगा। वह कराटे मास्टर के पास गया और उससे अनुरोध किया कि उसे कक्षा में शामिल कर लिया जाए। मास्टर तैयार हो गए, लेकिन उन्होंने लड़के को एक ही गुर का अभ्यास करने के लिए कहा। लड़का

देखता था कि दूसरे लड़के तमाम दांव-पेच सीख रहे हैं। एक दिन जब उसने मास्टर से इसकी वजह पूछी तो मास्टर ने कहा कि तुम अपना अभ्यास जारी रखो और उस एक दांव पर ही महारथ हासिल करो। करीब एक साल तक वह लड़का उसी दांव का अभ्यास करता रहा। प्रतियोगिता वाले दिन वह अपने सीमित हुनर के अहसास के कारण घबराया हुआ रिंग में उतरा। लेकिन वह और उसके साथ-साथ दूसरे भी उस समय हैरान रह गए, जब उसने पहले विरोधी को हरा दिया। फिर वह एक के बाद एक अपने सारे विरोधियों को हराता चला गया। अंत में उसे चारों ओर तालियों की गड़गड़ाहट सुनाई दी और चैंपियन के रूप में उसके नाम की घोषणा हुई।

आंखों में खुशी के आंसू लिए वह अपने मास्टर के पैरों में गिर पड़ा और उसने पूछा कि उसके विरोधियों के पास दो हाथ थे और उन्हें कई दांव भी आते थे। ऐसे में वह अपनी कमियों के बावजूद कैसे सफल हुआ? मास्टर ने जवाब दिया, 'तुम्हारी कमजोरी को समझते हुए मैने तुम्हें एक ही दांव सिखाया और उसमें तुमने अच्छी तरह महारथ हासिल कर ली। हालांकि इस दांव का काट भी मौजूद है, लेकिन उसे अंजाम देने के लिए विरोधी को तुम्हारा दाहिना हाथ पकड़ना पड़ता, पर तुम्हारे पास दाहिना हाथ है ही नहीं।

खतरनाक पलों में ताकतवर लोग न सिर्फ दिशा निर्देश लेते हैं, बल्कि ज्यादा मिलनसार हो जाते हैं। इस समय वे अपने पुराने संबंधों को ही दुबारा सक्रिय नहीं करते, बल्कि नए संबंध भी बनाते हैं। वे अपनी सामाजिक शक्ति को भी बढ़ाते हैं। इस तरह वे सामाजिक आचार-व्यवहार में ज्यादा पारंगत और सहज हो जाते हैं।

अगर आपका विरोधी ज्यादा ताकतवर नहीं है तो संघर्ष टालने के लिए उसे अपनी ताकत की एक झलक देना ही काफी होता है। अगर आप प्रभावशाली व्यक्तियों को जानते हैं, अपने सिद्धांतों पर संघर्ष करने का दम रखते हैं, कलम की ताकत रखते हैं तो बेहतर है कि अपने आसपास वालों को इसका अहसास करा दें। आपके पास ऐसी काबलियत की जानकारी लोगों को आप पर हमला करने से रोकेगी। यह प्रदर्शन उस समय भी महत्व रखता है, जब आप ताकतवर हैं और आप फिर

भी शांति चाहते हैं। आप दुनिया को अपनी ताकत की एक झलक देते हैं, ताकि दुनिया भर के घाघ अपनी म्यांन में रहें। वह कुछ ऐसा ही दांव है, जिसमें घाघ पर वार करके सांप को दहलाया जाता है।

एक गांव में जहरीला सांप रहता था, जो वहां के आदमियों और बच्चों को डसा करता था। एक दिन एक ज्ञानी संत गांव में आए। गांव वालों ने उनसे सांप के बारे में शिकायत की। स्वामीजी ने तय किया कि वह सांप से मिलकर उसे अपने तौर-तरीके बदलने के लिए कहेंगे। मुलाकात होने पर सांप स्वामीजी के व्यक्तित्व से इतना प्रभावित हुआ कि उसने वादा किया कि वह गांव वालों को कभी नहीं डसेगा। कुछ महीनों बाद स्वामीजी गांव में वापस लौटे। उन्होंने सांप के बारे में पूछा तो गांव वालो ने बड़ी बेफिक्री से एक छोटी गुफा की ओर इशारा किया। स्वामीजी ने गुफा में जाकर जब सांप की हालत देखी तो वह दंग रह गए। सामने सांप घायल पड़ा था, उसके शरीर से खून बह रहा था। वह बुरी तरह डरा हुआ था। स्वामीजी ने सांप से पूछा कि उसकी यह हालत कैसे हुई? सांप ने बताया कि उसने अपनी न डसने की कसम का पालन किया और धीरे-धीरे लोगों में उसका डर दूर हो गया। फिर बच्चे भी उसे पूंछ से पकड़ने लगे और छड़ी से मारने लगे। बड़ों ने भी उसे पत्थर मारने शुरू कर दिए। मार से बेहाल होकर वह गांव से निकलकर इस गुफा अपनी मौत का इंतजार कर रहा है।

स्वामीजी ने सहानुभूति भरे लहजे में कहा, 'मैंने तुम्हें डसने से मना किया था, फुफकारने से नहीं। मेरे बच्चे! फुफकारो, ताकि जनता में तुम्हारा डर बना रहे और उनके अंदर का शैतान तुम्हें न मार सके।

अगर शांति बनाए रखने की सभी समझदारी भरी कोशिशें असफल हो जाएं और घाघ हमला करता ही जाए तो उसे करारा जवाब दीजिए। विरोधी पर पूरी ताकत से हमला बोलिए। अगर विरोधी के पास तलवार है और आपके पास छोटा चाकू, तो इसमें घबराने की कोई जरूरत नहीं है। चाकू उसकी गर्दन पर टिका दीजिए। याद रखें कि दुश्मन उतना ही बड़ा होता है, जितना आप उसे मानते हैं। उसे जरूरत से ज्यादा बड़ा करके नहीं देखना चाहिए। आमतौर पर हम यही गलती करते हैं, खासतौर पर अगर उस आदमी ने हमें पहले कभी हराया है। असलियत यह है

कि विरोधी को हम इसलिए बड़ा करके आंकते हैं, क्योंकि इससे हमारे अहंकार को तुष्टि मिलती है और हम अपने खोए हुए आत्मसम्मान को किसी तरह वापस पाने की कोशिश करते हैं। दरअसल, हमारा अहं यह जानकर सांत्वना पाता है कि हम जिस आदमी से हारे हैं, वह वाकई बहुत ताकतवर था। हालांकि इस सोच के चलते हम और ज्यादा डरपोक हो जाते हैं। और उन दोस्तों को भी डरपोक बना देते हैं, जो उस विरोधी से लड़ने में आपकी सहायता कर सकते थे। इसलिए अपने अहंकार के इन महीन दांव-पेंचों को जरूर समझना चाहिए। अपने डर को जीतने की कोशिश मत कीजिए। डर के बावजूद वही कीजिए, जो आपको करना है।

आप जिनका समर्थन लेने जा रहे हैं, उनका चुनाव बहुत सावधानी से कीजिए। तुरंत दुश्मन के दुश्मन से मदद लेने मत जाइए। संघर्ष में सिर्फ अपने ही लक्ष्य पर नजर रखिए।

अगर गांधीजी ने ब्रिटिश सत्ता को हटाने के लिए अमेरिका से मदद मांगी होती तो सफलता पाने का उनको मौका हाथ से निकल जाता। वह जिन मुद्दों को लेकर लड़ रहे थे, वे मुद्दे पर्दे के पीछे चले जाते। वह जिस आदमी के लिए लड़ रहे थे, वो लड़ाई ब्रिटिश और अमेरिकी उपनिवेशवाद के आपसी संघर्ष में बदल जाती और उनकी अपनी परिकल्पना कभी पूरी नहीं होती।

लेकिन दुश्मन के दुश्मन के लिए अपने दरवाजे बंद करने की जल्दबाजी न दिखायें और न ही हल्के से उकसावे पर दुश्मन के दुश्मन से दोस्ती गांठने के लिए दौड़ पड़ें। बल्कि दरवाजों को खुला रखें। इससे आपके विरोधी के मन में एक डर, एक अंकुश पैदा होगा।

और कभी-कभी बुरे आदमी के साथ बुराई से ही पेश आना चाहिए। राजपूत अपने साम्राज्य इसीलिए गंवा बैठे, क्योंकि वे आदर्शों से चिपके रहे। वे इतनी सी बात समझ नहीं पाए कि नियमों के अपवाद भी होते हैं। बेइमान आदमी से ईमानदारी से पेश आना बेकार है, क्योंकि भेड़ों के शाकाहार प्रेम से या उनके शाकाहार के प्रति विधेयक पारित करने से भेड़िये पर कोई असर नहीं पड़ता।

इसके अलावा, अपने विरोधी को सुधारने की कोशिश उसी तरह अर्थहीन है, जैसे सुअर को मल खाने से रोकना। उनकी मूल प्रवृति बार-बार वैसे ही उभरती रहेगी, जैसे नहाने के बाद हाथी फिर मिट्टी में लोटता है। हालांकि कई बार एक ऐसा विकल्प है, जिसे पूरी तरह नकारा नहीं जा सकता। लेकिन जवाबी कार्रवाई तभी की जाए, जब आप पर दुबारा हमला हो। पहला हमला गलती हो सकता है, लेकिन दो बार कोई हमला करे तो उसे सबक सिखाना ही ठीक रहता है। बिना चुनौती दिए या धमकाए उन्हें सबक सिखाइए, क्योंकि अगर आप बड़ा-चढ़ा कर धमकी देंगे तो आपका विराधी आपके खिलाफ सबसे कारगर हथियार का इस्तेमाल करेगा। या कम से कम अपनी रक्षापंक्ति को ज़रूर मजबूत बना लेगा।

जब जवाबी हमला ही अकेला विकल्प बचे तो उसे पूरी ताकत और क्रूरता के साथ सीधे अंजाम देना चाहिए। इससे दुनिया में अच्छाई की ताकत बढ़ती है। ऐसे मौकों पर संघर्ष जरूरी होता है। इसके लिए ताकत की जरूरत होती है और इससे ताकत बढ़ती भी है। युद्ध की तैयारी आपको मजबूत बनाती है और आपको याद दिलाती है कि जीतने के लिए समझदारी भरे निर्णय, दबाव के दौरान हिम्मत को बरकरार रखने की योग्यता, प्रतिबद्धता और साथियों के बीच एकता जैसे गुणों की जरूरत होती है। जबकि शांति अनुशासन की जरूरत को कम करके आपके लिए खतरा बढ़ाती है। इसलिए युद्ध आपकी चेतना को बढ़ाता है, जबकि शांति आपको आरामतलब बनाती है। याद रखें, चूंकि अच्छाई चुपचाप सब कुछ सह लेती है, इसलिए बुराई जीतती है। और हर वक्त चुप्पी साधे रहने में भी कोई महानता नहीं है। ऐसी समझ हमले के वक्त आपको नैतिक बल देती है।

जवाबी हमले का लक्ष्य बदला लेना नहीं, बल्कि दुनिया को यह संदेश देना होता है कि आपकी अच्छाई को कभी हल्के ढंग से न लिया जाए। युद्ध कौशल का इस्तेमाल जनता को मारने के लिए नहीं, बल्कि बुराई का नाश करने के लिए किया जाता है। यह ऐसी रणनीति है, जो किसी एक आदमी के भीतर के हैवान को खत्म करके बहुत से लोगों की जान या उनका मान बचाती है। जब भी आप हमले की

तैयारी करें तो हमेशा भविष्य की सुरक्षा और शांति को ध्यान में रखें। न कि पुरानी रंजिशों की गांठ बांध कर रखें।'

अंत में कहना चाहूंगा कि दुश्मन से लड़ते वक्त अपनी शक्ति का पूरा प्रदर्शन कभी न करें। अपना एक महत्वपूर्ण दांव हमेशा बचा कर रखें। उस दांव का इस्तेमाल आम परिस्थिति में न करें। हां, अगर जरूरत पड़े तो इस्तेमाल करने में हिचकिचाएं नहीं।

भोलेनाथ के लिए सुझाव

- हर मुश्किल उस समय छोटी होती जाती है, जब आप उसका बखान करने की बजाय उसका सामना करने लगते हैं।
- *शांति बनाए रखने के लिए कभी-कभी शरीफ से शरीफ कुत्ते को भी भौंकना पड़ता है।*

  – विलियम फैदर
- अपने दुश्मनों से बात करने से बचें। अगर आपकी दुश्मनी के ऊपर विनम्रता का नकाब है तो हल्की-फुल्की बातचीत से आगे न बढ़िए। अगर प्रायः बात करेंगे तो हो सकता है, कुछ बातें आपके खिलाफ इस्तेमाल कर ली जाएं।
- *मक्खी पर नाराज होने से वह नहीं भागती।*

  – अफ्रीकी मुहावरा
- *हाथी को आगे बढ़ाने के लिए हल्के हाथों से उसकी शरीर के एक बाल को पकड़कर भी हाथी को आगे बढ़ाया जा सकता है।*

  – फारसी मुहावरा
- अपने दुश्मनों से दूरी बना कर रखें। उनसे दूर रह कर अपने लिए एक सुरक्षित दुनिया का निर्माण करें।

घाघ के लिए सुझाव

- यदि युद्ध से कुछ हासिल नहीं होने वाला, तो युद्ध करने का कोई अर्थ ही नहीं है।
- नफरत तेजाब की तरह है, जिस बर्तन में रहती है, उसे ही खत्म कर देती है।

अध्याय-6

बदमाशों से निपटना

यदि आज आप उस युद्ध को नहीं लड़ते, जिसे लड़ना ज़रूरी है, तो कल आपको वह युद्ध मजबूरन और भी भारी नुकसान उठाते हुए लड़ना पड़ेगा।

— मैकियावेली

यह संसार रहने के लिहाज़ से बहुत ख़तरनाक है, उन लोगों की वजह से नहीं जो बहुत बुरे हैं, बल्कि उन लोगों के कारण जो इस संसार की बुराई से निपटने के लिए कुछ नहीं करते।

— अल्बर्ट आइंस्टीन

एक राष्ट्र तभी सुरक्षित है, जब उसे युद्ध टालने के लिए अपने वैध हितों का बलिदान न करना पड़े और यदि उसके इन हितों को चुनौती दी जाये, तो वह युद्ध करके उनकी रक्षा करने में सक्षम हो।

— वाल्टर लिपमैन

कोई भी हारना नहीं चाहता, पर सब चाहते हैं कि उन्हें रिझा कर उन पर जीत हासिल की जाए।

— द प्रिन्सैसाः मैकियावेली फॉर वीमेन

कवि नाओमी शौहाब ने बचपन में अपनी मां से पूछा, 'मुझे यह कैसे पता लगेगा कि मैं मर गया हूं।'

मां ने जवाब दिया, 'जब तुम रक्षा करने के लिए मुट्ठी न बांध सको तो समझ लेना कि तुम मर गए हो।'

यह काफी हद तक सच है। लोगों के बीच अपनी दबंग छवि को सही स्थापित कर पाता है, जो मूल रूप से लड़ने के लिए तैयार है। जिस वक्त जनरल अपनी दबंगता का सिक्का बुलंद करता है, तो उसके कमांडर उससे डरने लगते हैं। जब कमांडर जनरल से डरते हैं, तो जनता कमांडरों से डरती है। जब जनता कमांडरों से डरती है, तो दुश्मन जनता से डरता है। इसीलिए जिन्हें जीत और हार का गुरुमंत्र पता है, वे सबसे पहले शक्ति संतुलन की जानकारी इकट्ठा करते हैं।

आप जो भी काम करें, उसे पूरी दबंगता से कीजिए। शेर भी उसी शिकार को घेरता है, जो झिझकने लगता है। जब आप समझौते की मुद्रा में आते हैं या लोगों से बचने की कोशिश करते हैं तो अक्सर लोग बड़ी क्रूरता से आपका इस्तेमाल कर लेते हैं। इस दौरान उन्हें आपकी कमजोरी का अहसास हो जाता है, जिसका वे पूरा फायदा उठाते हैं।

एक मूर्ख लड़का एक आदमी पर बार-बार पत्थर फेंक रहा था। उस आदमी ने लड़के को अच्छे निशाने के लिए बधाई देते हुए उसे कुछ पैसा दिया और कहा कि वह दूसरे आदमी पर निशाना लगाए, क्योंकि इससे उसे ज्यादा पैसा मिलेगा। लड़का दौड़कर दूसरे आदमी पर पत्थर मारने पहुंच गया। दरअसल, यह आदमी शहर को मेयर था। जैसे ही इस लड़के ने पत्थर मारा, मेयर के आदमियों ने उसे पकड़ लिया और उसकी खासी धुनाई कर दी।

कभी-कभी ऐसे बदमाशों को दूसरों पर हमला करने के लिए उकसाया जाता है, जिनके पास उनका मुंह तोड़ जवाब देने की ताकत होती है, जैसा कि ऊपर दिये गये उदाहरण में बताया गया है।

फलोरेंस के कूटनीतिज्ञ मैकियावेली ने इतिहास और शक्ति का गहरा अध्ययन करके यह नतीजा निकाला कि भय से ही ताकत का जन्म होता है। उन्होंने दमन की ताकत की पैरवी की और उनका विश्वास था कि लोग बच्चों के समान होते हैं, जिन्हें सिर्फ आदेश दिया जाना चाहिए। कभी उनका प्यार पाने की कोशिश नहीं करनी चाहिए। अगर आप प्रेम से राज्य करना चाहते हैं तो समझ लीजिए कि आप शीघ्र ही नियंत्रण खो बैठेंगे और मातहत आप पर हावी हो जाएंगे।

लेकिन इस किस्म की शक्ति की मुश्किल यह है कि आप ऊर्जा के उसी स्रोत को खत्म कर देते हैं, जिसका आप इस्तेमाल कर रहे हैं। आपके आस-पास के लोग आपसे नफरत करने लगते हैं और बदले की योजना बनाने लगते हैं। दूरगामी नजरिए से देखें तो प्यार ही उन्हें काम करने के लिए प्रेरित करता है। मैं एक बार एक 65 वर्षीय घाघ से मिला। अपने उद्योग में ही नहीं, बल्कि पूरे उद्योग जगत में लोग उससे डरते थे, क्योंकि वह बहुत ताकतवर व्यक्ति था और वह सरेआम छल कपट करता था।

उसने अपनी जिंदगी के बारे में एक बात कही, 'मैंने मैकियावेली से यह सीखा था कि अगर आपने प्रेम से शासन करने की कोशिश की तो सत्ता हमेशा शासित के हाथ में पहुंच जाएगी। फिर वे तय करेंगे कि आप से प्यार करें या न करें। अगर आप डर के बल पर शासन करेंगे तो शासन की बागडोर आप ही के हाथ में रहेगी। मुझे उनका यह विचार बहुत अच्छा लगा। उस समय मुझे यह पता नहीं था कि मैकियावेली अपने ही जीवन में काफी असफल था। तो मैंने डर के बल पर शासन करना शुरू किया और अपने मातहतों के स्वतंत्र विचार को कुचलना शुरू कर किया। मेरे विरोधी अगर मेरी बात नहीं मानते तो हमेशा उन पर मेरे बदले की तलवार लटकती रहती थी। लोग मेरे पैंतरों के सामने घुटने टेक देते थे। मैंने अनुयायी बनाए, पर दोस्त न बना सका। आज मेरे ही अनुयायी शक्तिशाली पदों पर बैठे हैं। मुझे लगता था कि मैंने उन्हें हरा दिया और उन्होंने समर्पण कर दिया। पर ऐसा नहीं था। उन्हें मेरा बर्ताव याद था और वे बदला लेने से नहीं चूके। मैं अपने स्वार्थ में डूबकर आगे के बारे में नहीं सोच पाया और यही मेरी असफलता साबित हुई। मेरे बच्चे भी मेरी गलती की सजा भुगत रहे हैं।'

अगर दुश्मन समझता है कि वह आपको नहीं डरा सकता, तो वह इसकी कोशिश भी नहीं करेगा।

एक समय की बात है, चीन में अपने जमाने का सबसे कुशल सेनापति रहा करता था। उसका नाम चूको लियांग था। उसके पास बहुत बड़ी सेना थी, जिसमें लाखों सैनिक थे। इतनी बड़ी सेना उसके शहर यांगपिंग में नहीं रह सकती थी। अतः उसके सैनिक शहर से तीन दिन की पैदल दूरी पर एक जगह रहकर अभ्यास किया करते थे।

एक सुबह यांगपिंग का पुराना दुश्मन वेई राज्य का राजा, सिमा यी, अपने दो लाख सैनिकों को लेकर यांगपिंग पर चुपके से हमला करने चला। चूंकि दुश्मन की सेना चूको लियांग के शहर से कुल एक दिन की पैदल दूरी पर थी, अतः शहर में दुश्मन के आने की खबर जंगल की आग की तरह फैल गई और लोग बुरी तरह डर गए। खतरा गंभीर था और लियांग जानते थे कि उन्हें अपनी जनता को न सिर्फ शांत रखना है, बल्कि उसकी रक्षा भी करनी है। ऐसे में उन्होंने फौरन ही एक योजना बनाई। उन्होंने सबको शहर के बीचो-बीच इकट्ठा होने का आदेश दिया। फिर जनता के सामने शांतिपूर्वक खड़े होकर बोले, 'मैं इस हमले का इंतजार ही कर रहा था और मेरे पास दुश्मन की सेना को हराने की एक कारगर योजना है।' लियांग ने अपने सारे सैनिकों को अपने घरों में जाकर छिपने के लिए कहा। इसके बाद वे शहर के दरवाजे के बाहर कुर्सी पर जाकर बैठ गए और एक लड़का उन पर पंखा झलने लगा।

जल्दी ही उन्हें सिमी यी की सेना आती दिखाई दी। पास आने पर सिमा यी ने सेना को ठहरने के लिए कहा। चूंकि पूरा शहर बिल्कुल सामान्य और शांत दिखाई दे रहा था सिमा यी ने सोचा कि चूको लियांग बहुत ही चालाक सेनापति है, जरूर उसने कोई जाल बिछाया होगा। उसकी सेना शहर के अंदर ही छिपी होगी। ऐसे में अगर मैं हमला करूंगा तो शर्तिया हार जाऊंगा।

और अंत में सिमा यी ने अपनी सेना को वापस लौटने का आदेश दिया और लियांग ने सिर्फ शांति के इस स्वांग से दो लाख सैनिकों वाली इस सेना को हरा दिया।

दूसरी तरफ इवार क्रूगर की कहानी हमें साफ बताती है कि जो हिंसक तरह से रहते हैं, वे उसी हिंसा का शिकार होते हैं। स्वीडन के उद्योगपति और माचिस किंग इवार क्रूगर दुनिया के सबसे बुद्धिमान डाकू, जालासाज, जुआरी और फरेबी थे। हालांकि वह 34 देशों में मौजूद अपनी फैक्ट्रियों की मदद से दुनिया की 65 प्रतिशत माचिसों का उत्पादन करते थे, फिर भी वह सपना देखते थे कि दुनिया की हर एक माचिस उन्हीं के यहां बनी हो। उन्होंने सारे प्रतिद्वंद्वियों को या तो खरीद लिया या फिर तबाह कर दिया था। जो भी फर्म उनके प्रस्ताव का विरोध करने की कोशिश करती, उसकी या तो सप्लाई काट दी जाती या फिर उसके कर्मचारियों की पिटाई कर दी जाती। अपनी क्रूरता के कारण वह अजेय लगने लगा था। उसी दौरान 1929 की आर्थिक मंदी आई। 1929 में वॉल स्ट्रीट में शेयरों के दाम गिरने के कारण क्रूगर आर्थिक रूप से दिवालिया हो गया। दूसरी तरफ अब उसे अपने उन दुश्मनों का सामना करना था, जो इसी दिन के इंतजार में बैठे थे। उसके दुश्मनों ने लगातार उस पर हमले किए और उसकी जालसाजी का भी पर्दाफाश कर डाला। अपनी इस हार के बाद वह पेरिस स्थित अपने घर पहुंचा, जहां उसने खुद को गोली मार ली।

इतिहास में कई बार ऐसे किस्से देखने को मिलते हैं। एक नेता सत्ता पाने की कोशिश में बहुत ही दुस्साहसी ढंग से आगे बढ़ता है। इस दौरान अपनी असावधानी में वह बहुत से दुश्मन तैयार करता है। आखिरकार उसके दुश्मन मिलकर उसे पतन की राह पर धकेल देते हैं। इसकी वजह है कि आक्रामक व्यक्ति में कोई आत्मनियंत्रण नहीं होता। वह अपनी हरकतों के अंजाम नहीं देख पाता और आखिरकार उसकी यह ऊर्जा उसी पर भारी पड़ती है।

सफलता अपनी मुश्किलें साथ लेकर आती है। इनमें से एक मुश्किल तो वे बदमाश हैं, जो सफलता के साथ-साथ आपके आस-पास मंडराने लगते हैं। दरअसल, ये लोग या तो इस सफलता में अपना हिस्सा चाहते हैं या फिर किसी को अपने बराबर नहीं पहुंचने देना चाहते। सवाल है कि इन बदमाशों से कैसे जुझा जाए? लेकिन पहला सवाल तो यह होना चाहिए कि बदमाशों से कैसे न पेश आया जाए।

एक कक्षा में एक शरारती लड़के ने अपने साथी की पिटाई कर

दी। लड़का पिट कर घर पहुंचा। जब उसके पिता को पता लगा कि कक्षा के एक बदमाश बच्चे ने उसके बेटे की पिटाई की है, तो उसने अपने बेटे से उस बच्चे का हुलिया बताने के लिए कहा। जब बेटे के बखान से पिता को यह समझ में आया कि बदमाश बच्चा उसके बेटे से ज्यादा ताकतवर है तो उसने अपने बेटे से कहा कि अगले दिन वह उस शरारती बच्चे को केक खिलाकर अपना दोस्त बना ले। लड़के ने वैसा ही किया। लेकिन अगले दिन वह और पिट कर वापस लौटा। पिता ने जब इसकी वजह पूछी, तो बेटे ने बताया कि वह बदमाश और केक मांग रहा था।

ऐसे में बदमाशों को खुश रखना कोई विकल्प हो ही नहीं सकता। दरअसल, आप उन्हें खुश करके जीत ही नहीं सकते। ज्यादातर बदमाश भलमनसाहत को कमजोरी मानते हैं। जब हम खुद को भेड़ बनाते हैं, तो हमारे आस-पास अपने आप भेड़िये मंडराने लगते हैं। जितना उन्हें ढील देते जाएंगे, उतना ही वे दबंग होंगे।

राणा रतन सिंह चितौड़ के शासक थे। उनकी पत्नी रानी पदमिनी बहुत खूबसूरत थी। दिल्ली के शासक अल्लाउद्दीन खिलजी ने जब पदमिनी की खूबसूरती के बारे में सुना तो उसके मन में पदमिनी और चितौड़ दोनों को पाने की लालसा जाग उठी। उसने राणा रतनसिंह के सामने प्रस्ताव रखा, जिसमें कहा गया कि अगर उसे आइने में पदमिनी को देखने दिया जाए तो वो चितोड़ पर हमला नहीं करेगा। खून-खराबा रोकने के लिए राणा ने यह प्रस्ताव मान लिया। उनकी यह कमजोरी अल्लाउद्दीन के खतरनाक इरादों को न समझने की भूल बड़ी महंगी साबित हुई। किंवदंतियां कहती हैं कि पदमिनी की खूबसूरती पर आसक्त अल्लाउद्दीन ने अपना वादा तोड़ दिया और राणा को बंदी बनाकर यह घोषणा की कि जब तक पदमिनी उसके पास नहीं आती, तब तक वह राणा को नहीं छोड़ेगा।

तो बदमाश को जितनी छूट मिलती है, वो उतना ही दबंग होता जाता है। उनसे निपटने का सबसे अच्छा तरीका यही है कि समझौता करने के लिए लालायित दिखें, पर मूल मुद्दे पर समझौता न करें।

अंदर ही अंदर मजबूत रहें और बाहर झुकने का नाटक करते रहें।

यही बदमाश से जूझने का सबसे अच्छा तरीका है। ऐसा करने पर विरोधी आपसे नाराज भी नहीं होता।

साथ ही, अपनी हाजिरजवाबी और आकर्षण का भी इस्तेमाल कीजिए। फ्रांसीसी व्यंग्यकार वॉल्टेयर ऐसे दौर में लंदन में रह रहे थे, जब इंग्लैंड में फ्रांस विरोधी लहर अपने चरम पर थी। एक दिन नाराज भीड़ ने उन्हें घेर लिया और नारे लगाने लगी कि फ्रांसीसी को फांसी दो।

वॉल्टेयर शांत खड़े रहे और उन्होंने भीड़ को संबोधित करते हुए कहा, 'इंग्लैंड के निवासियों आप मुझे इसलिए मारना चाहते हैं, क्योंकि मैं फ्रांसीसी हूं। लेकिन क्या ईश्वर ने मुझे अंग्रेज न बना कर पर्याप्त दंड नहीं दिया?'

यह सुनते ही गुस्से से चिल्ला रहे लोग उनकी जय-जयकार करने लगे और वॉल्टेयर को पूरे सम्मान के साथ घर तक छोड़ आए।

गैर-जरूरी फायदों को छोड़ दीजिए। इससे लोगों को अपनी छवि बचाने का मौका मिलेगा। अगर आप किसी को पूरी तरह बेइज्जत कर सकते हैं तो भी ऐसा न करें। उन्हें सम्मानपूर्वक पीछे हटने का मौका दें। पराजित व्यक्ति यह तो भूल जायेगा कि आपने उसे हराया था, लेकिन वह यह बात हमेशा याद रखेगा कि उसे हराने के पश्चात् आपने उसके साथ कैसा व्यवहार किया था। सच्चा विजेता वही है, जो दुश्मन को यह महसूस नहीं होने देता कि वह हार गया है। गुजरे कल का दुश्मन आने वाले कल की बड़ी लड़ाई में दोस्त की भूमिका निभा सकता है। डोनाल्ड जी. क्राओस ने अपनी किताब 'द आर्ट ऑफ वॉर फॉर एग्जिक्यूटिव्स' में कहा हैः 'जब एक विरोधी के संसाधन चुक जाएं तो उसे सम्मानपूर्वक जाने का मौका देना चाहिए। उसे अपनी आजीविका कमाने लायक रहने दिया जाना चाहिए। उसको तबाह नहीं करना चाहिए। वर्ना यह विजय पाने का वाकई बड़ा महंगा तरीका साबित होगा।'

अपनी लड़ाई को प्रतियोगिता का रूप देने की कोशिश करनी चाहिए। यह ऐसी रणनीति है, जिसमें आपके विरोधी के सम्मान पर आंच नहीं आती। इस तरीके की जीत में आप अपने विरोधी को बड़ी खूबसूरती से हराते हैं। यह कुछ वैसा ही है, जैसे रेस में आपने प्रतिद्वंद्वी को हराया और आपकी जीत ने दूसरों को भी जीतने के लिए प्रेरित किया।

बदमाश को यह जाहिर करना भी जरूरी है कि दोबारा उसने आपको नुकसान पहुंचाने की कोशिश की तो आप पलटकर वार करेंगे, फिर भले ही आपको उसके लिए पूरी जिंदगी इंतजार ही क्यों न करना पड़े।

युद्ध में डटे रहिए, लेकिन झगड़ालू मत बनिए। डरे रहने और बात-बेबात पर लड़ने में फर्क है। दुश्मन के खिलाफ डटे रहना इच्छा शक्ति का उदाहरण है। जबकि लड़ने की ललक जिद्दी स्वभाव की परिचायक है, जिससे ब्रह्मांड की लय बिगड़ती है। कभी भी जिद में आकर युद्ध को मत शुरू कीजिए। लेकिन जब यह अहसास हो जाए कि वक्त आपके साथ है और सारे संकेत आपके अनुकूल हैं, तो आगे बढ़कर मुकाबला कीजिए।

दरअसल एक विचार कहता है कि पहले आदमी आक्रामकता के ख़िलाफ सुरक्षा की तलाश करता है। लेकिन बाद में, यही आदमी शक्तिशाली बन कर दूसरों को कष्ट पहुंचाना शुरू कर देता है। जब वह स्वयं भय से ग्रस्त होता है, तो भय से छुटकारा पाना चाहता है लेकिन जब वह एक बार शक्तिशाली बन जाता है, तो दूसरों में भय फैलाने लगता है। आरंभ में वह चोट खाने से बचने का प्रयास करता है किंतु आगे चल कर वह दूसरों को दण्ड देने लगता है – मानों पीड़ित होना या दूसरों को पीड़ा पहुंचाना बहुत आवश्यक हो। इससे पार पाने के लिए आपको आम मनुष्य में 'बदमाशी' के इस सूत्र को समझने की ज़रूरत है।

कभी-कभी आप अनजाने में किसी व्यक्ति के अहं को चोट पहुंचा देते हैं जिससे उसके भीतर आपके प्रति आक्रोश भर जाता है और वह आपको परेशान करने की सोचने लगता है। अगर वह आपको परेशान करने में सफल नहीं हो पाता और आगे यह संभावना भी नहीं है कि वह दुबारा आप पर हमला करेगा, तो उससे बदला लेने का विचार ही अपने दिल से निकाल दें। ध्यान रखें, यदि आप उसके विरुद्ध अपनी दुश्मनी को मन में बिठाये रखेंगे, तो निश्चित रूप से आप जीवन भर के लिए उससे दुश्मनी मोल ले लेंगे या उसके साथ एक लम्बी लड़ाई में उलझ जाएंगे।

भोलेनाथ के लिए सुझाव

- *देर से प्रतिक्रिया करने और अक्सर मुंह चुराने से आप दुश्मन को खुद को नष्ट करने के लिए प्रेरित करते हैं।*

  – रॉल्फ डी. सॉयर
- यह कह देना बहुत आसान है कि कई अच्छे आदमियों को बचाने के लिए एक बुरे आदमी को फांसी पर लटका देना सही है। लेकिन ऐसा करने के लिए अनुकरणीय साहस और स्पष्ट सोच की ज़रूरत होती है। एक निडर को अपने भीतर ये विशेषतायें पैदा करने की आवश्यकता होती है।
- जो लोग आपसे नफरत करते हैं, वे तब तक नहीं जीत पाएंगे, जब तक आप उनसे नफरत न करें, क्योंकि आपकी नफरत आप ही को खाने लगती है।
- एक दुश्मन से बार-बार नहीं लड़ना चाहिए, वर्ना उसे आप अपनी युद्ध कला के गुर सिखा देंगे।
- अगर आप अपने ऊपर हुए अन्याय को याद नहीं रखते तो यह शुभ लक्षण है।

शासक के लिए सुझाव

- *जनता में शांति बनाए रहने के लिए अगर हत्या भी करनी पड़े तो वह जायज है।*

  – एस सुमा फा-1
- जब नैतिक आचरण से काम न बने तो ताकत का इस्तेमाल करना चाहिए।

अध्याय-7

सही समय को भांपने की कला और सब्र का विकास

हवा और ज्वार-भाटे को बदलने का वक्त दो।

– रिचर्ड ई बायर्ड

टी.एन. शेषन पहले एक आम नौकरशाह थे। उनका अधिकांश व्यावसायिक जीवन गुमनाम रह कर व्यतीत हुआ और अपने विचारों का तीख़ापन उन्होंने बखूबी छिपा कर रखा। भारत के मुख्य चुनाव आयुक्त का संवैधानिक सुरक्षा प्राप्त पद संभालने के बाद ही उन्होंने अपनी यह प्रखरता और व्यवहार का पैनापन दिखाना शुरू किया और स्वतंत्र भारत के इतिहास में पहली बार चुनाव सुधारों की पहल में वह कामयाब हुए।

जी.आर. खैरनार की शैली इसके विपरीत ही थी जिन्होंने एकाएक भूमाफियाओं और अपने भ्रष्ट वरिष्ठ अधिकारियों के विरुद्ध अपना मोर्चा खोल दिया था, हालांकि तब वह महज़ एक उप नगर-आयुक्त थे। उनके इस अभियान के दौरान, हर किसी ने उन्हें बड़े ही क्रूरतापूर्ण ढंग से तंग किया और तबादला करके उन्हें ऐसे स्थानों पर फेंक दिया गया, जहां उनके पास न कोई अधिकार थे, न ही कोई शक्ति – बिल्कुल असमर्थ। उन्हें दरअसल एक शक्तिशाली पद पर पहुंचने के बाद ही

अपना आक्रमण शुरू करना चाहिए था। समय के परिपक्व होने से पहले ही उन्होंने युद्ध छेड़ दिया इसलिए ज्यादा कुछ न हासिल कर पाए।

कभी जीवन में हिंसक ढंग से हमला करना पड़ता है तो कभी पहाड़ की तरह शांत भी खड़ा होना होता है। कभी कार्रवाई करनी होती है, तो कभी इंतजार। इंसान को सही समय का अहसास और उस पल के मुताबिक काम करने की काबलियत होनी चाहिए। उसकी कोशिश होनी चाहिए कि वह वक्त के थपेड़ों में डूबने की बजाय उनकी लहरों पर सवारी करे।

सही वक्त पर दी गई कार्रवाई ही अक्सर सफलता और असफलता को तय करती है। जरा यह बानगी देखिए।

श्रीमान शी के दो बेटे थे। एक को ज्ञान अर्जन करना अच्छा लगता था। और दूसरे को लड़ना। पहले ने नैतिक ज्ञान का प्रदर्शन करके चिन दरबार में राजा को प्रभावित किया और वहां उसे गुरु की नौकरी मिली। दूसरे बेटे ने चू साम्राज्य के दरबार में राजा के सामने अपनी आक्रामक रणनीति रखी तो राजा ने उसे जनरल बना दिया। लोगों की नकल करने वाले श्रीमान मैंग ने जब दोनों लड़को की सफलता के बारे में सुना तो उन्होंने भी अपने बेटों से शो के बेटों की तरह अपना भाग्य आजमाने के लिए कहा। पहले बेटे ने चिन दरबार में नैतिक मूल्यों की बात ही, लेकिन चिन राजा ने कहा फिलहाल राज्य जबर्दस्त लड़ाइयां लड़ रहा है और हर राजकुमार सेना लेकर लड़ाई में जूझ रहा है। ऐसे में अगर मैं इस मुर्ख की बातों को मानूंगा तो मेरा साम्राज्य ही खत्म हो जाएगा। अतः राजा ने नैतिक मूल्यों की बात करने वाले लड़के का लिंग कटवा दिया।

उधर इस लड़के का भाई वेई के दरबार में अपने फौजी ज्ञान को बघार रहा था। लेकिन वेई के राजा ने कहा, 'मेरा राज्य तो कमजोर है, अगर मैं कूटनीति के बजाय युद्ध करूंगा तो जल्दी ही मेरा नाश हो जाएगा। लेकिन अगर मैं इस आग उगलने वाले लड़के को छोड़ दूंगा तो ये अपनी सेवाएं किसी और राज्य को दे देगा और फिर हम मुश्किल में फंस जाएंगे।'

ऐसा सोच कर राजा ने इस लड़के के पैर कटवा दिए। दोनों ही परिवारों ने एक तरह का काम किया, लेकिन एक ने सही समय पर उसे अंजाम दिया, दूसरे ने गलत वक्त पर। इसलिए सफलता नकल पर नहीं, बल्कि लय पर निर्भर करती है।

– लीह त्ज़ू

भारत में 1997 के दौरान प्रधानमंत्री अटल बिहारी वाजपेयी की सरकार काफी मुश्किलों का सामना कर रही थी। गठबंधन के साथी मुश्किलें पैदा कर रहे थे और विपक्ष लगातार हमले किए जा रहा था। साथ ही, उद्योग जगत में भी कोई मदद नहीं मिल पर रही थी, दूसरी ओर प्रेस भी लगातार उनकी कमजोरियां उजागर कर रही थी। ऐसी स्थिति में कोई भी सामान्य राजनीतिज्ञ या तो सियासत खेलता या समझौते करता। लेकिन वाजपेयी ने अपना पूरा ध्यान पोखरण कार्यक्रम पर लगा दिया। मई 1998 में भारत ने सफलतापूर्वक परमाणु विस्फोट किए और देश में राष्ट्र भक्ति की एक नई लहर दौड़ गई। मीडिया भी इसे बड़ी सफलता को मानने के लिए बाध्य हो गई। इस मामले पर वाजपेयी के आलोचक भी उनके मित्र हो गए और सरकार की स्थिति पहले के मुकाबले कहीं ज्यादा मजबूत हो गई।

मुझे याद है कि मैं 'बोर्न आइडेंटिटी' नाम का रोचक उपन्यास पढ़ रहा था। इसका नायक जेसन बॉर्न सीआईए का एजेंट था। एक बार माफिया के हाथों उसकी जबर्दस्त पिटाई हुई और अंत में गुंडों ने उसे मरा हुआ समझकर समुद्र में फेंक दिया। बेहोशी में बहकर वह तट तक आ पहुंचा और मछुआरों ने पाया कि उसमें थोड़ी सी जान बाकी है। उन्होंने उसकी देखभाल की और वह ठीक हो गया। लेकिन उसकी याददाश्त चली गई थी। अब उसके सामने एक ही सवाल था, जो उसे मथ रहा था – 'मैं कौन हूं।' एक दिन अपनी जांघ में कुछ फोड़ा सा महसूस होने पर उसने चाकू से उसे खोला और पाया कि उसमें एक माइक्रोफिल्म रखी हुई है।

इस माइक्रो फिल्म में स्विस बैंक के खाते का नंबर लिखा हुआ था। जेसन को लगा कि ये माइक्रो फिल्म ही उसे अपने खोए हुए अतीत तक पहुंचा सकती है। वह स्विस बैंक जाता है, लॉबी में पहुंचता

है और अपना खाता नंबर टेलर को बताता है और कहता है कि वह पैसा निकालना चाहता है। जल्दी ही बैंक का एक ऑफिसर बोर्न से मिलने आता है, जो उसे लिफ्ट से इमारत की आखिरी मंजिल पर ले जाता है। ऑफिसर बोर्न को बताता है कि उसके खाते में 50 लाख डॉलर हैं। बोर्न कुछ पैसा निकालता है और ऑफिसर से इस उम्मीद में बात करता रहता है कि बातचीत के दौरान अधिकारी उसे उसकी पहचान के बारे में कोई सुराग दे देगा। लेकिन कुछ ही देर में उसे अहसास होने लगता है कि बैंक अधिकारी से उसे कोई जानकारी नहीं मिलने जा रही।

इधर बैंक के अंदर से एक आदमी माफिया को बोर्न के वापस लौटने और बैंक में मौजूद होने की खबर दे देता है। माफिया फौरन ही चार हत्यारों की एक टीम बैंक भेज देता है। दो हत्यारे लॉबी में खड़े हो जाते हैं और बाकी दो टॉप फ्लोर पर स्वागत कक्ष में लिफ्ट के करीब इंतजार करने लगते हैं। वे तय करते हैं कि बोर्न को नीचे आते वक्त लिफ्ट में ही मार देंगें।

बोर्न अपना काम खत्म करता है और वापस लौटता है। पर 'मैं कौन हूं' का सवाल अभी भी उसके जेहन को मथ रहा है।

बोर्न लिफ्ट में पहुंचकर नीचे लॉबी का बटन दबाता है। तभी हत्यारे भी रिवॉल्वर निकालकर लिफ्ट में घुसने की कोशिश करते हैं। बोर्न एक को तो किक मारकर लिफ्ट के बाहर कर देता है। उतरती हुई लिफ्ट में उसकी दूसरे आदमी से लड़ाई शुरू हो जाती है। जैसे ही लिफ्ट लॉबी में पहुंचने को होती है, बोर्न हत्यारे से उसकी बंदूक छीनने में सफल हो जाता है। उसकी बंदूक छीनकर वह हत्यारे की कनपटी पर उसे रख देता है और एक सवाल पूछता है। आपके मुताबिक ये सवाल क्या होगा?

रूकिए,

सोचिए और

फिर जवाब दीजिए।

आइए आगे बढ़ते हैं।

ज्यादातर लोग सोचेंगे कि उसका पहला सवाल होगा कि मैं कौन हूं? कुछ लोग यह भी सोच सकते है कि उसने सवाल पूछा कि तुम कौन हो, या तुम्हें किसने भेजा है?

लेकिन ये सारे सवाल गलत हैं।

हत्यारे की कनपटी पर बदूंक रखकर बोर्न ने एक सवाल पूछा, 'लॉबी में तुम्हारे कितने साथी हैं और वे कहां-कहां हैं?'

ऐसा क्यों? ऐसा इसलिए, क्योंकि उसने उस पल के महत्वपूर्ण काम को समझ लिया और अपनी प्राथमिकता बदल ली। पल भर पहले वह यह जानना चाहता था कि वह कौन है, लेकिन अब उसके लिए इस जानकारी से कहीं ज्यादा महत्वपूर्ण था, अपनी जान बचाना। अब उसकी जान पर बन आई थी। उस पल में वही सवाल महत्वपूर्ण थे, जो उसकी जान बचा सकते थे। इसीलिए उसने पूछा कि लॉबी में तुम्हारे कितने साथी हैं।

सही समय पर सही काम करने की काबलियत कहां से आती है? इसमें थोड़ा बहुत तो कमाल छठी इंद्रीय का होता है, लेकिन कुछ हद तक अनुशासित परिकल्पना भी इसके लिए जिम्मेदार होती है। छठी इंद्रीय तो ईश्वर की देन है, लेकिन अनुशासित परिकल्पना का मतलब है कि अतीत के आंकड़ों और जानकारियों को एक साथ रखकर अपने वर्तमान और भविष्य की घटनाओं को उन पर तौलना। अनुशासित परिकल्पना की मदद से कोई भी व्यक्ति सही वक्त पर सही काम करने की काबलियत विकसित कर सकता है।

पूर्वनिर्मित कल्पना का अभ्यास करने का एक बढ़िया तरीका है कि आप आने वाली किसी स्थिति की अपने मन में पहले ही कल्पना कर लें और उसके संभावित दृश्य अपने भीतर बना लें। उदाहरण के लिए, अगर आप अपने बॉस के साथ किसी मुद्दे पर बात करना चाहते हैं तो आप अपने भीतर उन संभावित दृश्यों की कल्पना कर लें। जब वास्तव में ऐसी एक संभावना को साकार रूप देने का समय आयेगा तो आपके मस्तिक में बने संभावित दृश्यों की सहायता से आपको पता

होगा कि आपने बॉस से इस संदर्भ में क्या कहना है। यदि ऐसा नहीं भी हो पाता, तो शब्दों के कुशलतापूर्वक प्रयोग से ऐसे वातावरण का निर्माण कर सकते हैं, जिनमें आप हूबहू वही बात प्रस्तुत कर सकें, जो आप कहना चाहते हैं।

अपनी टाइमिंग को सुधारने का दूसरा तरीका है कि आप अपने अंदर अपनी प्राथमिकताओं का एक छोटा सा चित्र विकसित करें ताकि ये प्राथमिकतायें आप छोटे-छोटे संस्करणों में एक साथ देख सकें। जब भी कोई अवसर आपके सामने प्रस्तुत हो, आप उसके अनुरूप अपनी प्राथमिकता का चयन कर लें। यह भी आप शब्दों के कुशलतापूर्वक प्रयोग से कर सकते हैं।

अध्याय-8

मातहतों को पैसा बनाने से रोकना

मैंने एक ईमानदार कॉन्ट्रैक्टर की कहानी सुनी है। कॉन्ट्रैक्टर अपने हर काम को पूरी निष्ठा और मेहनत से अंजाम देता। पूरी जिंदगी उसने न तो किसी से कोई गलत फायदा उठाया और न ही कोई गलत काम किया। लेकिन इतनी मेहनत के बावजूद वह गरीब ही रहा। इसे लेकर न सिर्फ उसके साथी और दोस्त ही उसका मजाक उड़ाते थे, बल्कि परिवार वाले भी उसकी बुराई करने से नहीं चूकते थे कि उसने उन्हें इतनी गरीबी में रखा।

फिर एक दिन एक ईमानदार मंत्री उसके घर आया। पता लगा कि सरकार ने बेइमान कॉन्ट्रैक्टरों के एक दल को पुल बनाने का कॉन्ट्रैक्ट दिया था। कॉन्ट्रैक्टरों ने भ्रष्ट सरकारी अधिकारियों के साथ मिलकर गलत ढंग से पैसा कमाया और पुल के निर्माण में खराब किस्म का सामान इस्तेमाल किया। उद्घाटन के कुछ ही समय बाद पुल टूट गया। इसकी वजह से प्रेस में सरकार की बड़ी आलोचना हुई और जनता में रोष फैल गया।

अब नया कॉन्ट्रैक्ट दिया जाना था। इस कॉन्ट्रैक्टर की ईमानदारी एक किंवदंती का रूप ले चुकी थी और मंत्री चाहते थे कि वह ही इस

काम को करें। इसलिए मंत्री खुद उसके पास आए थे। कॉन्ट्रैक्टर ने अनुबंध स्वीकार कर लिया और उसके दिन फिर गए।

- सभी व्यक्तियों की अच्छी तरह जांच-पड़ताल करें। यदि संभव हो तो अपने संगठन अथवा कम्पनी में उन्हें लाने के लिए स्वयं पहल करें। इस प्रकार आपके संगठन के हितों के ख़िलाफ गुटबाजी करने की संभावना कम होगी।
- अपने मातहतों के सामने यह साफ कर दीजिए कि अगर आपने कोई गड़बड़ी पकड़ी तो कड़ी कार्रवाई करेंगे।
- ध्यान रखिए कि टेंडर भर रहे सभी पक्षों को एक सी समय सीमा और काम की शर्तें दी जाएं।
- अपने मातहतों से आप सख़्त ताक़ीद कर दें कि वे किसी भी कीमत पर आपके संगठन में सामान की आपूर्ति करने वाले सप्लायरों/ख़रीदारों से कीमती उपहार स्वीकार न करें। इसके साथ-साथ आप सप्लायरों व खरीदारों को भी सूचित कर दें कि वे आपके मातहतों को उपहार इत्यादि देने से परहेज़ करें। इससे बल्कि उन्हें ही खुशी होगी। बेशक सबके समक्ष एक उदाहरण बन कर आप को भी ऐसे उपहार लेने या देने से बचना चाहिए।
- प्रयास करें कि आपके मातहत जब तक आवश्यक न हो, संगठन के सप्लायरों के साथ सीमित बातचीत करें और सीमित संपर्क रखें।
- आप यह भी सुनिश्चित करें कि आपके संगठन की कार्यकुशलता बनी रहे और कम्पनी के ग्राहकों को किसी सामग्री अथवा सेवा में हुई देरी के कारण कोई परेशानी न हो। अपने संगठन की बागडोर पर पूरा नियंत्रण रखें।
- ईमानदार कर्मचारी को ईमान दें और उन्हें अच्छी तनख्वाह दें।
- अपने संगठन में एक अनुशासन तंत्र विकसित करें जिसका सभी पालन करें। जहां आपने ज़रा सी ढील दी नहीं कि लोगों के दिलों में लालच जाग उठेगा।

भोलेनाथ के लिए सुझाव

- जहां तक शैली की बात है, हमेशा बहाव के साथ ही चलना चाहिए। लेकिन, जहां तक आदर्शों का सवाल है तो अपने आदर्शों पर अडिग रहना चाहिए।
- अगर आप अडिग नहीं हैं तो हर बहाव में बहते रहेंगे।
- दबंग बनें, लेकिन ईमानदारी न छोड़ें। ऐसा करेंगे तो कोई न कोई आपकी मदद के लिए आगे आएगा ही।
- कार्यकुशल बनें। आप अपनी इस कार्यकुशलता और आगे की सोचने वाले दृष्टिकोण के लिए जाने जाएं।
- अक्सर बड़े अपराधी खुद को बचा कर छोटे अपराधियों को सूली पर चढ़ा देते हैं।

घाघ के लिए सुझाव

- अगर आप किसी मूल्य पर अडिग नहीं हैं तो हर बहाव में बहते रहेंगे।
- *अगर लंगड़ाकर चलने वाला व्यक्ति सही रास्ते पर चलता है, वह गलत राह पर दौड़ रहे व्यक्ति से आगे निकल जाता है। यह सच है कि दौड़ने वाला कितना भी सक्रिय और तेज क्यों न हो, अगर व गलत राह पर है तो और दूर जा भटकेगा।*

  – फ्रांसिस बैकन

शासक के लिए सुझाव

- *अगर छोटी-छोटी धाराएं रोकी न गईं, तो वे मिलकर बड़ी नदी बना लेंगी।*

  छह गोपनीय सबक (सिक्स सीक्रेट टीचिंग्स)
- दरियादिली ही लोगों को आकर्षित कर सकती है। अगर दरियादिल व्यक्ति भरोसे के लायक नहीं है, तो वह खुद ही खत्म हो जाएगा। इंसानों से इंसान की तरह ही बर्ताव कीजिए। जो सही हैं, उनसे सही तरह से पेश आएं। सही भाषा का इस्तेमाल करें और कुटिलता तभी अपनाएं, जब उसकी जरूरत पड़े।

  – सु-मा फा 1

- *अगर अच्छे और बुरे लोगों से एक जैसा व्यवहार किया जाएगा तो काबिल अधिकारी हताश हो जाएंगे।*

  – हुआंग शी कुंग।

- *अगर कोई क्रोधित हो सकता है, लेकिन वह क्रोध नहीं करता तो बदमाश मातहत पैदा होंगे। अगर वह कठोर कार्रवाई कर सकता है, लेकिन वह ऐसा नहीं करता तो बड़े-बड़े ठग सिर उठाने लगेंगे।*

  – छह गोपनीय सबक (सिक्स सीक्रेट टीचिंग्स)

- बड़े और छोटे डाकुओं के दल के सबसे ताकतवर और मजबूत डाकू को दंडित करना चाहिए। बड़े डाकू को दंडित करके आप लोगों के मन में अपने लिए डर और सम्मान पैदा करते हैं।
- ताकतवर चोर को दिया गया दंड छोटे चोरों को बदमाशी करने से रोकता है।
- *जब शिखर पर बैठे लोग दंड से बच नहीं पाते और निचले से निचला अधिकारी भी ईनाम का भागीदार बनता है तो आपकी महानता पूरी तरह साबित हो जाती है।*

  – छह गोपनीय सबक (सिक्स सीक्रेट टीचिंग्स)

अध्याय-9

गलत ढंग से पैसा कमाने वाले मातहतों का इस्तेमाल करना

कई बार आपको पता होता है कि सामने वाला आपको धोखा दे रहा है, फिर भी आप उसे न तो नौकरी से निकाल पाते हैं और न ही फौरन उससे पीछा छुड़ा पाते हैं। इसके दो कारण हो सकते हैं :

- या तो आपके पास कोई विकल्प नहीं है
- या फिर आप उसे अक्षम बनाने की बजाय उसे सुधारना चाहते हैं।

ऐसी स्थिति में आप यह कैसे तय करेंगे कि संस्थान इस तरह के कर्मचारियों से भी फायदा उठा ले? इसका सबसे अच्छा तरीका यह है कि आप उसके पैसा कमाने के जरियों को न सिर्फ बंद कर दें, बल्कि उसे यह आभास भी करा दें कि शायद आपको उसके तौर तरीकों की भनक मिल गई है।

मेरे अनुभव बताते हैं कि यह एक बेहद कारगर तरीका है और इससे बहुत से लोग सीधे हो जाते हैं। इसके कारगर होने की वजह है कि आप सामने वाले को यह अहसास कराते हैं कि शायद आपको उसकी चालबाजी का आभास है। ऐसे में वह व्यक्ति आपसे मुकाबला नहीं कर पाता और आप उसे बदलने का एक मौका दे देते हैं।

मान लीजिए कि आप किसी संगठन से जुड़ते हैं। इस के कुछ ही दिनों बाद आपका एक साथी आपके सामने एक बिल रखता है, जिसे देखकर आपको लगता है कि उसने टैक्सी का बिल बढ़ा कर पेश किया है। अब ऐसे में आप क्या करेंगे? इसका सबसे अच्छा तरीका है कि बिल को यूं ही टेबल पर पड़े रहने दें। जब वह पूछे कि आपने बिल पास कर दिया है तो आप कहें कि आप अभी उसे देख रहे हैं। कुछ दिनों बाद उस बिल को स्वीकृत कर दें, लेकिन उस खर्चे पर गोला लगाना न भूलें, जो आपके मुताबिक बढ़ा-चढ़ाकर पेश किया गया है। साथ ही यह भी सुनिश्चित करें कि जब उस व्यक्ति के पास चेक पहुंचे तो वह गोला उसकी नजरों के सामने जरूर आए।

ज्यादातर मामलों में यह तकनीक काम कर जाती है। मातहत अपने तरीके बदल लेता है। अगर यह पहली गलती है तो उस पर सीधा आक्षेप लगाने की बजाय यह तरीका ज्यादा कारगर रहेगा। अगर आप सीधे उस पर आक्षेप लगाते हैं तो वह बढ़े हुए बिल को सही साबित करने की लगातार कोशिश करेगा। उदाहरण के लिए भविष्य में वह वाकई महंगी टैक्सी किराए पर लेगा और सच्चा बिल प्रस्तुत करेगा, जिसका खर्च करीब-करीब उतना ही बैठेगा, जितना कि उसने पहले बिल में दिया था। इस तरह से वह पिछले मामलें में अपनी मासूमियत साबित करने की कोशिश करेगा। अतः जब आपके पास सबूत न हो या सबूत मिलना मुश्किल हो तो बेहतर यही होगा कि उसे इस संशय में छोड़ दिया जाए कि आप को सच्चाई का पता है या नहीं।

अध्याय-10

वरिष्ठ अधिकारियों को पैसा कमाने से रोकना

जब भी आप अनाप-शनाप खर्च होते देखें, अपना नजरिया वहां जरूर रखें। आप सबके सामने स्पष्ट कहें कि खर्चा नियंत्रित होना चाहिए। अगर आप की बात मान ली जाए तो ठीक है, वर्ना जाने दीजिए। अगली बार किसी दूसरे मौके पर आप कुछ ऐसा ही होते देखें तो फिर अपना नजरिया सामने रखने से न हिचकिचाएं। अगर माना जाए तो ठीक, वर्ना जाने दीजिए। आप अपना काम ऐसे ही करते रहें, जल्दबाजी में किसी को दोष न दें और न ही अपनी ईमानदारी का घमंड दिखाएं। ईमानदार होना स्वाभाविक सी बात है। खुद को आप महज इसलिए अच्छे इंसान की तरह पेश मत कीजिए, क्योंकि आप ईमानदार हैं। इसी तरह बॉस की आलोचना सिर्फ इस आधार पर न करें, क्योंकि वह बेइमान है। सीधे शब्दों में कहें तो अपनी ईमानदारी का ढिंडोरा मत पीटिए।

आइए एक नजर डालते हैं, एन. के. सिंह की किताब *'स्ट्रिप्ड स्टील'* के इस उदाहरण परः

'कम से कम हरजिंदर को तो हम घूस देकर अपनी मर्जी के मुताबिक काम करवा सकते हैं। यह शर्मा तो बेकार का आदमी है। यह न तो खुद पैसा लेता है और न ही दूसरों को खाने देता है।' राम सोच रहा था।

'मैंने पाया कि एक ईमानदार आदमी भी रास्ते का रोड़ा और सिरदर्द हो सकता है। निहित स्वार्थों की पूर्ति सिर्फ बेइमान लोगों के बीच हो सकती है। अगर ऐसे लोगों में एक अच्छे आदमी को छोड़ दें तो या तो व्यवस्था उसे गैर जरूरी व्यक्ति मानकर बाहर निकाल देगी या फिर वह आंखों की किरकिरी बनकर सबकी आंखों में चुभता रहेगा। अगर ईमानदार आदमी व्यवस्था को बदलना चाहता है तो उसे याद रखना होगा कि इसके लिए उसका व्यवस्था का हिस्सा बना रहना आवश्यक है।'

- साथ ही, आपको कभी पता नहीं चलेगा कि आपका बेइमान वरिष्ठ अधिकारी किसके इशारे पर काम कर रहा है।
- यहां तक कि आप यह भी नहीं जान पाएंगे कि फलां वरिष्ठ अधिकारी संस्थान के लिए कितना उपयोगी है।
- असल में संस्थान का मालिक भी कई बार गलत कामों में लिप्त होता है। कभी-कभी मालिक भी कंपनी द्वारा की गई ज्यादा दामों की खरीद में शामिल होता है, क्योंकि ऐसा करके वह टैक्स से बचना चाहता है। इस स्थिति में अगर आप इसके खिलाफ आवाज उठाते हैं तो आप ही नौकरी से जाएंगे। या हो सकता है कि आपकी राजनीतिक पार्टी का मुखिया ही जानबूझ कर इस लूट की ओर से आंखें बंद करके बैठा हो क्योंकि इस लूट का एक हिस्सा उस तक भी पहुंचता होगा। ऐसी स्थिति में शिकायत करने से स्वयं को ही नुकसान हो सकता है।

  यदि उस लूट में मुखिया का अपना हिस्सा नहीं भी है, तो भी कभी-कभी वह ग़लत काम करने वाले के ख़िलाफ कार्रवाई करने में दिलचस्पी नहीं दिखाता। इसका कारण है स्वयं उसका ग़लती करना और इस स्थिति में उसकी अंतरात्मा उसे उस अपराध के लिए किसी को दण्डित करने की अनुमति नहीं देती, जिसमें बड़े पैमाने पर वह भी शामिल रहा हो।

- कभी-कभी कुछ शरारती लोग एक ईमानदार लेकिन कमज़ोर और डरपोक व अकर्मठ व्यक्ति को वरिष्ठ पद पर ले जाने में जुट जाते हैं। इसमें उनका अपना स्वार्थ यह होता है कि वरिष्ठ पद पर उस व्यक्ति के होने से वह अपनी कायरता के कारण या अपने पद से अत्यधिक लगाव होने के कारण हमेशा उनका पक्ष लेगा और कभी भी उन्हें दंडित करने का साहस नहीं करेगा।
- कभी-कभी अपने उन वरिष्ठ अधिकारियों के सामने मूर्ख बने रहना ही ठीक होता है, जिनके बारे में आपको पता है कि वे बेइमान हैं। फिर आप 'अनजाने' में उनके पैसे कमाने के जरिए को तब तक रोकते हैं, जब तक कि वह खुद आकर आपसे नहीं कहता। जब भी वह ऐसा करे, तो आप झेंप कर एक कदम पीछे हटें और पूरी मासूमियत से अगला मौका पड़ने पर उसके दूसरे स्रोत को दबा दें।
- हर बार आपकी कोशिश कंपनी का पैसा बचाने की होनी चाहिए। अगर आप इसमें असफल हों तो फिर से कोशिश करें। आखिरकार उसका हिस्सा बने रहना जरूरी है। अगर आपको व्यवस्था बदलनी है तो आपको उसका हिस्सा बने रहना जरूरी है।

किसी भ्रष्ट व्यवस्था का हिस्सा हुए बिना उस व्यवस्था को कैसे बदलें?

सच कहूं तो ऐसा करना बहुत कठिन है। और यह तभी संभव है जब आप में नैतिक बल हो, लोगों से काम लेने की क्षमता हो और इसके इलावा, आपको भाग्य का भी साथ मिले। हाल ही के दिनों में अन्ना टीम ने यह करिश्मा करके भी दिखाया है। उनके इस भ्रष्टाचार विरोधी अभियान से कितनी जल्दी कोई परिणाम सामने आ पाएंगे, यह एक बहस का मुद्दा हो सकता है। चीनी भाषा में एक शब्द है 'वू जी बी फान' जिसका अर्थ है चीज़ें (अन्याय या भ्रष्टाचार) जब अपने चरम पर पहुंच जाती हैं तो उनकी विपरीत स्थिति पैदा होनी शुरू होती हैं। लोगों के पास उनका विरोध करने के इलावा कोई विकल्प शेष नहीं रह जाता। इस प्रकार उस चरमावस्था का विरोध आरंभ हो जाता है। इसी तरह, भारत में भी भ्रष्टाचार इस हद तक अपने चरम पर

पहुंच चुका है कि समाज में इसके विरोध के बीज उगने शुरू हो गये हैं। ऐसी स्थिति में, समाज में बदलाव लाने के लिए कई वर्ष भी लग सकते हैं और यह भी संभव है कि यह बदलाव शीघ्र ही आ जाए क्योंकि इतिहास में वाक़ई कई बार सांस्कृतिक बदलाव जल्दी भी आते देखे गए हैं।

घाघ/शासक के लिए सुझाव

- *अगर राजा सार्वजनिक बाग से एक सेब तोड़ेगा तो जनता पेड़ की जड़ें तक निकाल ले जाएगी।*

— फारसी मुहावरा

अध्याय-11

किससे सलाह न लें

एक बार एक शेर एक हिरण का पीछा कर रहा था। जैसे ही शेर ने उसे पकड़ना चाहा, वह फुर्तीला हिरण एक छलांग में एक गहरी खाई को पार कर दूसरी तरफ चला गया। यह देख शेर हाथ मलता खड़ा रह गया। तभी वहां एक लोमड़ी आई। उसने शेर की ताकत और खूबियों का गुणगान करके उसे उकसाना शुरू किया कि वह भी छलांग मार कर हिरण के पीछे जाए। उसकी बातों में आकर उस मूर्ख शेर ने अपनी पूरी ताकत से छलांग लगाई, फिर भी वह उस खाई को पार न कर सका। शेर उस गहरे खड्ड में गिरकर मर गया। वह चालाक लोमड़ी खाई में उतरी और कई हफ्तों तक शेर के अवशेषों की दावत उड़ाती रही।

- ऐसे लोगों से कभी भी सलाह न लें, जो आपको दी गई सलाह से अपना स्वार्थ सिद्ध करना चाहते हैं।
- कभी भी किसी लकीर के फकीर इंसान से सलाह न लें। उदाहरण के लिए कभी भी ऐसे आदमी से सलाह न लें, जो हर समस्या के हल के लिए झगड़े को ही रामबाण मानता हो। अब्राहम मास्लो ने कहा है, 'जब आपके पास हथौड़ा ही एक मात्र औजार होता है तो आपको हर समस्या कील की तरह नजर आने लगती है।'

- जब भी आप किसी को अपना मार्गदर्शक बनाएं, खासकर जब आप मुसीबत में घिरे हों, तो पूरी तरह से सजग रहें। वही मार्गदर्शक चुनें, जो विवेकशील और संतुलित हो। चुना गया व्यक्ति ऐसा नहीं होना चाहिए, जो अपनी ही कुंठा आप के मामले पर निकाल दे।

  मैं एक ऐसी महिला को जानता हूं, जिसका अपने मालिक के साथ झगड़ा चल रहा था। तनख्वाह वाले दिन उसे जब लिफाफा दिया गया तो उसने देखा कि उसके भीतर पूरी तनख्वाह न होकर सिर्फ उतना ही कैश है, जो उसे भत्ते के रूप में मिलता है। एक समृद्ध परिवार से आने के कारण वह अपने खर्चे खुद चला सकती थी। पर क्योंकि उसे लगा था कि उसका वेतन (चेक) रोक लिया गया है, वह मालिक के साथ अपने संबंध को कटुतापूर्ण होने से नहीं बचा पाई। आखिर एक दिन जब उसे लिफाफे की रकम इस्तेमाल करने की जरूरत पड़ी तो उसने पाया कि वेतन का चेक उसी लिफाफे में मुड़ा हुआ रखा है।

- जो लोग ऐसी सोच रखते हैं, उनसे हर्गिज सलाह न लें। हो सकता है उनकी भ्रांतियां आप पर भी हावी होने लगें और आप भी अपनी रसोई में चाकुओं की जगह चम्मचों पर भी धार लगाना शुरू कर दें।
- ऐसे व्यक्ति से सलाह लेनी चाहिए, जो आपको आपके बारे में सोचने के लिए प्रेरित कर सके।

अध्याय-12

सलाह कैसे दें

- जहां तक संभव हो, बिन मांगी सलाह देने से बचें। जब आपसे मांगी जाए, तभी आप सलाह दें। वही समय सलाह देने का सही मौका है।
- अगर किसी ने सलाह नहीं मांगी है, फिर भी आपको लगता है कि आपकी सलाह से उसका कुछ भला हो सकता है तो बातचीत के दौरान उदाहरण के तौर पर इसकी चर्चा कर सकते हैं। अक्सर ऐसी सलाह, सलाह लेने वाला व्यक्ति तत्परता से मान लेता है, क्योंकि उसने यह युक्ति आपकी बातचीत से अपने लिए खोज निकाली है, न कि आपने इस प्रवचन के रूप में उसे घुट्टी पिलाई है।
- सलाह देते समय यह अपेक्षा न रखें, सामने वाला इसे दुनिया की सर्वश्रेष्ठ सलाह के तौर पर गिने। बस अपनी राय दें और आगे बढ़ जाएं।
- किसी घटना के बाद सामने वाले को उपदेशात्मक सलाह देने के मोह से बचें। जब आप किसी चोट खाए या मुसीबत में घिरे व्यक्ति को 'मैंने पहले ही तुमसे कहा था' या 'मुझे पता था कि

ऐसा ही होगा' जैसी सलाह देते हैं, तो उसे लगता है कि आप उसकी स्थिति का फायदा उठाकर उसे उपदेश दे रहे हैं। इससे कटुता का भाव बढ़ता है।

शासक के लिए सुझाव

- *इंसान को इस तरह सिखाओ कि उसे लगे ही नहीं कि उसे सिखाया जा रहा है। उसे अजनबी चीजों के बारे में ऐसे बताओ, जैसे इन चीजों के बारे में उसे पहले से मालूम है, तुम सिर्फ उसकी याद ताजा करा रहे हो।*

  – पोप

- *अगर कभी किसी दूसरे को अनुशासित करना पड़े तो उसे समझाने से पहले इन पांच बातों का ध्यान रखें : 'जब भी बोलूंगा, मौका देखकर ही बोलूंगा, बिना मौके के कभी नहीं बोलूंगा। जो भी बोलूंगा, सच बोलूंगा, झूठ नहीं। हमेशा मृदुता से बोलूंगा, कटुता से नहीं। सामने वाले के फायदे की बात करूंगा, नुकसान की नहीं। दया भाव से बात करूंगा, नाराजगी भरे अंदाज में नहीं।'*

  – विनय पीटिका

अध्याय-13

क्यों प्रतिभा को उसका वाजिब हक देना चाहिए

अब्राहम लिंकन के बाद एंड्रयू जॉन्सन अमेरिका के राष्ट्रपति बने। उन्होंने सरकार में मौजूद एक सदस्य यूलिसेस एस. ग्रांट को नित नई समस्याएं खड़ी करने के लिए पहले तो एक तरफ कर दिया और आगे चल कर उन्हें सरकार से अपदस्थ कर दिया गया। इससे नाराज हो कर ग्रांट रिपब्लिकन पार्टी में शामिल हो गए और उन्होने वहां अपना आधार मजबूत बनाना शुरू कर दिया। आगे चल कर ग्रांट अमेरिका के अगले राष्ट्रपति बने।

हमेशा यह बेहतर रहता कि अपने अंतर्गत कार्यरत किसी भी प्रतिभा को निखरने और काम करने का पूरा मौका दिया जाए। वर्ना यह किसी दिन आपके ही पड़ोस में अपना साम्राज्य खड़ा कर सकती है। मैं ऐसे बहुत से प्रतिभाशाली लोगों को जानता हूं, जिन्हें उनके संस्थान में अपना वाजिब हक नहीं मिला। हारकर उन्होंने वह संस्थान छोड़ दिया और अपनी प्रतिद्वंद्वी कंपनी या राजनैतिक पार्टी बना ली, जो आगे चलकर खुद उनके पूर्व संस्थानों के लिए एक बड़ा खतरा बन गई। विवेक यह कहता है कि हर प्रतिभा को उसका वाजिब हक दो। इस तरह वह न सिर्फ आपके साथ आपके संस्थान में टिकी रहेगी, बल्कि एक सीमा तक

उन पर आपका नियंत्रण भी रहेगा। समय के साथ वह प्रतिभा चमकेगी तो इससे संस्थान का नाम भी रोशन होगा। ये प्रतिभाएं उस ज्वार की तरह हैं, जो सभी नावों को आगे ले जाती हैं।

अक्सर सारी दिक्कत अहं (इगो) की वजह से आती है। सारा मामला अहं से जुड़ा होता है। आमतौर पर प्रतिभाशाली व्यक्ति अहंकारी होता है। लेकिन यह जरूरी नहीं कि हर अहंवादी प्रतिभाशाली हो। अपने आस-पास मौजूद ऐसी प्रतिभाओं के साथ तालमेल बैठाने के लिए आपको अपना दिल बड़ा रखना होगा। साथ ही, आप में कामयाबी और श्रेय बांटने की क्षमता भी होनी चाहिए। वैसे, कभी-कभी इस कामयाबी का श्रेय दूसरों के लिए भी छोड़ देना चाहिए। अगर आप अपने अहं को लगाम देंगे तो ऐसी प्रतिभाएं उस ऊर्जा की तरह सामने आएंगी, जो अपने साथ-साथ आपको (अपने लाभ दिलाने वाले को) भी आगे ले जाएंगी। अगर नेतृत्व देने वाला या मार्गदर्शक इस तरह का बन सके तो उसकी जबरदस्त मांग होगी। वैसे, इस तरह से विशाल हृदय रखने का माद्दा अक्सर महिलाओं में मिलता है, खासकर जब वे पुरूषों के साथ काम करती हैं। अगर कोई पुरूष अपने भीतर छिपे स्त्री तत्व या महिलोचित पहलू को पहचान ले तो वह भी अपने आस-पास मौजूद ऐसी प्रतिभाओं को उनकी उपयुक्त जगह दे सकता है।

अध्याय-14

अगर घाघ आपको धोखा दे जाए...

वह जो हमारे साथ कुश्ती लड़ता है, दरअसल हमें ताकतवर बनाता है और हमारे कौशल को और बढ़ाता है। हमारा दुश्मन हमारा मददगार होता है।

— एडमंड बर्क

श्रेष्ठ नाविक वही है जो कम हवा में भी अपनी नाव को चलाना जानता है। ठीक यही बात बाधाओं से भरी सत्ता के संदर्भ में भी सही उतरती है।

— हेनरी डेविड थोरो

बेशक आप घाघ को पहचानने में पूरी तरह समर्थ और उससे दूर रहने के लिए संकल्पबद्ध हों, फिर भी अक्सर उससे आपका सामना हो ही जाता है, क्योंकि दुनिया ऐसे लोगों से भरी पड़ी है। ऐसे लोग अपने स्वभाव के अनुरूप ही व्यवहार करते हैं। तो फिर, इनसे कैसे निपटा जाए...

आपने शायद उस सीधे-सादे आदमी की कहानी सुनी होगी, जो एक रेगिस्तान में रहता था। एक दिन वह अपनी भेड़ों को चराने के

लिए जा रहा था, तभी एक चोर ने भेड़ों की डोर काट डाली और एक भेड़ चुरा ले गया। भेड़ों के मालिक को जब अहसास हुआ कि उसकी एक भेड़ चोरी हो गई है, तो वह बदवहास सा हर तरफ उसे ढूंढने लगा। उसने देखा कि एक आदमी एक सूखे कुएं के पास बैठा रो रहा है। पूछने पर पता चला कि वह दीनार से भरे अपने थैले के लिए रो कर रहा था, जो कुएं में गिर गया था। रोते-रोते उसने एक प्रस्ताव रखा, 'अगर तुम कुएं से मेरा थैला निकाल लाओगे, तो बदले में मैं तुम्हें एक दीनार दूंगा।' पहला व्यक्ति सोचने लगा, 'मेरी तो सिर्फ एक भेड़ खोई है, लेकिन अब मुझे एक दीनार मिल सकती है।' वह थैला निकालने के लिए कुएं में उतर गया। बाहर बैठा व्यक्ति वही चोर निकला, जिसने उसकी भेड़ चुराई थी। उस पर हंस कर वह इस बार उसकी दूसरी भेड़ भी चुराकर चंपत हो गया।

कुएं में उतरे व्यक्ति को अपने दूसरी बार ठगे जाने का बेहद दुख हुआ। लेकिन तभी उसके मन में विचार आया कि अगर चोर नहीं होता, तो वह कभी कुएं की गहराई नहीं जान पाता। उसने गौर किया कि रेगिस्तानी क्षेत्र में होने के बावजूद कुएं की निचली सतह नम थी। उसने सोचा कि अगर वह कुएं को थोड़ा और खोदे, तो वहां पानी मिल सकता है। उसने कुछ इंच खुदाई की। उसे नीचे बहते पानी की कलकलाहट सुनाई दी। इस बार उसने कुएं को कुछ और इंच और गहरा किया, तो तेजी के साथ पानी बाहर आने लगा। उसी कुएं के पानी को बेचकर वह अरबपति बन गया। उसने कुएं को उस चोर की याद में समर्पित कर दिया, क्योंकि वह दिल ही दिल में उसका बेहद आभारी था।

कहानी का सार यह है कि यदि कोई आपको धोखा देता है, तो संतुलित रहते हुए उस स्थिति में भी अवसर तलाशकर उसका उपयुक्त लाभ उठाकर आप एक विजेता की तरह चमक सकते हैं।

तो, यदि कोई आप पर नीबू फेंके, तो आप उन नीबुओं से अपने लिए शिंकजी बनाकर ऊर्जा हासिल करें।

कैसे किया जा सकता है यह सब?

पहली चीज यह है कि आप उस व्यक्ति से नफरत न करें, जो आप पर हमला करता हो। क्योंकि नफरत में अंधे होकर आप यह देख नहीं सकेंगे कि उस हमले ने आपके समाने किन अवसरों के दरवाजे खोल दिए हैं। इसलिए, बेहतर होगा कि आप हमला करने वाले की भावनाओं और उसके अंदर पनप रही असुरक्षा की भावना को समझें। अगर मुनासिब हो तो उसके लिए ईश्वर से दुआ कीजिए। यह दुआ आप आध्यात्मिक कारणों से नहीं, बल्कि इसलिए कीजिए कि जब तक नफरत का पर्दा आपकी आंखों पर से हटेगा नहीं, आप उस आघात से मिला अवसर पहचान नहीं सकेंगे। अकसर आघात जितना गहरा होता है, उसके बाद प्राप्त अवसर उतना ही बड़ा होता है। साथ ही, अपने मूल्यों या नैतिकता को लेकर अपने अंदर कोई अहं न पालें। ईमानदार और नीतिवान होना ही स्वाभाविक और सहज है। यह कोई उपलब्धि नहीं है। मनुष्य मूल रूप से ऐसा ही होता है। यह समझ विकसित करें तो अनैतिक लोगों के प्रति आपका नजरिया उतना आलोचनात्मक नहीं रह जाएगा। आपके अंदर की नफरत धीर-धीरे गायब हो जाएगी और आपकी सोच स्पष्ट हो सकेगी। जब भी आप पर कोई हमला करता है, तो आप उससे उपजे अवसरों को तलाशनें का प्रयास करें। उसके बाद अपनी रचनात्मकता का इस्तेमाल कर धारा के विपरीत प्रवाह को अपने अनुकूल बनाने का प्रयास करें।

- जब आप पर कोई हमला होता है, तो आप यह देखने की कोशिश करें कि उस ऊर्जा को आप किस तरह अपने विकास में इस्तेमाल कर सकते हैं। इसके लिए रचनात्मकता अनिवार्य है।
- जब कोई आप पर ईंट मारे, तो उस सूरत में परंपरागत विकल्प यह होगा कि आप भी उस पर पलट वार करें। लेकिन रचनात्मक विकल्प होगा कि आप उस ईंट को अपने पास रख लें और उसका इस्तेमाल अपने किले को बनाने में करें।
- यदि कोई आपके जहाज के पेंदी में छेद करे, तो उसका पारंपरिक विकल्प यह होगा कि डूबते-डूबते आप भी उसके जहाज के तले में छेद कर जाएं। जबकि रचनात्मक विकल्प यह होगा कि आप

अपने जहाज को एक पनडुब्बी में तब्दील कर दें, जो जहाज से ज्यादा मजबूत होती है।

- यदि आप दूसरों की ऊर्जा को अपने विकास का ईंधन बना पाने में सक्षम हो जाते हैं, तो आपको विद्वेषी की चालें कभी हमले की तरह नहीं लगेंगी। जो स्वयं अच्छा है, उसे अपने सामने आने वाली हर विषमता को अपने लिए अच्छा और अनुकूल बनाने की कोशिश करनी चाहिए। हर समस्या से अपने लिए कुछ अच्छाई निचोड़ लें और तब तक उसके पीछे लगे रहें, जब तक उस विपरीत परिस्थिति का पूरा फायदा न उठा लें।

ऐसे बहुत से लोगों के उदाहरण हैं, जिन्होंने विपरीत दिशा में चलने वाली हवा को रचनात्मक रुख देकर सत्ता की बुलंदियां हासिल कीं।

किरण बेदी जैसी ईमानदार और साहसी पुलिस ऑफिसर की उपलब्धियां और उनकी लोकप्रियता उनके वरिष्ठ अधिकारियों को कुछ ऐसी चुभी कि उन्हें महानिरीक्षक (जेल) के आकर्षणविहीन पद पर भेज दिया गया। इससे दुखी होने की अपेक्षा, वह जेल सुधारों को लागू करने में जुट गईं। उन्होंने जेल सुधारों पर एक पुस्तक भी लिखी, जो एक बेस्ट सेलर सिद्ध हुई। जेल में किए गए उनके सुधार कार्यों को मान्यता देते हुए उन्हें मैगसायसाय पुरस्कार से सम्मानित किया गया, जिससे उनका व्यक्तित्व पहले से कहीं ज़्यादा मजबूत होकर उभरा। उन्होंने अपने विरुद्ध बहने वाली हवाओं को भी अपने अनुकूल बना कर अपने करिअर को एक गति प्रदान की।

इसी तरह, इंदिरा गांधी भी सफलता की उन ऊंचाइयों तक कभी नहीं पहुंच पातीं, अगर कांग्रेस का सिंडीकेट न होता। जब वह सत्ता में आईं, तो वह कांग्रेस पार्टी के अंदर 'गूंगी गुड़िया' के नाम से जानी जाती थीं। सच तो यह है कि सिंडीकेट ने उन्हें कमजोर समझकर ही प्रधानमंत्री बनाया था। जब सिंडिकेट (कामराज और अन्य) को इस बात का एहसास हुआ कि उनके पास भी अपना दिमाग और अपनी एक सोच है, तो वे उनके पीछे पड़ गए। इन्ही अनुभवों से सीखते हुए वह खुद को बचाती रहीं। विषमताओं ने उन्हें एक ताकतवर लीडर बना

दिया। जल्दी ही उन्होंने अपने राजनीतिक जीवन में एक के बाद एक मंजिलें (बैकों की राष्ट्रीयकरण, रियासतों के प्रिवि पर्स समाप्त करना) तय कीं। साथ ही, इस प्रक्रिया में वह अपने दुश्मनों को कमजोर करती चली गईं।

उनके दुश्मनों ने उन्हें खेल के गुर सिखाए थे, जिन पर चलकर वह राजनीति के खेलों की एक माहिर खिलाड़ी बन चुकी थीं। एक 'गूंगी गुड़िया' से वह 'साक्षात चंडी' के अवतार में तब्दील हो चुकी थीं।

भोलेनाथ के लिए सुझाव/शासक के लिए सुझाव

- *बुरे से बुरे व्यक्ति में भी कहीं न कहीं अच्छाइयां छिपी होती हैं और सज्जन में भी बुराइयां। जब हम इस रहस्य को जान जाते हैं, तो हम अपने शत्रुओं से नफ़रत नहीं करते।*

  – मार्टिन लूथर किंग, जूनियर
- महत्वपूर्ण यह नहीं कि है कि तुम कितना नीचे गिरते हो, महत्वपूर्ण तो यह है कि तुम कितनी वापसी उछाल भर सकते हो?
- महत्वपूर्ण यह नहीं है कि लोगों के साथ क्या हुआ, बल्कि उनके साथ जो हुआ, उसका फायदा उन्होंने कैसे उठाया?

अध्याय-15

अंतिम फैसला : जीत किसकी होगी?

अगर तुम कुदरत के नियमों की अवहेलना करते हो, तो उसकी अदालत में तुम खुद ही अपने वकील, न्यायाधीश, निर्णायक मंडल और फांसी देने वाले हो।

– लूथर बरबैंक

हर जिज्ञासु और विचारक व्यक्ति के मन मे अकसर यह सवाल आता है कि घाघों और भोलेनाथों की इस लड़ाई में आखिर जीत किसकी होगी? अच्छाई और बुराई के बीच जारी इस सतत् संघर्ष का नतीजा आखिर क्या निकलेगा? आखिर किसके पक्ष में न्याय का पलड़ा झुकेगा?

अमेरिका के सुप्रसिद्ध कैनेडी बंधुओं में से सबसे छोटे भाई एडवर्ड मूर कैनेडी को शुरू से ही बतौर राष्ट्रपति तैयार किया जा रहा था। लेकिन 18 जुलाई 1969 में चप्पाक्विडिक कांड में हुई बदनामी के चलते उनके राजनैतिक सितारे गर्दिश में चले गए थे। कैनेडी के व्यक्तिगत और राजनैतिक जीवन में सबसे महत्वपूर्ण मोड़ उस समय आया, जब वह चप्पाक्विडिक आईलैंड में आयोजित एक पार्टी में शिरकत करके लौट रहे थे। उस रात सिनेटर कैनेडी 29 वर्षीया मेरी जो कोपेक्रे के साथ कार में एडगारटाउन वापस लौट रहे थे। ड्राइविंग के नियमों के उल्लंघन

का इतिहास रखने वाले कैनेडी की कार लकड़ी के एक संकरे पुल को तोड़ती हुई एक खाई में गिर पड़ी। कैनेडी खुद तो किसी तरह से कार से बाहर निकलने में सफल रहे, लेकिन मेरी जो कार में फंसी रह गई और एक घंटे के जीवन संघर्ष के बाद वहीं खत्म हो गई।

इस घटना के बाद सिनेटर कैनेडी ने अपने बचाव में नेशनल टेलिविजन पर दिए एक इंटरव्यू में पीकर गाड़ी चलाने की बात से न सिर्फ साफ इंकार कर दिया, बल्कि स्वार्थी ढंग से अपने इस बचने के पीछे 'मानसिक तौर पर आघात' व 'भावनाओं की उथल पुथल' को जिम्मेदार बताया। कैनेडी की विश्वसनीयता को लेकर तमाम सवाल उठे थे। अमेरिकी जनता का अनुमान था कि सारा मामला कुछ ऐसा रहा होगा कि सिनेटर कैनेडी के दिमाग में इस लड़की के साथ बीच पर रंगरलियां मनाने की योजना चल रही होगी, तभी वह बेहद तेजी से गाड़ी चला रहे थे और इसी हड़बड़ी में वह सड़क का तेज मोड़ चूक बैठे होंगे और गाड़ी सीमेट्री रोड पर उतर गई होगी। हालांकि एक आम पियक्कड़ ड्राइवर के लिए इतना ही डर काफी था, लेकिन यहां तो मामला अमेरिका के सिनेटर का था। ऐसे में वह देर रात में सूनसान सड़क पर अपनी कार में एक लड़की के साथ बिना लाइसेंस के नशे में गाड़ी चलाते हुए पकड़े जाने से बचना चाहते थे। उस समय उनके दिमाग में सबसे बड़ी बात यही रही होगी कि कैसे इस स्थिति से बाहर निकला जाए? शायद वह अपनी गाड़ी के पिछले शीशे की मदद से यह देखने की कोशिश कर रहे होंगे कि कहीं वह पुलिसवाला उनका पीछा तो नहीं कर रहा और गाड़ी सरपट भगाने के चक्कर में वह उस संकरे पुल को नहीं देख पाए होंगे और गाड़ी हादसे का शिकार हो गई।

कैनडी उस क्षतिग्रस्त कार से बाहर आने में कामयाब हो गए, जबकि वह लड़की नहीं निकल पाई। हालांकि उसी सड़क पर आगे चलकर कुछ घर भी थे, जहां जाकर वह इस हादसे की रिपोर्ट करवा सकते थे, लेकिन उन्होंने ऐसा नहीं किया। दरअसल, तब भी कुछ वैसे ही हालात बनते, जिनसे वह बचना चाहते थे। एक हादसा हुआ, जिसमें शायद एक लड़की मारी गई। इन्हीं सब कारणों के चलते उन्होंने आधी रात को किसी के घर का दरवाजा न खटखटाना बेहतर समझा होगा, वर्ना लोगों को वह क्या बताते कि वह क्या कर रहे थे?

जल्दी ही इस घटना ने विवादास्पद रूप ले लिया। जांचकर्ताओं के गले वह बात नहीं उतर रही थी कि जब कैनेडी को एडगाटाउन जाना था, (जैसा कि उन्होंने बयान दिया) तो वह इतनी रात गए डाइक ब्रिज क्यों पार कर रहे थे, जो उनके गंतव्य से बिल्कुल उल्टी दिशा में था। जांचकर्ता यह भी नहीं समझ पा रहे थे कि उस कार से 6 फुट 2 इंच लंबे-चौड़े कैनेडी कैसे बाहर निकलने में कामयाब हो गए, जबकि 5 फुट 2 इंच की छरहरी मेरी जो बाहर नहीं निकल गई। इस विवाद में सबसे तीखी आलोचना इस बात को लेकर हुई कि पुलिस को रिर्पाट करने से पहले कैनेडी ने अपने वकील से क्यों संपर्क किया। इस घटना ने कैनेडी के राष्ट्रपति पद के चुनावी अभियान के सारे प्रयासों पर पानी फेर दिया। 1979 में दोबारा रोनाल्ड रीगन के खिलाफ एडवर्ड कैनेडी को डेमोक्रेटिक पार्टी की तरफ से बाकायदा राष्ट्रपति पद का दावेदार घोषित करके चुनावी अभियान चलाया गया। लेकिन मेरी जो के भूत ने उनका पीछा नहीं छोड़ा और कैनेडी फिर कभी जीत नहीं पाए।

कई बार स्वार्थ छोटे, लालची व्यवहारों से शुरू होता है, जो धीरे-धीरे एक आदत बन जाता है। आगे जा कर इंसान अपने हितों की रक्षा करने और अपने स्वार्थ सिद्ध करने के बीच का भेद भूल जाता है। इस दुनिया में जो घाघ हैं, उनका स्वार्थ सिर्फ अपने उद्देश्यों तक ही सीमित है। उन्हें इस बात की कतई चिंता नहीं है कि दुनिया उनके बारे में क्या सोचती है? उनका नजरिया सिर्फ वर्तमान और खुद तक ही सीमित है। लेकिन उनके इस स्वार्थी व्यवहार की चर्चा हर तरफ होती है। और तब उनका पतन शुरू हो जाता है। यही वह महत्वपूर्ण कारण है, जो न्याय की तुला को भालेनाथों के पक्ष में झुका देता है।

बहरहाल, घाघ के सामने जीवन का सबसे बड़ा खतरा भोलेनाथ की तरफ से न आ कर,घाघों की तरफ से ही आता है। घाघ अपने जैसे लोगों को ही अपनी तरफ आकर्षित करता है व उन्हीं से घिरा रहता है और अंत में अपने जैसे लोगों से ही ठगा जाता है। इस तथ्य को निम्नलिखित कहानी काफी अच्छे ढंग से स्पष्ट कर देती है:

भारत के एक छोटे से शहर में कहीं, मनमोहन तथा श्रवण (नाम बदले हुए हैं) नामक दो व्यापारी रहते थे। उनमें मनमोहन घाघ था और

श्रवण भोले नाथ। वे दोनों आपस में पड़ोसी थे। मनमोहन अपने घर की सीमा से सटी भूमि का एक टुकड़ा श्रवण से ख़रीदने का इच्छुक था। बार-बार आग्रह करने के बावजूद वह श्रवण को भूमि बेचने के लिए राजी नहीं कर पाया। अंततः मनमोहन ने एक साज़िश रची। उसने उत्तर भारत के एक राज्य, उत्तर-प्रदेश के कुख्यात अपराधी राजू भटनागर से सम्पर्क साधा और उसे श्रवण के चार वर्षीय बेटे का अपहरण करने के लिए कहा। उसने राजू भटनागर को बालक के पिता श्रवण से फ़िरौती के रूप में एक मोटी रकम वसूल करने के सब्ज़बाग दिखाए। स्वयं उसकी ओर से राजू भटनागर को पैसे मिलने थे, वे अलग।

एक रात राजू भटनागर और उसका गिरोह उस शहर जाकर, श्रवण के घर बंदूकों के बल पर ज़बरन उस बालक का अपहरण करने पहुंच गया। वह बालक उस समय श्रवण की गोद में बैठा था। उसे अपहरण कर वे वहां से जाने लगे। अचानक ही उस बालक ने ज़ोर-ज़ोर से रोना शुरू कर दिया और उसकी आवाज़ सुन कर एक बुजुर्ग घर के बेडरूम से तेजी से निकल कर आए। वह श्रवण के अंकल थे, जो उत्तर-प्रदेष के ही किसी गांव से उनके वहां एक सप्ताह के लिए रहने आए थे। उस बुजुर्ग को देखते ही राजू भटनागर के चेहरे का रंग पीला पड़ गया। दरअसल, वह बुजुर्ग और कोई नहीं, राजू के बचपन के प्रिय शिक्षक थे। अपराध की दुनिया में उतरने के बाद राजू ने ग्लानिवश पूरी तरह से अपने उस शिक्षक से नाता तोड़ लिया था। राजू उन्हें देखते ही उनके पैरों में गिर गया और हाथ जोड़ कर उनसे क्षमा मांगने लगा। उस बुजुर्ग शिक्षक ने व्यथित स्वर में राजू से कहा, "राजू, तुमने तो मेरा, अपने स्कूल का और अपने गांव का नाम बदनाम करके रख दिया है। आख़िर मेरे पोते का अपहरण करने के लिए तुम्हारी यहां आने की हिम्मत कैसे हुई?"

तब राजू ने पूरी बात का खुलासा करते हुए बताया कि किस प्रकार मनमोहन ने यह काम उसे सौंपा था।

राजू ने पूरे दिल से उनसे क्षमा मांगी, उस सहमे हुए बालक को इक्यावन रूपये उपहार में दिए और अपने आदमियों से कहा, "हमें अब वापस उत्तर-प्रदेश चलना होगा।" इतना सुन कर, उसका वफादार आदमी

उसे एक ओर ले जाकर बोला, "हम इस काम में पहले ही बहुत सारा पैसा लगा चुके हैं और हमने इसके लिए बहुत जोखिम भी लिया है। हमारा कुछ लाभ तो होना ही चाहिए।"

अन्दाज़ा लगाइये कि उन्होंने तब क्या किया होगा?

वे पड़ोस के घर में घुसे, मनमोहन के बच्चे का अपहरण किया और वहां से रफ़ूचक्कर हो गये।

मनमोहन को अपना बच्चा सकुशल वापस पाने के लिए फिरौती के रूप में एक मोटी रकम चुकानी पड़ी। इस पूरे प्रकरण से मिले सदमे ने उसे इतना तोड़ दिया कि पैंतीस वर्ष की छोटी सी आयु में ही उसका निधन हो गया।

बैंक का एक मैनेजर फ्रॉड के सिलसिले में पकड़ा गया। बैंक की तरफ से उससे कहा गया कि वह या तो एक दिन में घपले की सारी रकम मय हर्जाने के वापस कर दे या फिर कानूनी कार्रवाई के लिए तैयार रहे। इस मामले में कोई भी उसकी मदद के लिए आगे नहीं आया, क्योंकि उसकी छवि काफी खराब थी। मदद मांगने के लिए वह जहां भी गया, हर जगह उसकी छवि उसका पीछा करती रही। इस वाकये से वह इस कदर हताश हो उठा कि उसने आत्महत्या का मन बना लिया। आत्महत्या के इरादे से वह एक ऊंची चोटी से छलांग लगाने जा रहा था, तभी पीछे से किसी ने उसकी पीठ पर एक डंडे वाली झाड़ू मारी। उसने पीछे मुड़ कर देखा तो वहां बाल बिखेरे एक डरावनी-सी बूढ़ी औरत खड़ी थी, जो उसे ही घूर रही थी।

उसने चिल्लाकर पूछा, 'तुम कौन हो?'

उस महिला ने जवाब दिया, 'मैं तुम्हारी गॉडमदर हूं और अपनी अलौकिक शक्तियों से तुम्हारे लिए कुछ भी कर सकती हूं। मैं जानना चाहती हूं कि तुम क्यों मरना चाहते हो?'

बैंक मैनेजर ने गॉडमदर को अपने अपमान और आरोपों की सारी

दुखभरी कहानी सुना दी। उस बूढ़ी महिला ने आंखे बंद की और उससे कहा, 'कोई भी तीन वर मांग लो।'

मैनेजर ने जवाब दिया, 'मुझे पांच लाख डॉलर मिल जाएं।'

गॉडमदर, 'ठीक है, दिए।'

मैंनेजर, 'मुझे एक रॉल्स रॉयस चाहिए।'

गॉडमदर, 'ठीक है, दी।'

मैंनेजर, 'मुझे एक बड़ा महलनुमा घर दे दो।'

गॉडमदर, 'वह भी दिया।'

इन वरदानों से रोमांचित बैंक मैनेजर जैसे ही अपने महलनुमा घर को देखने के लिए शहर जाने के लिए वापस मुड़ा, उसे गॉडमदर की आवाज सुनाई दी, 'लेकिन अब क्या तुम मेरी एक इच्छा पूरी नहीं करोगे?'

उसके अहसानों के बोझ तले दबा वह व्यक्ति इसके लिए मना नहीं कर सका। तब महिला ने उससे कहा, 'अब तुम मुझे प्यार करो।'

हालांकि एक बूढ़ी महिला के साथ रोमांस की बात सोचकर वह कांप उठा, लेकिन वह मजबूर था। उसे लग रहा था कि अगर उसने ऐसा नहीं किया तो गॉडमदर अपने दिए गए वरदान वापस ले लेगी। बूढ़ी महिला से प्रेम करना उसके लिए अग्नि परीक्षा की तरह साबित हुआ। खैर, किसी तरह वह इससे गुजर गया।

जब गॉडमदर प्रेम कर चुकी तो उसने उस आदमी से पूछा, 'तुम्हारी उम्र क्या है?'

उसने जवाब दिया, 'चालिस साल।'

बूढ़िया ने आंख मारते हुए कहा, 'और तुम अभी भी गॉडमदर में विश्वास करते हो?'

कई बार समय ऐसा भी आता है, जब घाघ को दूसरे घाघों द्वारा उसी की भाषा में जवाब मिलता है। यानी जब सेर को सवा सेर मिलता है। जबकि कई बार कुदरत भी उसे उसका किया ही लौटाती है।

एक घाघ इच्छापूर्ति करने वाले एक कुएं के पास पहुंचा। उसने अपने बटुए से एक सिक्का चुना और एक खूबसूरत पत्नी पाने की इच्छा रखते हुए कुंए में फेंक दिया। तभी वहां एक खूबसूरत महिला प्रकट हुई। इस सुंदर महिला को पाकर वह खुशी से झूम उठा। वह उस महिला को लेकर चर्च पहुंचा और उन दोनों ने शादी कर ली। इसके बाद वह अपनी पत्नी को लेकर पूरे शहर में घूमा और हरेक से उसने अपनी पत्नी को मिलवाया। जब शाम हुई तो वह अपनी सुहागरात की बात सोच कर काफी उल्लसित हुआ। रात में जब वह कमरे में गया तो उसने देखा कि उसकी पत्नी ने अपना विग उतार कर रख दिया है और उसके भीतर से उसके सफेद बाल लहरा रहे थे। पास ही उसकी बत्तीसी रखी हुई थी। जब महिला ने अपने कपड़े उतारे तो उसके बदन की तमाम झुरियां और झुका हुआ शरीर सामने आ गया। यह दृश्य देखकर पति सिहर उठा और जोर से चिल्लाया, 'इच्छा पूरी करने वाले कुएं ने मेरे साथ धोखा किया है।'

'तुम्हें उस कुएं ने कोई धोखा नहीं दिया है।' पत्नी ने जवाब दिया, 'तुम्हीं ने कुएं में खोटा सिक्का डाला था। अब रोना किस बात का, जैसा किया वैसा भरो। शांत हो जाओ और चुपचाप मेरे पास आ जाओ।'

घाघ अक्सर इस चिंता में घुला रहता है कि जीवन के इस खेल में दूसरे क्या कर रहे होंगे? यह सोच कई बार घाघों को अपनी क्षमताओं के अनुरूप पाने से रोकती है। दो एथलीटों की स्पर्धा होती है, जिसमें एक चैंपियन है, जबकि दूसरा खिलाड़ी उससे कुछ कमजोर है, लेकिन अंत में दूसरा खिलाड़ी ही जीतता है। जानते हैं क्यों? दरअसल, स्पर्धा वाले दिन दोनों ही धावक चीते की फुर्ती से समाप्ति रेखा की तरफ बढ़ रहे थे। जब चैंपियन अपने लक्ष्य तक पहुंचने ही वाला था (जो अपने प्रतिद्वंद्वी से महज एक गज आगे था), तो उसने मुड़ कर जानना चाहा कि उसका प्रतिद्वंद्वी कहां तक पहुंचा। ठीक उसी क्षण पर उसका प्रतिद्वंद्वी उसके बगल से आगे निकल गया। इस कहानी का सार है : घाघ जैसे ही अपने प्रतिद्वंदी उपलब्धियों को देखकर चिंतित हो उठता है, वह दौड़ में पिछड़ जाता है।

घाघ के ताबूत की आखिरी कील पर चोट अक्सर उसके मातहत ही करते हैं। घाघ को इस बात का एहसास नहीं होता कि संस्थान में जो दुष्टता और चालबाजी फैली है, उसके बीज खुद घाघ ने ही अपने व्यवहार से बोए हैं। घाघ जब चालबाजियां करता है, तभी वह अनजाने में इसके गुर अपने मातहतों को सिखाता चलता है, जिसका इस्तेमाल आगे चलकर उसके मातहत उसी के खिलाफ करने लगते हैं। दूसरे शब्दों में कहें, घाघ अपने लिए जाल खुद बिछाता है। घाघ को इस बात का एहसास नहीं होता कि इंसान की दुष्टता मानव और उसकी रचनात्मकता को नष्ट कर देती है।

आज का दौर सिर्फ आत्म निर्भरता का नहीं, बल्कि पारस्परिक निर्भरता का हो गया है। चीजें बड़ी तेजी से प्रतिद्वंद्विता से आपसी सहयोग की तरफ बढ़ रही हैं। आज का जो बुद्धिमान इंसान है, वह न तो नवजात शिशु-सा पूरी तरह से दूसरों पर निर्भर है और न ही उच्छृंखल किशोर जैसा परम स्वतंत्र, बल्कि वह पारस्परिक निर्भता में विश्वास करता है। अक्लमंद इंसान अच्छी तरह से जानता है कि अगर वह दूसरों के साथ मिल जाए तो पहले से कहीं ज्यादा उपलब्धियां हासिल कर सकता है और उसका चरित्र ही इस आपसी सहयोग में उसका अनुमति पत्र बनेगा। दूसरी ओर, घाघ अपनी हरकतों से अपनी संभावना गंवा देता है।

अंत में हम कह सकते हैं कि जीवनी की इस दौड़ में घाघ भले ही शुरुआत में कुछ आगे निकल जाए, लेकिन आगे चल कर जीत भोलेनाथ की ही होती है। इस दौड़ में घाघ के हारने की वजह बनता है उसका अतीत, जिसे वह चाह कर भी अपने से अलग नहीं कर पाता। समय सबको सबकी हकीकत बता देता है। लक्ष्य के प्रति घाघ के स्वार्थ भाव ही अतीत में उसकी असफलता के बीज बो देते हैं। वह जहां भी जाता है, लोग उसकी असलियतों और स्वार्थों के चलते उसे पहचान लेते हैं। वह वास्तव में अपने स्वभाव के कारण ही किसी को अपना सच्चा मित्र नहीं बना पाता क्योंकि वह हमेशा स्वयं को अनुचित लाभ प्राप्त करने का अधिकारी समझता है।

एक घाघ ने अपने कैरियर के अंतिम दौर में एक बार मुझसे अपना दिल हल्का किया था, 'जीवन में आपके दोस्त हो सकते हैं या दुश्मन।

जीवन के तजुर्बों से मैंने सीखा है कि दोस्त बनाना ही बेहतर रहता है, वर्ना आप कहीं के नहीं रहते।' घाघ जीवन में छल और बल दोनों को इस्तेमाल करता है और आगे चल कर ये दोनों ही लोगों के आक्रोश का कारण बनते हैं। जीवन में कोई भी छला जाना और दबाया जाना पसंद नहीं करता। वक्त के साथ पीढ़ियों का आक्रोश बढ़ता जाता है। जैसे-जैसे घाघ अपनी छोटी-छोटी जीतों पर फूलता जाता है, वैसे-वैसे वह अपने जीवन की सबसे बेशकीमती चीज- साख खोता जाता है। वह लोगों के दिलों से उतर जाता है। इसके बाद उसकी हार में थोड़े ही वक्त की देर रह जाती है। फिर एक दिन आता है कि एक साहसी भोलेनाथ या अधिकतर कोई महत्वाकांक्षी घाघ, हथियार उठाता है और उसे पीट-पीट कर मौत के घाट उतार देता है। उस वक्त घाघ की मौत पर कोई आंसू बहाने वाला भी नहीं होता।

लेकिन यह याद रखना जरूरी है कि कोई बेवकूफ और भला आदमी घाघ के खिलाफ कभी नहीं जीत सकता। जब अच्छाई, समझदारी और रचनात्मकता से मिल जाती है, तब ही घाघ पर काबू पाया जा सकता है।

सबके लिए सुझाव

- *इतिहास अच्छों व बुरों के बीच चलने वाले संघर्ष का नाम है।*

  – मार्टिन लूथर किंग, जूनियर

- *जब भी मै हताश होता हूं तो याद करता हूं कि पूरे इतिहास में सिर्फ प्रेम और सत्य के मार्ग की ही विजय होती है। इतिहास में तानाशाह और हत्यारे भी मिलते हैं, जो भले ही कुछ देर के लिए अजेय नजर आते हों, लेकिन अंत में उनका पतन सदैव निश्चित है। सदैव।*

  – महात्मा गांधी

- आप कभी भी एक बच्चे को बाज़ बनने की शिक्षा न दें, एक दिन आप भी उसके शिकार बन सकते हैं।

भाग तीन

शक्ति की आधारशिलाएं

अध्याय-1

सौभाग्य का निर्माण

मैंने बहुत गहराई से महसूस किया है कि अपनी सीमित बुद्धि और ताकत से किया गया मेरा कोई भी प्रयास मुझे अपने शत्रुओं से नहीं बचा सकता था। हर कारण और प्रभाव के शाश्वत क्रम को संचालित करने वाली उस सर्वोच्च शक्ति, जिसे स्वीकारने के लिए हम सभी बाध्य हैं, की मदद के बिना मैं कभी सफल नहीं हो पाता।

– विंस्टन चर्चिल

यदि किसी व्यक्ति को अपने सौभाग्य का निर्माण करना है तो उसे अपने अंदर अवसरों के प्रति सचेत रहने की आदत विकसित करनी होगी, एक असंतुष्ट लेकिन धैर्यवान मन रखना होगा, सुख-सुविधाओं और घमंड का त्याग करना पड़ेगा, दूरदृष्टि लानी होगी, और अपने कठिन समय का बहादुरी से और मुस्कराते हुए सामना करना होगा।

– विक्टर शेर्बुइये

जेरेमी गोल्डस्मिथ की कंपनी का बिजेनस तो काफी लंबा-चौड़ा हो चला था, लेकिन नकद पूंजी की बड़ी कमी थी। उसकी इस तंगहाली का पता जब उसके सभी संभावित साझीदारों को चला तो उन्होंने कंपनी को बचाने के लिए सौदों के जो प्रस्ताव पेश किए, वे काफी अपमानजनक थे। जुलाई 1957 के शुरू में इस करोड़पति का खेल खत्म होता दिखाई देने लगा। यहां तक कि वह अपने बिल तक अदा नहीं कर पा रहा था। वह जानता था कि अब उसे खुद को दिवालिया घोषित करना पड़ेगा। एक सोमवार की सुबह वह इस बारे में बैंक को सूचित करने घर से निकला। रास्ते में एक अखबार की दुकान के पास से गुजरते हुए उसकी नजर एक चमत्कारी हैडलाइन पर पड़ी। वहां 'बैंक हड़ताल' की हैडलाइन मुस्कुरा रही थी। इस हड़ताल ने उसे बचा लिया। दरअसल, पिछले दो दशक में यह पहली हड़ताल थी, जो एक हफ्ते से ज्यादा चली। मुख्य प्रतिद्वंद्वी से अपने फार्मासुटिकल बिजनेस का सौदा पटाने के लिए एक हफ्ते का समय काफी था। इस सौदे ने उसे एक ऐसा सहज आर्थिक आधार दे दिया, जिसका उसने आगे चलकर पूरा फायदा उठाया।

खुशकिस्मती का फायदा लेने के लिए भी इंसान को कड़ी मेहनत करनी पड़ती है। अगर आपकी कश्ती साहिल पर ही खड़ी रहेगी तो आप भला अनुकूल हवाओं का फायदा कैसे उठा पाएंगे। हो सकता है कि इस्तेमाल न हो पाने के कारण आपकी चेतना को जंग लग जाए और आप अपने अनुकूल हवाओं का रुख ही न भांप पाएं। अपने सुनहरे मौके को पहचानने और उसका फायदा उठाने के लिए मेहनत आपको तैयार रखती है।

बेहतर है कि चीजों के अपने अनुकूल होने का इंतजार कीजिए, लेकिन आपके प्रयासों मे कोई कमी न आए, ताकि जब किस्मत आप पर मेहरबान हो तो आप इसका भरपूर फायदा उठाने के लिए हर तरह से तैयार हों।

मेहनत, कुदरत की ऊर्जा या शाक्ति को अपनी ओर आकर्षित करने का भी एक जबरदस्त तरीका है। बादल भी जब आपको पसीना बहाते देखते हैं तो वे भी ढोल पर थाप देते हैं और आप पर बरसने के लिए मेहरबान हो उठते हैं।

खुशकिस्मती लाने में आपकी दयालुता और करुणा भी महत्वपूर्ण भूमिका अदा करती है। करुणा तमाम मानवीय मूल्यों का मूल स्रोत है। अगर हम एकनिष्ठ होकर दया या करुणा भाव रखें तो हममें कई और मूल्यों के अंकुर फूट पड़ेंगें। अगर हम दयालु हैं तो हमारे भीतर विनम्रता, उदारता, प्रेम और परानुभूति जैसे तत्व अंकुरित होने लगेंगे। व्यर्थ की कटुता, गुस्सा और एक के कहे शब्दों का दूसरे पर क्या असर होता है, इसकी समझ न होना जैसी चीजें इंसान के लिए अपशकुन का काम करती हैं। अक्सर यही चीज़ें उसकी असफलता और मित्रों को खोने का सबसे बड़ा कारण बनती हैं। और मित्रों (सामाजिक संबंधों) को खोने का अर्थ है अपने भाग्य को ठुकराना।

सामाजिक संबंध (नेटवर्किंग) सौभाग्य के लिए एक महत्त्वपूर्ण घटक होते हैं। सामाजिक संबंध दो प्रकार के होते हैं। एक में आप नए-नए लोगों से मिलने, उनसे बातचीत करने, उन्हें अपना विज़िटिंग कार्ड देने, पुनः उनसे जुड़ने और उनसे दोस्ती करने का प्रयास करते हैं। दूसरे प्रकार के सामाजिक संबंध तब विकसित होते हैं, जब आप बाज़ार में अपने उत्पादों को उतारते हैं। यह उत्पाद एक पुस्तक भी हो सकती है, एक एलबम, फ़िल्म, एक टी.वी. शो या एक प्रदर्शनी भी। यानि कि कुछ ऐसी सृजनात्मक गतिविधि जो आपको ख्याति और पहचान दें। पहली किस्म के सामाजिक संबंधों में आपको यह उल्लेख करना पड़ता है कि आपकी किस-किस से जान-पहचान है। दूसरे प्रकार के सामाजिक संबंधों में लोग यह बताते हैं कि वे आपको जानते हैं। इन दोनों में से आप अपने स्वभाव अनुरूप संबंध बनाने की शैली का चुनाव कर सकते हैं लेकिन आपको सामाजिक संबंधों की शक्ति को समझना और उस शक्ति को स्वीकार करना आवश्यक है।

आप यह बात भी ध्यान रखें कि आपको अपने जीवन में अपने निकटतम मित्रों से आमतौर कोई बहुत बड़ी उछाल नहीं मिलती, हां, मित्रों के मित्रों द्वारा ऐसा हो सकता है। आपके मित्रों का सामाजिक स्तर और उनकी मानसिकता सामान्यतः आपके समान ही होती है, इसलिए उन्हें भी वैसे ही अवसर उपलब्ध होते हैं जैसे आपको। लेकिन एक मित्र के मित्र का कार्यक्षेत्र आपसे भिन्न और आपसे बड़ा हो सकता है

और वह आपको उस कार्यक्षेत्र में जाने के लिए सहायक सिद्ध हो सकता है। लेकिन एक बात आप हमेशा याद रखें कि एक मित्र के मित्र की कृपा पाने के लिए आपको अपने निकटतर मित्र की बिना शर्त सहमति प्राप्त करना ज़रूरी है। आप इस सहमति का महत्त्व समझें क्योंकि यह चीज़ आपको सफलता की ओर ले जा सकती है।

खुशकिस्मती के लिए विनम्रता भी जीवन में उतनी ही महत्वपूर्ण कारक है। उद्दंड लोगों की अपेक्षा विनम्र लोगों को ज्यादा अवसर मिलते हैं। और किस्मत क्या है, महज अवसर ही। सवाल है, विनम्र लोगों को ही ज्यादा मौके क्यों मिलते हैं? क्योंकि लोग ऐसे व्यक्ति के साथ रहना और काम करना पसंद करते हैं। साथ ही, उद्दंड व्यक्ति दूसरों की अवहेलना करता है। अगर आपको पता है कि आपका कोई मित्र उद्दंड है तो क्या उसकी मौजूदगी आपको असहज नहीं बनाती। किसी सामाजिक मेल मिलाप वाली जगह पर क्या आप इस दोस्त के साथ जाना पसंद करेंगे या फिर किसी विनम्र दोस्त को साथ ले जाना चाहेंगे?

- खुशकिस्मत होने में आपके सपने भी बड़ी भूमिका निभाते हैं। दरअसल, सपने सौभाग्य का एक प्रमुख आधार हैं।
- विवेक खुशकिस्मती का सबसे बड़ा स्रोत है। विवेकशील व्यवहार व्यर्थ के झगड़ों और ऊर्जा के भटकाव को रोकता है।
- विवेकवान मित्र आपको सही सलाह देकर, समय की चाल के प्रति संवेदनशील बनाकर और अपनी समर्थ मौजूदगी से आपके लिए खुशकिस्मती लाते हैं। विवेक अवसरों को आपकी और आकर्षित करता है और व्यक्तिगत विकास में जबरदस्त उत्प्रेरक का काम करता है।
- विवेकवान शुभचिंतक अवसरों के मार्ग पर चलने में आपकी मदद करते हैं।

प्राचीन ज्ञान के अनुसार हमारी किस्मत दो तरह के सिद्धांतों से निर्धारित होती है। पाइथागोरस पहला ऐसा व्यक्ति था, जिसने इन दो सिद्धांतों पर प्रकाश डाला। यह सिद्धांत हैं - पृथ्वी का सिद्धांत व आकाश का सिद्धांत। इन सिद्धांतों की समझ भी आपको अपनी खुशकिस्मती लाने में मदद करेगी।

पृथ्वी का सिद्धांत है क्या? यह गुरुत्वाकर्षण के सिद्धांत से मिलता-जुलता है। जैसे ही आप ऊपर उठने की कोशिश करते हैं, यह आपको नीचे खींच लेता है। इसके भी अपने फायदे हैं। मानव के ऊपर उठने की इच्छा का लगातार विरोध उसकी इच्छा शक्ति को और अधिक मजबूत बनाता है।

सवाल है, आकाश का सिद्धांत क्या है? यह ऊर्ध्वगामिता के सिद्धांत से मिलता जुलता है। यह आपको ऊपर की ओर खींचता है। इंसान जब तक अपनी मेहनत और प्रयासों पर ही निर्भर रहता है, तब तक वह पृथ्वी के सिद्धांत के प्रभाव क्षेत्र में घूमता रहता है। एक बार वह आकाशीय बल के बारे में जान लेता है और इसकी परिधि में चला जाता है तो उसके प्रयासों का फल कई गुना हो जाता है। जैसे ही वह आकाशीय बल की परिधि में पहुंचता है, वह ऊपर की ओर खिंचना शुरू हो जाता है। आकाशीय बल का यह सिद्धांत आपको ऊपर उठा सके और आपके विकास में मदद कर सके, इसके लिए आपको निम्न चीजों का ध्यान रखना पड़ेगा।

- सबसे पहले आपको इस सिद्धांत के अस्तित्व की संभावना को स्वीकारना होगा। अगर विज्ञान ने इसके अस्तित्व को नहीं स्वीकारा है तो इसका यह मतलब हर्गिज नहीं है कि यह सिद्धांत मौजूद ही नहीं है। भले ही न्यूटन ने महज तीन सदी पहले गुरुत्वाकर्षण के सिद्धांत को खोजा था, लेकिन यह सिद्धांत ब्रह्मांड की उत्पति के समय या उससे भी पहले से काम कर रहा था। सिर्फ इसलिए कि हमारे पास आकाशीय बल को नापने का पैमाना मौजूद नहीं है, हम उसके अस्तित्व को नकार नहीं सकते। एक दिन इनको परखने के पैमाने भी आ जाएंगे, लेकिन तब शायद आप नहीं होंगे। इसलिए जब तक आप हैं, इसके आकर्षण और उछाल को महसूस कीजिए और इसकी सवारी का मजा लीजिए।
- आप बिना किसी बहाने के, अपनी प्रवृत्ति के नज़दीक रहना चाहिए और वह भी बिना किसी अपराधबोध और बिना किसी ग़लतफहमी के।
- अपने प्रियजनों के साथ आपके संबंध संतुलित होने चाहिएं अन्यथा आपका मन परेशानी में घिर जाएगा। इसके परिणामस्वरूप, आप

न केवल अपनी ऊर्जा के क्षेत्र के लिए दिक्कतें पैदा कर लेंगे, बल्कि अपने जीवन में अपनी क्षमताओं के अनुरूप प्रदर्शन भी नहीं कर पायेंगे।

- आप इस नियम या सिद्धांत का अनुभव जल्दबाजी में नहीं कर सकते। इसे महसूस करने के लिए आपको बड़े धैर्य से खुद को इसकी परिधि के भीतर रचने-बसने का इंतजार करना पड़ता है।

प्रार्थना भी आपकी किस्मत को प्रभावित करती है। प्रार्थना से आप उसे सार्वभौम सत्ता के साथ अपना तादात्म स्थापित कर लेते हैं।

प्रार्थना आपके भीतर बदलाव लाती है। यह उसका सबसे बड़ा योगदान है।

प्रार्थना की ताकत निर्विवाद है। जब आप प्रार्थना के माध्यम से उस परम सत्ता तक पहुंचने की कोशिश करते हैं तो यह आपको अपने भीतर मौजूद भयों से छुटकारा दिलाने में मदद करती है। यह आप में आशा का संचार भी करती है। अपने डरों पर काबू पाने में आपकी मदद करके और आपके भीतर आशा का संचार करके यह आपको कर्म करने के लिए प्रेरित करती है। ईश्वर से सच्ची प्रार्थना करने से आपके अहंभाव में भी कमी आती है। विश्वासपूर्ण प्रार्थना से आपका अहं भी आपके वश में हो जाता है। यह प्रार्थना का सबसे महत्त्वपूर्ण लाभ है। आपके अहं के तिरोहित हो जाने से 'मैं' अर्थात् अहं की वह दीवार टूट कर गिर जाती है जो आपने अपने और समूचे ब्रह्माण्ड के बीच खड़ी कर रखी है। और जब ऐसा होता है, तो खुशी की एक लहर संक्रामित होती है। ब्रह्माण्ड के गीतों के स्वर आपके अंदर सुनाई देने लगते हैं और हजारों फूल एकाएक खिल उठते हैं।

भोलेनाथ/घाघ/शासक के लिए सुझाव

- अभी अभ्यास में आप जितना ज़्यादा पसीना बहाएंगे, तो उस चीज़ को व्यावहारिक रूप देते हुए आपको उतनी ही कम मेहनत करनी पड़ेगी।
- आप किसको जानते है, यह उतना ही महत्त्वपूर्ण है जितना यह कि आप क्या जानते हैं।
- *हर व्यक्ति को पसंद करना हमारे वश में नहीं होता, लेकिन हर व्यक्ति के प्रति दयालु होना हमारे हाथ में है।*

  – सैमुएल जॉन्सन
- कभी कभार भलाई के लिए आपको क्रोधित होने का भी अधिकार है, लेकिन क्रूर होने का अधिकार तब भी आपके पास नहीं है।
- *प्रार्थना सिर्फ वृद्धाओं के मनबहलाव का साधन नहीं है। अगर पूरी तरह समझ कर प्रार्थना की जाए तो वह कर्म का सबसे ताकतवर जरिया बन जाती है।*

  – महात्मा गांधी

अध्याय-2

अच्छाई की शक्ति

गलत कामों से बचो। ऐसा किया जा सकता है। अगर ऐसा नहीं किया जा सकता तो मैं तुम्हें कभी ऐसा करने के लिए नहीं कहता। चुंकि गलत कामों से बचना संभव है और ऐसा करने से खुशियां और सत्कृपा मिलती है। अतः मैं तुमसे कहूंगा कि गलत कामों से बचो।

सत्कर्म करो। ऐसा किया जा सकता है। अगर सत्कर्म करने से अभाव और दुख मिलता तो मैं तुम्हें कभी ऐसा करने के लिए नहीं कहता। लेकिन चूंकि इनसे खुशियां और सत्कृपा मिलती है। अतः मैं तुमसे कहूंगा कि सत्कर्म करो।

— अंगुत्तर निकाय

शुद्ध व्यवहार से आत्मशक्ति आती है, जो मनुष्य को कई तरह के खतरों से आजाद करती है। शुद्ध आचरण उस सीढ़ी की तरह है, जो हमें स्वर्ग द्वार तक ले जाती है।

— फो शो हिंग सांग-किंग

जो भी व्यक्ति एक निर्दोष, पवित्र और निष्कलुष मनुष्य

को सताता है, बुराई उस पर कुछ ऐसा ही पलटवार करती है, जैसे हवा के विपरित धूल फेंकने पर वह आप ही के मुंह पर आ गिरती है।

— धम्मपद

आपके अच्छे कर्म इत्र की खाली बोतल में बंद खुश्बू के समान है जो अपने पीछे अपना कुछ अंश छोड़ जाती है।

— फ्रेड स्मिथ

स्थाई विजय के लिए सबसे आवश्यक महत्वपूर्ण कारक है अच्छाई। आखिर यह अच्छाई है क्या? अच्छाई अपने भीतर ईमानदारी, निष्ठा, दया, परानुभूति, कृतज्ञता व साफगोई, न्यायप्रियता जैसे गुणों को संयोजित करना है। ये खूबियां सफलता को पाने और उसे टिकाए रखने दोनों के लिए जरूरी है।

अगर सफलता उद्दंडता लाती है तो असफलता खुद ब खुद पीछे चली आती है। अगर सफलता निरंकुश प्रवृतियों को जन्म देती है तो विद्रोह उठ खड़े होते हैं। दूसरी ओर अगर सफलता आपके भीतर ऐसी भावनाएं भरती है कि आप अपने आस-पास मौजूद लोगों की भलाई करने का एक दैवीय जरिया है तो और अधिक सफलता आपके कदम चूमेगी। हो सकता है कि आपको महानता मिल जाए।

क्या अच्छाई को सीखा जा सकता है? बिल्कुल। इसे जानने के लिए पाउलो कोहेली की किताब 'द डेविल एंड मिस प्रिम' के इस ज्ञानवर्धक उदाहरण को देखिए।

आहाब (बुरा इंसान) संत को चुनौती देने के लिए दृढ़ प्रतिज्ञ था। उसने चाकू घिसते हुए संत से सवाल किया।

'अगर आज की रात गांव की सबसे सुंदर वेश्या यहां आए तो क्या तुम्हें वह न तो सुंदर और न ही मोहक दिखेगी?' संत ने जवाब दिया, 'नहीं, परंतु मैं अपने ऊपर नियंत्रण रखने की कोशिश करूंगा।'

'और अगर मैं तुम्हें सोने के सिक्कों का एक ढेर दे दूं

तो क्या तुम सोने को देखकर उन्हें कंकड़ की तरह समझ पाओगे?'

'नहीं, परंतु मैं अपने ऊपर नियंत्रण रखने की कोशिश करूंगा।'

'और अगर तुम्हारे सामने दो भाई आएं। उनमें से एक तुमसे नफरत करता है और दूसरा तुम्हें संत मानकर तुम्हारी बहुत इज्जत करता है तो क्या तुम दोनों के प्रति एक जैसा भाव रख पाओगे?'

'हालांकि वह बहुत मुश्किल है, फिर भी मैं अपने ऊपर यथासंभव नियंत्रण रखूंगा कि दोनों के प्रति एक जैसा व्यवहार रख सकूं।

'लोग कहते हैं आहाब के ईसाई धर्म को स्वीकारने में इस बातचीत ने बेहद महत्वपूर्ण भूमिका निभाई।'

अजनबी को जरूरत नहीं पड़ी कि चांटल उस कहानी की व्याख्या करे। संत और आहाब दोनों में एक जैसी प्रवृतियां थीं, अच्छे और बुरे का संघर्ष दोनों के भीतर कुछ वैसे ही चलता था, जैसे इस धरती पर मौजूद दूसरी आत्माओं के भीतर होता है। जब आहाब को लगता है कि संत भी मेरे जैसा ही है तो वह महसूस करता है कि वह भी संत जैसा ही है।

यह सारा मामला (आत्म) नियंत्रण का और पसंद का है, न उससे कम, ने उससे ज्यादा। इसमें कोई कम नहीं है और न ही कोई ज्यादा।

हिंदी फिल्मों के प्रबुद्ध फिल्मकार महेश भट्ट को उनकी मां यह कहानी सुनाया करती थीं जो इस मामले को थोड़ा और स्पष्ट करती है। उनकी मां कहा करती थी, 'हममें से हरेक के भीतर एक अच्छा जानवर और एक बुरा जानवर मौजूद है। जब भी हम नैतिक दोराहे पर आकर खड़े होते हैं, ये दोनों आपस में झगड़ना शुरू कर देते हैं।'

'फिर जीतता कौन है?' महेश पूछते।

उनकी मां का जवाब होता, 'तुम जिसे ज्यादा खिलाओगे।'

अच्छे जानवर की खुराक क्या है? उसे खाने में क्या दोगे?

पहली चीज है – अच्छे लोगों की संगत। दूसरी चीज है – इस विश्वास पर आपकी अडिग आस्था कि अंततः अच्छाई की ही जीत होती है। तीसरी चीज यह विश्वास कि कुछ लोगों में अच्छाई कहीं भीतर सोई पड़ी होती है, जिसे एक मजबूत और निःस्वार्थ प्रेरणा ही जगा पाती है। अगर तुम ये तीन चीजें अच्छे जानवर को खाने के लिए दोगे, तो वह न सिर्फ तुम्हारे भीतर रह रहे बुरे जानवर से ज्यादा ताकतवर होगा, बल्कि आस-पास के मौजूद बुरे जानवरों पर भी भारी पड़ेगा। जैसा कि धम्मपद में कहा गया है :

> *किसी भी फूल की खुशबू हवा के विपरीत नहीं जाती और यहां तक कि चंदन, चमेली और टियारा की भी नहीं। लेकिन अच्छाई की सुगंध वायु के विपरीत भी जाती है। सच्चे और ईमानदार आदमी से एक तरह की सुगंध निकलती है, जो हर दिशा में फैलती है।*

अच्छे इंसान को अपनी खुशबू फैलाने के लिए हवा की भी जरूरत नहीं पड़ती। वह स्वयं में एक ऐसी पवनचक्की होता है, जो ब्रह्मांड की ऊर्जा से चलता है।

जब तुम बेहतर मूल्यों के लिए जीते हो तो तुम अपने सदाचरण से ईंट दर ईंट एक मंदिर बनाते हो। जब यह बन कर तैयार होता है, तब तुम्हें महसूस होता है कि यह अपने आप में एक किला भी है। जो तुम्हें अजेय बनाता है। तब तुम्हारा चोगा ही तुम्हारा कवच बन जाता है।

अध्याय-३

नेक नीयती की शक्ति

हालांकि नेक नीयती बुरें कर्मों को करने की छूट नहीं देती, लेकिन बुरे उद्देश्य हमेशा अच्छे कर्मों को नष्ट कर देते हैं। सामान्य और छोटे मामलों में हम भले ही बिना उद्देश्य के काम कर सकते हों, लेकिन महत्वपूर्ण मामलों में सजग उद्देश्य के साथ काम करने में ही समझदारी है।

– डब्लयू. एम. एल. जे

किसी भी स्थिति में जिन पांच चीजों के प्रयोग से आपकी प्रतिभा पूरी तरह से निखरती है, वे इस प्रकार हैं – व्यक्तित्व की गंभीरता, आत्मा की उदारता, निष्ठा, समर्पण और करुणा।

– कन्फूशियस

महात्मा गांधी और वी.पी.सिंह (आजाद भारत के सातवें प्रधानमंत्री) दोनों ने ही पिछड़ों के उत्थान के लिए आरक्षण की बात करके एक अविवेकपूर्ण शुरुआत की। बहरहाल, वीपी सिंह ने वोटों को बांटने और अपना वोट बैंक बनाने के उद्देश्य से इसका सहारा लिया।

और इसका खामियाजा उन्हें उठाना पड़ा। उनकी आलोचना आजाद भारत के अब तक के सबसे खराब प्रधानमंत्री के तौर पर भी हुई। कई हिंदुस्तानी तो उनसे नफरत तक करते हैं। जबकि महात्मा गांधी पिछड़ों के उत्थान के लिए पूरी तरह से समर्पित थे। हो सकता है कि उनका आरक्षण का यह फैसला गलत हो, फिर भी पूरा देश उन्हें महात्मा (महान आत्मा) के नाम से शायद इसलिए याद करता है, क्योंकि उनकी नीयत पूरी तरह से पाक थी।

निक्सन ने अमेरिका के तत्कालीन राष्ट्रपति लिंडन जॉन्सन को हराने की अपनी मुहिम में जॉन्सन और वियतनाम के प्रधानमंत्री के बीच चल रही शांति वार्ता को विफल करने की कोशिश की। उन्होंने इस शांति वार्ता को भंग करने के लिए एक ऊंची रसूख वाली वियतनामी महिला की मदद ली, जिसकी पहुंच वियतनामी प्रधानमंत्री तक थी। इसके बाद उन्होंने वियतनाम युद्ध के समाप्त न होने का दोष जॉन्सन की अक्षमता को देते हुए उनके खिलाफ मोर्चा खोल डाला। इतना ही नहीं, इस मुद्दे को लेकर निक्सन ने अगले चुनाव में तत्कालीन राष्ट्रपति की काफी लानत मलानत की। नतीजा हुआ कि निक्सन चुनाव जीत गए। इस जीत के बाद उन्होंने वियतनाम के साथ संधि करके इस शांति बहाली का सारा श्रेय लूट लिया।

समय ने पल्टा खाया। रह-रह कर उन्हें यह डर सताता था कि वियतनामी महिला के साथ उनकी बातचीत के ऑडियो टेप कहीं गलत हाथों में न पड़ जाएं, तो उन्होंने लाइब्रेरी में रखे इन टेपों को चुराने की योजना बनाई। लेकिन जिन व्यक्तियों को यह जिम्मेदारी सौंपी गई थी, उनके पकड़े जाने से वॉटरगेट कांड और उसमें निक्सन की भूमिका का खुलासा हो गया। यहीं से निक्सन का पतन शुरू हो गया। यह केस एक बार फिर बदनीयती और उसके पलटवार का उदाहरण सामने रखता है।

अध्याय-4

अच्छे विचारों और अच्छे शब्दों की शक्ति

आपके विचारों की छेनी लगातार आपके चेहरे का आकार गढ़ रही है।

— चार्ल्स रेजिन्कॉफ

अगर विचार भाषा को भ्रष्ट करते हैं तो भाषा भी विचारों को भ्रष्ट करती है।

— जॉर्ज ऑरवेल

सिर्फ सही बात को सही समय पर कहना ही कला नहीं है, बल्कि सर्वाधिक इच्छा होने के बावजूद गलत बात को बिना कहे रह जाना उससे भी बड़ी कला है।

— डोरोथी नेविल

अपने बोलने से पहले खुद से सवाल करें कि क्या यह उपकारी है, क्या यह आवश्यक है, क्या यह सच है, क्या यह मौन से बेहतर है?

— साई बाबा

समझदारी का मतलब ही यह जानना है कि कब अपनी बात कहें और कब अपने कथन पर नियंत्रण रखें।

— अनाम?

हमारी सोच हमारे जीवन की दिशा निर्देशित करती है। हमारे विचार ही हमारे छिपे हुए वास्तुशिल्पी और अदृश्य परिचालक होते हैं। अगर हमारे विचार अच्छे होंगे तो जीवन में खुद-ब-खुद शांति और प्रसन्नता आएगी। दूसरी ओर, अगर हमारे विचार बुरे और क्षुद्र हैं तो हमारी किस्मत कोई बहुत अलग नहीं होगी, क्योंकि हमारे विचार ही हमारे शब्दों, कर्मों और व्यवहार का बीजारोपण करते हैं। विचारों की बगिया में ही हमारा चरित्र विकसित होता है। इसलिए सद्विचारों को ही पाने और घोषित करने का प्रयास कीजिए। अगर आप लगातार ऐसा करते हैं तो जीवन की इंद्रधनुषी खुशियां आपसे ज्यादा दूर नहीं हैं। दरअसल, सद्विचार ही बड़े जतन से आपके इंद्रधनुष के ताने-बाने बुनते हैं।

शब्द भी महत्वपूर्ण होते हैं। वे भी हमारे विचारों को प्रभावित करते हैं। वास्तव में, शब्द हमारे विचारों की मुद्रा होते हैं। क्या आपने कभी गौर किया है कि आप शब्दों के बिना नहीं सोच सकते? हम उन्हीं शब्दों से सोचते हैं, जो बोलचाल में उपयोग करते हैं, इसलिए हमें अच्छे शब्दों का इस्तेमाल करना चाहिए।

शब्द भी सीमाएं बांधते हैं। विशेष रूप से जब आप स्वयं अपने संबंध में बोलते हैं। जब आप अपने बारे में बार-बार एक ही बात दोहराते हैं, तो इससे आपकी शैली का सीमित दायरा उजागर होने लगता है। मिसाल के तौर पर, यदि आप बार-बार अपने बारे में यह घोषणा करें, ''मैं हमेशा बुराई का जवाब अच्छाई से ही देता हूं।'' और उसके बाद जब कोई आप पर बार-बार क्रूरतापूर्वक हमला करता है और आप जानते हैं कि आपको भी उसका उपयुक्त उत्तर देने की आवश्यकता है, तो आपकी ये घोषणाएं ही आपकी स्वच्छंद कार्रवाई में रोड़ा बन जाती हैं। मैंने कई साल पहले एक कार्टून देखा था, जिसमें पहले हिस्से में एक आदमी को एक कमरे की चार दीवारों और छत बनाते दिखाया गया था। दूसरे हिस्से में कमरा पूरा बना दिखाया गया है। अंतिम हिस्से में आप देखते हैं कि कमरे में न कोई दरवाजा है और न ही कोई खिड़की। वह आदमी उस कमरे में फंस कर ज़ोर-ज़ोर से चिल्ला रहा है – 'मुझे बाहर निकालो, मुझे बाहर निकालो'। आपके शब्द भी इसी तरह आपके लिए एक कैद सिद्ध हो सकते हैं।

अध्याय-5

चरित्र की शक्ति

हमारी जीवन शक्ति महान विषयों और महान सोच में होती है, जो हमारे चरित्र, हमारे व्यक्तित्व और हमारे कार्यों में रच बस जाती है।

— फ्रेड स्मिथ

हर मनुष्य इस बात का ध्यान रखता है कि उसका पड़ोसी उसे धोखा न दे दे। लेकिन एक दिन ऐसा आता है कि जब वह इस बात का ख्याल रखने लगता है कि वह पड़ोसी को धोखा न दे। और जब ऐसा होता है, तो फिर सब बेहतर होने लगता है। तब उसकी बैलगाड़ी सूर्य के रथ में बदल जाती है।

— राल्फ वाल्डो इमर्सन

अपनी नस्ल दिखाओ, अपना गौरव रखो और चरित्रवान बनो। सफलता तुम्हारे कदम चूमेंगी।

— कोच पॉल 'बियर' ब्रायंट

जो चीज नैतिक रूप से गलत है, वह कभी भी फायदे नहीं दिला सकती। हालांकि वह आपको भ्रम जरूर दे सकती है। दरअसल, इस बात पर भरोसा करना ही खतरनाक है कि गलत काम भी आपको फायदा दिला सकते हैं।

— मारकस टुलिअस सिसेरो

एक आने की वफादारी की कीमत सोलह आने की चालाकी से ज्यादा होती है।

— अल्बर्ट हबार्ड

व्यवसाय जगत में भी हमने आदर्शवाद की लौ को जगमगाए रखा, इसकी चमक में हमने इन नतीजों को पाया :

कोई भी दौलत और ताकत हमारी गरिमा से ज्यादा मूल्यवान नहीं है।

कोई भी नुकसान उतना बड़ा नहीं हो सकता, जितना गहरा नुकसान साख खोने का होता है।

कोई भी शिक्षा और योग्यता हमारे चरित्र की सच्चाई की जगह नहीं ले सकती।

— जे. आर. डी. टाटा

जैसा कि मैंने कहा है, यह दुनिया प्रतिद्वंद्विता से सहयोग की तरफ बढ़ रही है। अगर लोग किसी व्यक्ति का सहयोग करने के लिए तैयार हो जाएं तो वह पहले से कहीं ज्यादा उपलब्धि हासिल कर सकता है। किसी व्यक्ति का चरित्र ही उसे दोस्तों का सहयोग दिलाने का पासपोर्ट होता है। कोई भी व्यक्ति किसी धोखेबाज से मित्रता पसंद नहीं करता। चरित्रवान् इंसान की मांग रखने वाले बहुत से लोग होते हैं। ऐसे व्यक्ति के सामने हमेशा चयन का विकल्प रहता है। उसकी विश्वसनीयता उसकी सफलता की गांरटी है।

प्रसिद्ध जर्मन समाजशास्त्री मैक्स वेबर ने एक दिलचस्प अध्ययन करके पाया कि रोम मत विरोधी, प्रोटेस्टैंटों ने अत्यधिक विश्वसनीयता

के कारण ही अपने व्यापार में सफलता अर्जित की थी। व्यापार में सफलता प्राप्त करने के लिए विश्वास ईंधन का काम करता है।

हर इंसान की कोशिश हमेशा ऐसे लोगों से मित्रता करने की होनी चाहिए, जो नेक हैं। हालांकि यह हमेशा संभव नहीं होता, क्योंकि दुनिया में हर प्रकार और बनावट के लोग होते हैं। हर इंसान को जीवन में घाघ और भोलेनाथ दोनों ही मिलते हैं। इसलिए महत्वपूर्ण है कि दुनिया यह अच्छी तरह से समझ ले कि आप किन मूल्यों के लिए खड़े हैं और किनके लिए नहीं। यह जानकारी ही दुनिया के घाघों के खिलाफ आपके कवच का काम करेगी, क्योंकि आपके संपर्क में आने के बाद वे अच्छी तरह समझ जाएंगे कि आप उनके साथ गलत राह पर नहीं चलने वाले। इसलिए आगे बढ़िए और अपनी बात कहिए, ताकि उन्हें भी आपके जीवन के नियमों का पता चल सके। उन्हें भी पता चल जाए कि आप किस मिट्टी के बने हैं।

भोलेनाथ/शासक के लिए सुझाव

- चरित्र के साथ सामर्थ्य का होना अति आवश्यक है और विश्सनीयता के साथ साधन संपन्न होना बहुत ज़रूरी है।
- जीवन में विजय प्राप्त करने के लिए केवल ईमानदार होना ही पर्याप्त नहीं है, बल्कि इसके लिए आपको तेज़-तर्रार भी होना होगा – लेकिन ईमानदारी का स्थान सबसे पहले आता है।

अध्याय-6

प्रतिबद्धता की शक्ति

आपके मुंह से निकले शब्द आपके चरित्र के साथ मेल खाने चाहिएं, वे अजनबी प्रतीत नहीं होने चाहिएं।

– फ्रेड स्मिथ

वादे पूर्णिमा के चांद की तरह होते हैं, अगर इन्हें जल्द पूरा न किया तो यह दिन-ब-दिन क्षीण होते जाते हैं।

– एक जर्मन कहावत

समझदारी इसी में है कि आप जीवन में वही करें, जो आप कहते हों। आपकी कथनी पर ही आपकी करनी आधारित होनी चाहिए। अपने कहे पर अमल करें। यही चीज आप में लोगों पर भरोसा जगाती है। यह भरोसा उस समय भी कायम रहता है, जब आप विपरीत परिस्थितियों में होते हैं। जब आपकी कथनी आपकी करनी से मिल जाती है तो आप ब्रह्मांड के नियमों के साथ लयबद्ध हो जाते हैं। आप ताओ के नियमों पर चलने लगते हैं। अपने कहे पर अमल करने की इच्छा ही आपके भीतर वादा करने की समझदारी पैदा करती है। फिर आप झूठे वादे नहीं करते। तब आप कम का वादा करके ज्यादा करने की कोशिश करते हैं। दरअसल, आप मेहनत से बचने के लिए कम देने का वादा

नहीं करते, बल्कि उम्मीदों से ज्यादा करके सामने वाले को चकित करना चाहते हैं। अपने वादे को पूरा करना या प्रतिबद्धता का पालन करना ही आपको प्रतिष्ठा दिलाता है। प्रतिष्ठा आपके चरित्र का निर्माण करती है। और चरित्र ही भाग्य है।

सवाल है कि प्रतिष्ठा चरित्र का निर्माण कैसे करती है? प्रतिष्ठित व्यक्ति को सार्वजनिक जीवन में अपने मूल्यों को सामने रखना पड़ता है। फिर उन्हें उन मूल्यों के साथ जीने की जरूरत पड़ती है, जिन्हें उन्होंने अपनाया है। धीरे-धीरे अपने कहे पर अमल करके वह उसी छवि को अख्तियार करने की कोशिश करते हैं, जैसी जनता के बीच उनसे अपेक्षा की जाती है।

आप छोटी-छोटी चीज़ों में भी जो कहते हैं उन्हें कर गुज़रने पर काफी लाभकारी परिणाम हो सकते हैं। कल्पना कीजिए कि आपका किसी ऐसे व्यक्ति से मुलाकात का समय तय है, जिससे आप पहली बार मिलने जा रहे हैं और आपको कुछ मिनटों की देरी हो रही है। यदि आप इस संबंध में पहले ही एक संदेश भेज कर उसे सूचित कर देंगे तो आपकी छवि एक ऐसे व्यक्ति की बन जाएगी, जो अपने शब्दों को और सामने वाले के समय को महत्त्व देता है। अपनी पहचान जल्द बनाने के लिए अपनी प्रतिबद्धताओं को पूर्ण करना एक प्रभावशाली तरीका है।

अध्याय-7

दोस्ती की शक्ति

आपकी दोस्ती की गहराई जान-पहचान की लम्बाई पर निर्भर नहीं करती।

– रविन्द्र नाथ टैगोर

शासक की बुद्धिमत्ता का अंदाज लगाने का पहला पैमाना यह है कि उसके करीबी साथियों पर नजर डाली जाए।

– मैकियावैली

कभी-कभी हमारी ऊर्जा खत्म हो जाती है, लेकिन किसी दूसरे व्यक्ति के संपर्क में आने से हमारा उत्साह फिर बढ़ जाता है। हमें ऐसे लोगों का तहेदिल से आभारी होना चाहिए कि उन्होंने हमारी अंतरज्योति को फिर से प्रज्जवलित कर दिया।

– अल्बर्ट श्वेत्जर

मैं उन दोस्तों की कद्र करता हूं, जो अपने कैलेंडर में मेरे लिए समय निकालते हैं। लेकिन मैं उन दोस्तों को दिल के और करीब रखता हूं, जो मेरे लिए कैलेंडर की भी परवाह नहीं करते।

– राबर्ट ब्राल्ट

दोस्त हमारी जरूरतों का जवाब है।

— खलील जिब्रान

अपने दोस्तों के जीवन में आप एक मधुर याद बन कर रहें।

— फ्रेड स्मिथ

दोस्त शब्द का इस्तेमाल बड़े खुले या व्यापक तौर पर किया जाता है। आम तौर पर इसका आशय इनसे होता है :

- दोस्तााना साथी, जैसे पड़ोसी या सहकर्मी
- उभरते हुए दोस्त
- करीबी दोस्त

आपके कुछ साथी और उभरते दोस्त आगे चलकर करीबी दोस्त बन सकते हैं, लेकिन शर्त यह है कि दोनों का नजरिया एक होना चाहिए। नजरिये से मेरा मतलब आपकी पसंद-नापसंद, रुचियां और मूल्य एक जैसे होने चाहिए। मूल्यों की समान प्रणाली एक लंबी दोस्ती के लिए सबसे महत्वपूर्ण कारक होती है।

नई दोस्ती पर उम्मीदों या अपनी जिंदगी के दुखद अनुभवों का बोझ न डालिए (हंसी में तो सब शामिल होते हैं, लेकिन दुखों का भार कोई नहीं उठाना चाहता)। अपने मूल में दोस्ती का मतलब एक किस्म का आदान-प्रदान होता है, यह वाक्यांश 'दोस्त बनाइए' बताता है कि यह कार्य पूरे होशो-हवास में किया जाता है। यह आमतौर पर अचानक नहीं हो जाता, पूरी तरह से सोच-समझ कर किया जाता है, संयोग से नहीं होता।

साथ ही, होना तो यह चाहिए कि आप पहले दें और फिर लें। पहले लेने और फिर देने से बचें। दूसरों के साथ वही व्यवहार करें, जैसा आप अपने लिए चाहते हैं। इसके लिए खुद आगे बढ़कर पहल करें। शुरुआत के तौर पर लोगों की मदद करें, उनसे मदद न लें। समय के बीतने के साथ-साथ सिर्फ आदान-प्रदान का यह सिलसिला खत्म हो जाएगा और फिर दोनों के बीच भावना पैदा होगी कि वे

अपने दोस्त के लिए, बिना हिसाब-किताब में पड़े जो बन पड़ेगा, वह करेंगे। फिर भी आपसी मतभेद के दौरान किसने किसके लिए क्या किया जैसी बातें उभर कर जेहन में आ सकती हैं। इसलिए परस्पर आदान-प्रदान चलता रहना चाहिए। ऐसे आदान-प्रदान से दोस्ती में ताजगी बनी रहती है। दोस्त अपनी बहुतायत को बांटते हैं और कमियों को दूर कर लेते हैं। परस्पर आदान-प्रदान और एक दूसरे की सहायता की बात के साथ-साथ मैं यहां यह भी कहना चाहूंगा कि करीबी दोस्त की जरूरत के वक्त बिना कारण पूछे बेखटके मदद करनी चाहिए। बिना किसी शर्त के दोस्त की मदद करने की खूबी ही दोस्ती को प्रगाढ़ बनाती है। करीबी दोस्ती में दोनों जानते हैं कि दबाव और तनाव कितने भी हों, लेकिन जरूरत पड़ने पर दूसरा साथी बिना मांगे मदद करेगा, उसकी शेखी नहीं बघारेगा और हमेशा वचन का पक्का रहेगा।

लेकिन दोस्त बनाने की सबसे अच्छी जगह कौन सी है? दोस्ती की शायद सबसे अच्छी नर्सरी और स्रोत परिवार ही है। अगर कोई अपने परिवार के सदस्यों को अपना दोस्त बना ले तो उसके पास वफादार दोस्तों का दल तैयार हो जाता है।

मेरा मानना है कि स्कूल जीवन भर साथ निभाने वाले दोस्त बनाने के लिए अच्छा स्रोत नहीं होते। ऐसा इसलिए है, क्योंकि स्कूली जीवन में हम लोगों के व्यक्तित्व की सही ढंग से पहचान पाने में सक्षम नहीं होते। इस दौरान हम गैर-जरूरी बाहरी छवि या व्यक्तित्व के गुणों से प्रभावित होकर दोस्त बनाते हैं, जबकि बड़े होने पर अन्ततः हमें समझ में आता है कि दोस्ती के लिए मन का सामंजस्य ही सबसे महत्वपूर्ण है।

आप जिस पेशेवर क्षेत्र में काम करते हैं, वहां आपके कुछ दोस्त बन सकते हैं। लेकिन ऐसी जगहों पर जहां आस-पास ईर्ष्या भी पलती है, वहां इन दोस्तियों के बिगड़ने का भी डर रहता है। वैसे भी किसी के बहुत सारे करीबी दोस्त नहीं हो सकते, क्योंकि करीबी दोस्त रखने का मतलब है, उनके संपर्क में रहना और उन्हें पर्याप्त वक्त देना।

करीबी दोस्तियों में आपके प्यार और सम्मान की भी जरूरत होती

है। प्यार और सम्मान के बिना करीबी दोस्ती को आप संभाल नहीं सकते। प्यार और सम्मान देना वाकई मेहनत का काम है। अगर प्यार कर्म है तो सम्मान उससे मुश्किल कर्म है। आप तभी सच्चे दोस्त कहलाएंगे, जब आप अपने दोस्त की बुराइयों के बजाय उसकी अच्छाइयां उभारने में सतत प्रयत्नशील रहेंगे। एक करीबी दोस्त व्यक्ति की क्षमताओं को बढ़ाता है। ऐसा नहीं कि वह उससे उसकी आलोचना नहीं करता। लेकिन उसकी यह आलोचना एक आइने की तरह होती है, जो अपने दोस्त को यह देखने का मौका देती है कि वह कैसे खुद को बेहतर बना सकता है। ऐसी आलोचना उसे किसी भी तरह से नीचा दिखाने की कोशिश नहीं करती। दोस्त अपनी आलोचना भी सही समय पर ही करता है।

करीबी दोस्ती में जानकारी को गोपनीय रखा जाता है। करीबी दोस्त असफलताओं, संघर्षों और सफलताओं, सभी में बराबरी से भागीदारी करता है। दोस्ती खत्म होने का सबसे बड़ा कारण विफलता में साथ नहीं निभा पाना नहीं है, बल्कि सफलता में कन्नी काट लेना है।

आपको दोस्त की सफलता में शामिल होना आना चाहिए। आपको उसकी सफलता पर सच्चे दिल से ताली बजानी चाहिए। जब कोई सच्चे मन से ताली बजाता है तो लगता है कि उसके हाथ ही चल रहे हैं, पर असल में जिसके लिए वह ताली बजा रहा है, उस जैसा होने के लिए उसके पैर भी उठ गए। उसकी तालियों की गूंज में उसकी कूच का भी ऐलान है। जब आप ही वह सफल दोस्त हों तो आपको अपनी सफलता को बड़े ठंडे दिमाग से तौलना चाहिए। अगर दोनों के बीच अंतर बहुत ज्यादा न हो तो उसे पचा जाना चाहिए, न कि खुद को दल का मुखिया घोषित करके दोस्ती की नाव डुबोनी चाहिए।

दरअसल, यदि आप अपने दोस्त से अधिक तेजी से प्रगति कर रहे हैं, तो आपको प्रयास करना चाहिए कि वह भी तेजी से प्रगति करे।

इसके अलावा, करीबी दोस्तियों को छोटी-छोटी बातों पर नहीं तोड़ा जाना चाहिए। इन्हें बनाने में बहुत मेहनत लगती है और करीबी दोस्त बड़ी मुश्किल से मिलते हैं। करीबी दोस्तों के बीच मनमुटाव दूर करने का कोई न कोई पूर्व निर्धारित तरीका जरूर होना चाहिए।

अंत में, करीबी दोस्ती में जरूरी है कि आप अपने दोस्त के बारे में अच्छा बोलें। आपको याद रखना चाहिए कि उससे आपकी करीबी के कारण आपके शब्द ही उसका सबसे अच्छा चित्रण करते हैं। साथ ही, यह भी ध्यान रखें कि आप किसी ऐरे-गैरे के बारे में बात नहीं कर रहे हैं, बल्कि अपने करीबी दोस्त के बारे में बात कर रहे हैं।

अच्छा दोस्त वफादार होता है और उसकी वफादारी आपको एक संबल देती है। अगर वह आप ही की दिशा में आगे बढ़ रहा है तो उसकी उपस्थिति आपके विकास के लिए सहायक होती है। आप दोनों एक दूसरे के लिए प्रेरणा का स्रोत बन सकते हैं, एक दूसरे से शक्ति ले सकते हैं। साथ ही, आपसी बातचीत के जरिए साथ-साथ विकास कर सकते हैं और किसी एक के विफल होने पर दूसरा उसकी मदद कर सकता है।

भोलेनाथ/शासक के लिए सुझाव

- जिस प्रकार आपके दोस्तों से आपकी पहचान बनती है, उसी प्रकार जिनसे आप दोस्ती नहीं करना चाहते, आपकी पहचान उन से दूर रहने से भी होती है।
- *जहां तक संभव हो, आप कमज़ोर दुरचरित्र वाले आदमी से कम से कम संबंध रखें। हम ऐसे लोगों से पूरी तरह नहीं बच सकते लेकिन उनके पास से ऐसे गुज़रें जैसे कि हम शहर के कूड़े-करकट और दुर्गंध भरे स्थान से गुज़रते हैं, लेकिन जल्दी-जल्दी और कम से कम।*

— फ्रेड स्मिथ

अध्याय-8

चुप्पी और स्थिरता की शक्ति

जो जिंदगी की छोटी-छोटी परेशानियों और तनाव में आकर अचानक आई हल्की-फुल्की मुश्किलों या खुद के साथ की गई ज्यादतियों में खुद को उलझा लेता है, वह जिंदगी के थपेड़ों में बिना पतवार की नाव की तरह भटकता रहता है। इस तरह वह अपनी उस एकलयता और शांति को गंवा देता है, जो बुद्धिमान व्यक्ति की निशानी है।

— सैमुएल जॉन्सन

अगर वह व्यर्थ की बातों पर ध्यान देता है — उनको सूक्ष्मदर्शी निगाहों से देखता है तो फिर व्यर्थ की बातें ही दिखाई देंगी।

— सैमुएल जॉन्सन

मौन के वृक्ष पर ही शांति का फल लगता है।

— अरबी कहावत

मौन एक पुल्टिस (मल्हम) की तरह ध्वनि के घावों को भरने में मदद करता है।

— ऑलिवर वैंडल होम्स, सीनियर

समय के साथ-साथ हर रिश्ते में उतार-चढाव आते हैं। तभी आपको संबंधों में स्थिरता की जरूरत महसूस होती है। किसी भी रिश्ते के स्थाईत्व के लिए व्यवहार में स्थिरता की जरूरत है। व्यवहार की यह स्थिरता ही सामने वाले के किसी अप्रत्याशित अजीबो-गरीब रवैये को झेलने की ताकत देती है। ऐसे में कई बार इच्छा होती है कि ईंट का जवाब पत्थर से दिया जाए, लेकिन तब स्थिर दिमाग आपको ऐसा करने से रोकता है। अगर आपका दिमाग स्थिर नहीं है तो भी आप इन तुफानों को संभाल लेंगे। कैसे? अपनी जीभ को शांत रखकर।

किसी अपने के अप्रत्याशित नखरे या गलत बात को सह जाने के लिए आपको अपने रिश्ते का संपूणर्ता से विश्लेषण करना होगा। जब आप ऐसा करेंगे तो उसका नखरा या हरकत रिश्तों के विशाल फलक पर एक बिंदु सरीखी दिखाई पड़ेगी। संपूर्णता से देखेंगे तो पांएगे कि यह रिश्ता पारस्परिक भावनाओं का एक समृद्ध फलक है, जिसके सिर्फ एक छोटे से कोने में धब्बा पड़ गया है। रिश्तों का यह संपूर्ण विश्लेषण न सिर्फ आप में समझदारी पैदा करता है, बल्कि आपको यह भी बताता है कि क्यों आपको इस धब्बे को फैलने नहीं देना चाहिए?

इसके अतिरिक्त आपकी चुप्पी उसे अपना व्यवहार बदलने का मौका देती है, जबकि टकराव चीज़ों को बढ़ाने का काम करता है। एक मित्र के द्वारा अपमान किए जाने पर तुरंत अपनी प्रतिक्रिया न दें, इसके लिए थोड़ी प्रतीक्षा करें। संभव है आपका दोस्त इस दुराव पर अपनी ओर से मरहम लगाने की सोच रहा हो। और ज़्यादातर कुछ अरसे बाद, आप भी इस तिरस्कार को भूल जाते हैं।

कभी यह न सोचें कि अगर आप चुप रहते हैं तो आपको हल्के तौर पर लिया जाएगा। याद रखें कि चुप्पी भी बोलती है और मौन भी मुखरित होता है। अगर आपकी चुप्पी समझदारी से भरी हुई तो तूफान के थम जाने के बाद सामने वाला पक्ष भी इसे साफ सुन लेगा। तब आप सही मौके पर अपना नजरिया रख सकते हैं और अपना असंतोष जाहिर करके सुधार का रास्ता निकाल सकते हैं।

दरअसल, व्यवहार की स्थिरता एक से दूसरे में फैलती है। अगर आप में स्थिरता है तो सामने वाला न सिर्फ आपसे सीखेगा, बल्कि उस पर अमल भी करेगा।

अध्याय-9

क्रोध/करुणा की शक्ति

मैंने अपने कटु अनुभवों से एक परम शिक्षा पाई है: क्रोध का संचय करो। जिस तरह से ऊष्मा (गर्मी) को संचित करके ऊर्जा में बदला जा सकता है, उसी तरह हमारे क्रोध को संचित करके ऐसी ताकत में बदला जा सकता है, जो दुनिया को हिला कर रख दे।

– महात्मा गांधी

सारे क्रोध बुरे नहीं होते। क्रोध एक तरह की ऊर्जा है, जिसके इस्तेमाल किए जाने की जरूरत है। अगर आप इसे यूं ही अपने ऊपर हावी होने देंगे तो एक ऐसे दुष्चक्र में फंस जाएंगे, जिसमें हर क्रोध प्रतिक्रिया स्वरूप सामने वाले को क्रोधित प्रतिक्रिया करने पर मजबूर करेगा और यह सिलसिला ऐसे ही चलता रहेगा। अगर आपने इसे दबाने की कोशिश की तो यह भीतर ही भीतर आपको खाने लगेगा और फिर अचानक कभी भी उबाल खाकर वह निकलेगा।

अपने क्रोध को देखें और उसे पहचानें। क्रोध की भावनाओं में न बहें, सिर्फ उसे पहचानने की कोशिश करें और उस पर नजर रखें। आप क्रोध को कैसे पहचानेंगे? खुद से सिर्फ इतना कहें कि क्रोध है,

नाकि मैं क्रोधित हूं। इसे तटस्थ रह कर पहचानने की कोशिश करें और इस पर नजर रखें। इसके भीतर के आक्रोश को रूपांतरित होने का समय दें।

अभ्यास से आप इस ऊर्जा को एक खूबसूरत उत्पाद, करुणा में बदलना सीख जाएंगे।

यह प्रक्रिया आपको एक आकाशीय ऊर्जा से भर देती है। करुणा के पैदा होने से हमारी वाणी का ढंग बदल जाता है और बोलने की शैली भी। तब हम सिर्फ अपने द्वारा बोले गए शब्दों और उनके लहजे की तरफ ही ध्यान नहीं देते, बल्कि हमारी वाणी में दूसरों के प्रति हमारा जुड़ाव भी झलकने लगता है। हमारे शब्द लोगों को घायल और नष्ट करने की बजाय उनके घाव भरने और मदद करने लगते हैं।

आप बेशक अपने क्रोध को करुणा में न बदल पाएं, लेकिन फिर भी आप उसके घातक प्रभाव को कम कर सकते हैं। मान लीजिए, आपका एक दोस्त आपसे ज़्यादा सफल है और उसने आपका अनादर कर दिया है। इस घटना को निरंतर परेशान करने वाली एक कड़वी याद के रूप में अपने दिमाग़ में बिठाए रखने की बजाय, आप इस बारे में विचार करें कि कम सफल लोगों के साथ यह दुनिया कैसा व्यवहार करती है या फिर कभी आपने आपसे कम सफल लोगों के साथ कैसा व्यवहार किया होगा। इससे सारी चीज़ें आपके सामने स्पष्ट हो जाएंगी। हो सकता है कि इससे आपका क्रोध आपके दोस्त के प्रति उबाल महसूस न करे और इसकी बजाय, अपनी सामाजिक स्थिति और अपने से कमतर लोगों के साथ आपके व्यवहार में सुधार लाने के लिए आपका संकल्प और भी गहरा हो जाए।

अध्याय-10

संवेदनशीलता की शक्ति

हमारी जिंदगी के अहम निर्णयों के दौरान कोई बिगुल नहीं बजता और कोई शंखनाद नहीं होता। नियति चुपचाप खुद को जाहिर कर देती है।

– एग्नेस डिमैली

अपने सर्वश्रेष्ठ दौर को पहचानने के लिए सचेत रहें, फिर भले ही वो जिंदगी के किसी भी दौर में आए।

– मुरील स्पार्क

एक संवेदनशील व्यक्ति वो देख लेता है, जो दूसरे नहीं देख पाते हैं। फिर एक दिन वह जान जाता है, जो दूसरे नहीं जान पाते और उस दिन वह काबलियत से श्रेष्ठता की ओर बढ़ जाता है।

संवेदनशीलता है क्या?

आपको 'संकेत पकड़ने' वाले अध्याय में मैंने एक पक्षी की कहानी सुनाई थी। दरअसल, यह संवेदनशीलता ही थी, जिसके कारण पक्षी ने अपने रिश्तेदार द्वारा भेजे गए संकेत को पकड़ लिया। संवेदनशीलता की मदद से ही वह अपनी मुसीबत से बाहर निकल पाया। इसी तरह संवेदनशीलता

आपको मुश्किलों से बचने और मौकों का पूरा फायदा उठाने में मदद कर सकती है। संवेदनशीलता का मतलब सजगता होता है। साथ ही, यह चौकन्नेपन की भी निशानी है। दूसरे स्तर पर कहें तो इसका मतलब नए विचारों को समझने की काबलियत या ग्राह्यता भी है।

व्यक्ति को सामाजिक, मनोवैज्ञानिक और आध्यात्मिक तीनों ही स्तर पर संवेदनशील होना चाहिए।

कोलकाता में बच्चों के एक अस्पताल में पहुंचने पर मैंने देखा कि एक 13 वर्षीय लड़का उसके दरवाजे पर गुब्बारे बेच रहा था। उसके बगल से गुजरते हुए मैं उसकी जबर्दस्त काबलियत का कायल हुए बिना न रह सका। अस्पताल में पहुंचकर मैंने उसके मालिक डॉक्टर से मुलाकात की और बातचीत में मैंने उसे बताया कि अभी गेट पर मैं बहुत तेजतर्रार दिमाग वाले एक व्यक्ति को देख कर आ रहा हूं। यह सुनकर वह बोल उठे, 'अगर आप गेट पर गुब्बारे बेचने वाले उस लड़के की बात कह रहे हैं, तो आप बिल्कुल सही हैं। इस लड़के ने यह समझ लिया है कि मेरे अस्पताल में जिन बच्चों को लाया जाता है, वे इंजेक्शन या कड़वी दवाई के बारे में सोचकर ही रोने लगते हैं। ऐसे में उन्हें चुप कराने के लिए माता-पिता को कुछ देना पड़ता है। अंत में बच्चों को खुश करने के लिए वे गुब्बारे खरीद लेते हैं। कभी-कभी तो किसी जिद्दी रोते हुए बच्चे को चुप कराने के लिए मेरे अस्पताल के स्टाफ वाले भी उससे गुब्बारा खरीदते हैं। छह महीने पहले जब उसने यहां गुब्बारे बेचने शुरू किए थे, तो वो नंगे पैर आता था। आज उसने एक मोपेड खरीद ली है, नए उपकरण खरीद रहा है और शायद उसके पास बैंक में मोटी रकम भी जमा है।' तो हम दोनों को ऐसा क्यों लगा कि यह छोटा सा बच्चा वाकई बेहद बुद्धिमान है।

ऐसा इसलिए है, क्योंकि उसने अस्पताल के आसपास की सामाजिक स्थिति को समझकर वहां मौजूद व्यापार की एक संभावना को पकड़ लिया था। वह सामाजिक रूप से संवेदनशील था और उसकी इसी सामाजिक संवेदनशीलता ने उसे बड़ी सफलता दी।

बरसों पहले मैं अपने दोस्त की पांच साल की बेटी के साथ बैठा

हुआ था और वह मुझे अपनी ड्राइंग बुक दिखा रही थी। अपनी ड्राइंग को दिखाते हुए उस बच्ची ने कहा, 'आगे चलकर मेरा घर ऐसा ही होगा।'

इस चित्र को देखकर मैंने पूछा, 'क्या तुम्हारे घर में चिमनी भी होगी?' बच्ची ने जवाब दिया, 'नहीं, ये डिश एंटीना है।'

अचानक मुझे एहसास हुआ कि मैं अपनी समझ से उससे संवाद कर रहा था और ये नहीं समझ पा रहा था कि वह किस ढंग से सोच रही है।

मैं मनोवैज्ञानिक रूप से असंवेदनशील था। मनोवैज्ञानिक संवेदनशीलता वाकई बहुत जरूरी है।

पश्चिमी देश आध्यात्मिक संवेदनशीलता को ठीक ढंग से नहीं समझ पाए हैं। लेकिन संपूर्ण और सार्वभौमिक जीवन जीने के लिए इसे समझना जरूरी है।

आध्यात्मिक संवेदनशीलता का मतलब यह है कि आप को यह एहसास हो कि दुनिया शरीर और मस्तिष्क रूपी पदार्थ ही नहीं, बल्कि और भी कुछ है। आध्यात्मिक संवेदनशीलता इंसानी मानस की एक नैसर्गिक योग्यता है। यह हमें ब्रह्मांड से जोड़ती है। हमारी ये काबलियत करोड़ों साल में विकसित हुई है और हमें ब्रह्मांडीय चेतना की मदद से अपनी समस्याओं

का समाधान ढूंढने में मदद करती है। जरूरी नहीं कि इसका संबंध धर्म से हो। एक धार्मिक व्यक्ति आध्यात्मिक रूप से संवेदनशील होगा ही, इसकी कोई गारंटी नहीं। सच तो यह है कि आध्यात्मिक रूप से संवेदनशील व्यक्ति अक्सर संगठित धर्म की परिधियों से दूर ही रहता है। अपनी संवेदनशीलता के जरिए वह आसपास के लोगों की अंतर्रात्मा को सुन सकता है और उनके शब्दों में छिपे दैवीय संदेश को पकड़ सकता है। उसकी संवेदनशीलता ही उसे ग्राह्य बनाती है और एक दिन ऐसा आता है, ब्रह्मांड उससे कई तरह से संपर्क करता है और वह ब्रह्मांडीय चेतना का एक सूत्र बन जाता है।

अध्याय-11

पूर्वानुमान की शक्ति

दिमाग से बचते हुए हमारी आंखों से दिल तक एक रास्ता जाता है।

– जी. के. चेस्टर्टन

जीवन का एक सरल न्यूरोलॉजिकल सीढ़ी के संदर्भ में वर्गीकरण नहीं किया जा सकता, जिसके ऊपरी पायदान पर मनुष्य खड़ा है। प्रत्येक प्रजाति को उसकी कमज़ोरियों व मजबूतियों के साथ बुद्धि के विभिन्न रूपों जैसे देखना ज़्यादा सटीक होगा। इस बिंदु को 2004 में हिंद महासागर के समुद्री तटों पर आए विनाशकारी तूफान सूनामी के आने से पहले के क्षणों में स्पष्टता से देखा गया, जिसमें लगभग 2,16,000 लोगों को मौत ने अपनी आग़ोश में ले लिया था। जिस समय यह हादसा हुआ, उस समय वहां मौजूद पर्यटक अपने-अपने कैमरे लेकर, उन लौटती लहरों को कैमरों में क़ैद करने के लिए दौड़ पड़े थे, जबकि उस भयानक आपदा का पूर्वानुमान लगा कर सभी 'बेजुबान' पशु-पक्षी पहाड़ों की ओर सुरक्षित स्थानों पर चले गए थे।

– बी.आर. मायर्स

अपनी छठीं इंद्रियों पर भरोसा करें, क्योंकि यह उन तथ्यों से पैदा होती हैं, जो चेतन मन के ठीक नीचे दबे होते हैं।

– डॉ. जॉयर ब्रदर्स

विकल्प किस्मत के कब्जे हैं। विकल्प के चूलों पर ही किस्मत टिकी है।

– एडविन मार्खम

पूर्वानुमान एक परिशुद्ध और मुश्किल से सीखा जाने वाला ज्ञान है। यह किसी भी सत्य और तथ्य का एक प्रत्यक्ष नजरिया है, जो तर्कों और दलीलों से स्वतंत्र होता है। कभी कभार पूर्वानुमान तर्क पर आधारित हो सकता है, लेकिन हमेशा नहीं। एक सीमा के बाद इसमें तर्कों के लिए कोई गुंजाइश नहीं बचती। पूर्वानुमान तर्कों से भी परे जाता है, लेकिन आमतौर यह तर्कों के खिलाफ नहीं जाता। जब आप आंतरिक सूझबूझ या पूर्वानुमान के क्षेत्र में सक्रिय होते हैं तो आपको यह याद रखना चाहिए कि कुछ चीजों को महसूस करने के लिए उन पर पहले विश्वास करना पड़ता है। ये चीजें असली, लेकिन बेहद सूक्ष्म होती हैं, जिन्हें मौजूदा तर्क ज्ञान से नहीं समझा जा सकता।

अगर आप एक बार पूर्वानुमान की विविधता का अनुभव कर लेते हैं तो आपका विश्वास और गहरा जाता है। तब आप में ब्रह्मांड के प्रति एक तरह का ट्रांसमीटर सक्रिय हो जाता है और आपका आपस में एक आदान-प्रदान शुरू हो जाता है।

यहां यह उल्लेख करना बहुत महत्त्वपूर्ण है कि हममें से अधिकांश व्यक्ति जिसे पूर्वानुमान कहते हैं, वह वास्तव में पूर्वानुमान नहीं होता।

इसलिए मैं पूर्वानुमानों को दो श्रेणियों में बांट देता हूं:

हल्का (ग्रे) पूर्वानुमान और गहरा (ब्लू) पूर्वानुमान।

ग्रे पूर्वानुमान का अर्थ है कि जब कोई विचार हमारे दिमाग़ से इतनी सूक्ष्मता से निकलता है कि हम उसके मूल को नहीं देख सकते और तुरंत इस निष्कर्ष पर पहुंच जाते हैं कि इसका मूल अज्ञात है। दरअसल इन विचारों का मूल हमारा अनुभव और 'अदृश्य बेसमेंट से

उभरी कुछ टिप्पणियां' होती हैं। आमतौर पर ऐसा पूर्वानुमान नर्सिंग और अग्निशमन जैसे पेशों में देखने को मिल जाता है। इसे ग्रे पूर्वानुमान कह सकते हैं। हमें जिन पूर्वानुमानों का अनुभव होता है, अधिकांशतः वे इसी प्रकार के होते हैं। और यदि हम तकनीकी रूप से कहें तो सही मायनों में यह असली पूर्वानुमान नहीं होता।

असली पूर्वानुमान गहरा (ब्लू) पूर्वानुमान होता है, जहां किसी अज्ञात स्थान से विचार निकलते हैं और यह बहुत दुर्लभ होता है।

यदि आपको गहरा पूर्वानुमान होने का वरदान प्राप्त है, तो यह बहुत ही बढ़िया बात है। किंतु आप याद रखें कि यह हल्का पूर्वानुमान ही है, जो अक्सर आपके जीवन, आपके परिवार और आपकी नौकरी को बचाता है।

गहरा पूर्वानुमान दिल से निकलता है और हल्का पूर्वानुमान दिमाग़ (बुद्धिमत्ता) से। यदि आपका दिल स्पष्ट रूप से आपको बताता है, तो बहुत बढ़िया। यदि नहीं, तो उस स्थिति में आप अपने दिमाग़ की बात ही सुनें, दिमाग़ को महत्त्व दें। आख़िरकार प्रकृति ने भी दिमाग़ को दिल से ऊंचे स्थान पर रखा है। हालांकि, आजकल यह कहना एक फ़ैशन हो गया है (विशेषतया लेखकों और प्रेरक वक्ताओं के बीच) कि व्यक्ति को अपने दिल की बात ही सुननी चाहिए। मेरे सामने ऐसे अनगिनत उदाहरण हैं जहां लोगों ने ठीक वैसा ही किया है और इसके लिए उन्होंने एक बड़ी कीमत चुकाई है। न सिर्फ व्यक्ति, बल्कि ऐसे कई समुदाय हैं जिन्होंने अपने दिल की बात सुनी है और वे अक्सर गुलाम हो गए हैं। इसलिए, दिमाग़ को भी उसका उचित महत्त्व दें।

दरअसल, मेरा तो यह मानना है कि दिल की बात सुनना तो अपने जीवन मूल्यों की बात सुनना है। इससे ज़्यादा कुछ नहीं। और किसी व्यक्ति का अपने दिमाग़ को सुनने का अर्थ है अपने ज्ञान को सुनना।

यदि अज्ञात संकेत सोने पर सुहागा हैं तो दिमाग़ के संकेत सोना हैं। दिमाग़ और दिल दोनों मिल कर एक आदर्श संयोजन बनाते हैं। अगर यह संयोजन आपको प्राप्त है तो आपको मुबारकबाद। और यदि नहीं तो अपने जीवन मूल्यों को नज़रंदाज़ किये बग़ैर दिमाग़ की सुनिये।

अध्याय-12

आभार की शक्ति

आभार व्यक्त करने की भावना वरदान साबित होती है।

— सर जॉन टेंपलटन

स्वीकार करने की कला वह है, जो आपको एक छोटी सी मदद करने वाले को यह सोचने पर बाध्य कर दे कि काश उसने आपकी बड़ी मदद की होती।

— रूसेल लाईंस

बहुत से लोग बड़े फायदे के इंतजार में छोटे फायदों को नजरअंदाज कर देते हैं।

— मॉरिस सेटर

तनाव पर एक नोबेल विजेता अनुसंधान में बताया गया है कि जीवन के प्रति आभारी नजरिया रखकर जीने में सबसे कम ऊर्जा खत्म होती है। इसके विपरीत बदला लेने की भावना में सबसे अधिक ऊर्जा लगती है, तकरीबन बैटरी के फ्यूज हो जाने जैसी स्थिति उत्पन्न हो जाती है।

यदि आप मुड़कर अपनी जिंदगी की उपलब्धियों पर एक नजर डालेंगे, तो पाएंगे कि कई मोड़ों पर किसी ने आपकी मदद की होगी। इस

मदद का स्वरूप जरूर अलग-अलग हो सकता है - जैसे, आपको कोई अवसर दिलाने में किसी ने महत्वपूर्ण भूमिका निभाई होगी या कभी किसी और ने आपको कोई चुनौती स्वीकार करने के लिए प्रोत्साहित किया होगा। आपको प्रेरित करने वाला व्यक्ति जीवित हो या मृत, छोटा हो या बड़ा, यह मायने नहीं रखता।

मायने यह रखता है कि किसी ने आपको अवसर प्राप्त करने में मदद की या उस तक पहुंचने के लिए आपको मानसिक ताकत दी। ऐसे लोगों के प्रति आपके अंदर आभार की भावना आपके विकास के लिए और भी ऊर्जादायक साबित होगी। समय बीतने के साथ, आपके अंदर की यह भावना धीरे-धीरे आपको पूरे ब्रह्मांड के प्रति आभारी बना देगी। 'जैसे को तैसा' के सिद्धांत पर, आभार की इस भावना से और इस संज्ञान से कि पूरे ब्रह्मांड का आशीर्वाद आपको प्राप्त है, वांछित खुद ब खुद आपकी ओर खिंचे चले आएंगे।

वास्तविक आभार किसी के प्रति आभारी महसूस करना भर नहीं है, बल्कि कृतज्ञता में नमन करना या झुक जाना है। जब आप झुकते हैं, तो आप उस व्यक्ति के और करीब होते चले जाते हैं, जिसकी आप सराहना करते हैं या जिसके प्रति आप कृतज्ञ है। इसका मतलब यह है कि कृतज्ञता की भावना आपके विकास में सहायक है। शायद यही कारण है कि जैन धर्म में नमोकार मंत्रोच्चार की शिक्षा दी जाती है। यह मंत्र पांच तरह के आराध्यों की वंदना करता है।

अरिहंतः जिनका कोई शत्रु नहीं होता, जिन्होंने अपने विरोधी तत्वों और प्रतिकूल विचारों पर विजय प्राप्त कर ली हो और जो पूरी तरह से संतुलित अवस्था को प्राप्त हो चुके हों।

सिद्धः जिन्होंने प्रकृति पर विजय पा ली हो।

आचार्यः जिनकी भाषा, विचार और कर्म में संपूर्ण एकलयता हो।

उपाध्यायः ऐसे आचार्य, जो दूसरों को शिक्षा भी देते हों।

साधुः सभी महान सनातन आत्माएं।

अध्याय-13

सहभागिता की शक्ति

सच्चा गुरु वह नहीं है, जिसके पास ज्यादा से ज्यादा शिष्य हैं, बल्कि जिसने अधिकतम गुरुओं को जन्म दिया है।

सच्चा नेता वह नहीं है, जिसके बहुत से अनुयायी हैं, बल्कि जिसने बहुत से नेताओं को जन्म दिया है।

सच्चा राजा वह नहीं है, जिसकी विशाल प्रजा है, बल्कि जिसने अधिकतम लोगों को राजशाही के स्तर तक पहुंचाया है।

– नील डोनाल्ड वॉल्श

जब कोई किसी को शिक्षा देता है तो दोनों ही सीखते हैं। इसमें गुरु भी सीखता है।

– ज़ेन कहावत

मैंने जो बांटा, वो मेरा रहा, बाकी सब मैंने गंवा दिया।

– गुरजेव

यह महत्वपूर्ण नहीं है कि आपने क्या संचित किया, बल्कि आप क्या बांटते हैं, इससे पता लगता है कि आपने कैसी जिंदगी जी है।

— हेलन वॉल्टन।

अगर घंटे भर की खुशी चाहिए तो सो लीजिए।
अगर एक दिन की खुशी चाहिए तो मछली पकड़ने चले जाइए।
महीने भर की खुशी चाहिए तो शादी कर लीजिए।
साल भर की खुशी चाहिए तो जायदाद के मालिक बन जाइए।
अगर जिंदगी भर की खुशी चाहिए तो दूसरों की मदद कीजिए।

— चीनी कहावत

बड़े लोग दूसरों को बड़ा बनाकर खुद बड़े बनते हैं। छोटे लोग दूसरों को छोटा बना कर बड़े बनते हैं।

— अशोक कपूर

एक महत्वपूर्ण सवाल यह है कि व्यक्ति के पास जो जानकारी या जो धन है, क्या उसे दूसरों से बांटना चाहिए या नहीं? कुछ लोगों का कहना है कि अगर आप संपत्ति बांटेंगे तो वह खत्म हो जाएगी। अगर आप अपनी समझ और ज्ञान को बांटेंगे तो आप अपनी खासियत खो देंगे। बात तर्कसंगत तो लगती है, लेकिन सही नहीं है। अगर आप ऐसे तर्कसंगत डर से प्रभावित होकर काम करेंगे तो हो सकता है, ये डर सही साबित हो जाएं, इसलिए जब आप कुछ बांटे तो यह सोचते हुए कि ईश्वर की आप पर कितनी कृपा है कि उसने आपको इतना कुछ दिया। ऐसा करने पर आपको बांटने की शक्ति का अनुभव होना शुरू होगा, क्योंकि तब ब्रह्मांड भी आपको अपनी शक्ति से नवाजेगा।

लगभग सभी सफल व्यक्ति यह मानते हैं कि उनके ज्ञान और सफलता दोनों में किस्मत ने एक अहम भूमिका निभाई है। यह किस्मत ही वो हथियार है, जिसकी मदद से ब्रह्मांड ने अपना खजाना आप तक पहुंचाया है। तो क्या ब्रह्मांड को इस बात की चिंता थी कि आपसे अपने खजाने को बांटने पर वह गरीब हो जाएगा? क्या वह बदले में आपके धन्यवाद का इंतजार कर रहा था? उसने तो बांटने की सहज भावना से प्रेरित होकर ऐसा किया। उसने आपकी मदद के लिए अपना

खजाना बांटा, ताकि आप खुश हो सकें। अतः आपको भी इसी भावना से बांटना चाहिए। ऐसा करके आप ब्रह्मांड के और करीब हो जाते हैं। और तब ब्रह्मांड आपको अपने खजाने का और बड़ा हिस्सा देता है।

असल में कुछ दिन बगैर आप कुछ पा भी नहीं सकते। श्वास विशेषज्ञ आपको बताते हैं कि सांस को मजबूती के साथ बाहर छोड़े बिना आप पूरी गहराई के साथ उसे अंदर नहीं खींच सकते। अब ये तर्क सिर्फ सांस लेने तक ही सीमित नहीं है। ये तो ब्रह्मांड का नियम है, जो हमारे हर आदान-प्रदान को नियंत्रित करता है। दुनिया भर में दौलतमंद यह मानते हैं कि पैसा घूमने से ही बढ़ता है। ये नियम न सिर्फ दौलत पर लागू होता है, बल्कि विचारों पर भी उतनी ही सहजता से लागू होता है। असल में इसमें एक ही बात कही जा सकती है कि आप वह नहीं बांट सकते, जो आपके पास नहीं है। कुछ होने के लिए आपको पहले जोड़ना होगा, इसलिए चीजें इकट्ठा करने और बांटने की एक सतत प्रक्रिया चलती रहनी चाहिए। गहराई से सांस छोड़ने से ही वो जगह बनेगी, जिसमें आप ब्रह्मांड की सारी सौगातों को संजो पाएंगे।

लगभग दो हजार साल पुरानी एक कहानी यहां पेश कर रहा हूं। एक ग़रीब भारतीय ने कई वर्षों तक भगवान की इतनी कड़ी पूजा की कि मजबूर होकर भगवान को उसके पास आना ही पड़ा और उन्होंने उससे एक वरदान मांगने को कहा। किसान बोला, 'हे भगवान, मुझे अमीर बना दो।' तब भगवान बोले, 'ठीक है, अब से तुम्हारे घर में हमेशा अनाज की एक अतिरिक्त बोरी रहेगी।' इतना कह कर भगवान अंतर्ध्यान हो गए। वह व्यक्ति जब अपने दिव्य स्वप्न से बाहर आया तो वह अपने सामने अनाज की एक सुंदर सी बोरी को देख कर हैरान रह गया। जिस क्षण उसने थोड़ा सा अनाज अपनी मुट्ठियों में भरा, उसी क्षण एक और बोरी उसके सामने आ प्रकट हुई।

वह आदमी जान गया था कि अब उसके फाके के दिन नहीं रहे। लेकिन उसने मन ही मन महसूस किया कि भगवान ने उसको वरदान देने में कंजूसी कर दी। वह देना चाहते तो उसे एक महल, सोना, चांदी और ढेर सारा पैसा दे सकते थे। लेकिन उन्होंने तो सिर्फ़ अनाज

की एक अतिरिक्त बोरी के साथ ही अपने विचित्र वरदान को पूरा कर दिया था।

हालांकि अब वह भूखा नहीं रहता था लेकिन वरदान के पूरे होने के बाद भी वह रहा ग़रीब का ग़रीब ही। इससे उसे भगवान के प्रति कुछ नाराज़गी भी बनी रही। जब वह मृत्यु शैय्या पर लेटा अपनी अंतिम सांसे ले रहा था तो वह ज़ोर से चिल्ला उठा, 'भगवान, मैंने तो तुमसे धन वग़ैरह मांगा था और तुमने मुझे इस छोटे से वरदान के साथ टाल दिया। तुम कितने कंजूस हो!'

तब वह हैरान रह गया, जब भगवान फिर से उसके सामने प्रकट हो गये और बोले, 'कंजूस मैं नहीं, तुम थे। तुम्हें अनाज की बोरी में से कुछ अनाज दूसरों को भी देना चाहिए था। यदि उनमें से कुछ लोग भी तुम्हें वापस देते तो तुम अपने गांव में सबसे अमीर व्यक्ति हो सकते थे। छोटे दिल वाला मैं नहीं था, छोटे दिल वाले तुम थे।'

बांटते वक्त यह भी समझ लीजिए कि आपके कुछ दोस्तों के लिए मांगना एक मुश्किल प्रक्रिया है। उन्हें आप बिना मांगे दीजिए। उनकी जरूरतें समझिए और उनमें यह हौंसला पैदा कीजिए कि वे आपसे मांग सकें। साथ ही, कुछ देते वक्त उसका प्रदर्शन न कीजिए, क्योंकि अक्सर किसी को कुछ देने पर अहंकार सिर उठाने लगता है और चाहता है कि आप उस व्यक्ति को ये जता दें कि आपने उस पर कितना बड़ा एहसान किया है। या वह आपको इस बात के लिए प्रेरित करता है कि आप उस व्यक्ति को कुछ देने के बाद यह उम्मीद करें कि वह जिंदगी भर आपका मुरीद बना रहे। आप उसे यह भी बताने की कोशिश कर सकते हैं कि जो एहसान आप उस पर कर रहें हैं, ऐसा लोग अक्सर अपने मित्रों पर नहीं करते। देते वक्त आप चुप रहिए। इस तरह आप अपने अहंकार से उस मौके की खूबसूरती को तबाह करने से रोक लेते हैं। साथ ही, किसी को कुछ देने में जिस शालीनता का परिचय देना होता है, उसे आप बनाए रखते हैं।

मैंने कनाडा में एक मक्का उगाने वाले किसान के बारे में सुना। यह व्यक्ति साल-दर-साल गुणवत्ता के सारे रिकॉर्ड जीतता गया। शोधकर्ता

उसके खेत पर यह पता करने पहुंचे कि आखिर यह आदमी ऐसा क्या करता है, जो दूसरे किसान नहीं करते। शोध के नतीजे देखकर वे हैरान रह गए। उन्होंने पाया कि यह किसान अपनी सारी अच्छी रणनीतियों को आसपास के किसानों को सिखा देता था। जब इस किसान से इसका कारण पूछा गया तो उसने इसका जवाब दिया कि मक्का परागण ''क्रॉस पॉलिनेशन'' से पैदा होने वाला उत्पाद है। इसलिए यह महत्वपूर्ण है कि मेरे खेत पर पड़ोसी खेतों से आने वाले परागकण अच्छे किस्म के हों, इस कारण मैं अपने पड़ोसियों को अपने सारे राज बता देता हूं। साथ ही, एक बार मैंने उन्हें सब कुछ बता दिया तो मैं खाली हो जाता हूं और ज्यादा जानने की इच्छा मेरे अंदर फिर जाग जाती है। ऐसे में मैं नई से नई जानकारी इकट्ठा करने की कोशिश करता हूं। इस तरह लोगों में अपना ज्ञान बांटकर मैं आगे रहने की अपनी चाह में सफल होता हूं।

आपस में बांटने की एक और कला ऐसी है, जो अ ापको अमर बना देती है। जिंदगी के थपेड़ों ने आपको जो सबक सिखाए हैं, उन्हें जब आप दूसरों में बांटते हैं और वे लोग उसे अपनी जिंदगी में उतारते हैं तो आप अमर हो जाते हैं। इसलिए अपने अनुभव बांटिए। अपनी दौलत और अपनी खुबियों को बांटने पर उनमें कोई कमी नहीं आएगी। असल में वे बढ़ेंगी ही।

शासक के लिए सुझाव

जब आप हवाई जहाज़ में उड़ रहे होते हैं तो विमान परिचारक दूसरों को सहायता देने से पहले आपको ऑक्सीजन मास्क लगाने का निर्देश देते हैं। ऐसा क्यों? यह इतना महत्त्वपूर्ण क्यों है? क्योंकि यदि ऑक्सीजन की कमी से आप लाचार हो जाते हैं तो आप किसी अन्य की सहायता नहीं कर सकते। उसी तरह बग़ैर संचय किये चीज़ो को साझा करना मुमकिन नहीं है।

अध्याय-14

आराम की शक्ति

आराम कीजिए। जो खेत कुछ समय के लिए खाली छोड़ दिया जाता है, वह अच्छी फसल देता है।

— ओविड

निशानेबाज निशाने पर घोड़ा दबाते सहज मन से वार करता है।

— मिस्र की कहावत

अगर हमेशा प्रत्यंचा ताने रहेंगे तो जल्दी ही धनुष टूट जाएगा।

— फेड्रस

जैसे तैयारी और प्रशिक्षण जरूरी है, वैसे ही आराम भी जरूरी है। कसरत करते समय मांसपेशियों का इस्तेमाल होता है और आराम उन्हें आकार देता है। कोई भी फिटनेस प्रशिक्षक आपको यही सुझाव देगा कि जिस मांसपेशी का आपने व्यायाम किया है, उसे 48 घंटे के आराम के बाद ही दोबारा व्यायाम में इस्तेमाल कीजिए। ऐसा क्यों है? इससे मांसपेशी की आराम के लिए वह जरूरी वक्त मिल जाता है, जिसमें उसका विकास होता है। यही वजह है कि व्यायाम के बाद लोगों को स्पा के इस्तेमाल का सुझाव दिया जाता है। आराम करने की ये कलाएं व्यक्ति को स्फूर्ति

देती है और उसे और कड़ी वर्जिश करने की भी काबलियत देती हैं। शरीर के लिए जो बात सही है, वही मस्तिष्क पर भी लागू होती है। अतः जब आप थक गए हों या ऊब गए हों, तो आराम करें। ज्यादातर लड़ाइयां सही तैयारी की कमी की वजह से नहीं, बल्कि पर्याप्त नींद न मिलने के चलते हारी गई हैं।

आराम करने के कई तरीके हैं। इनमें से ध्यान भी एक तरीका है। लेकिन मैंने पाया है कि जो लोग खेल, फिल्म, व्यापार या राजनीति जैसे बड़े प्रतिस्पर्धा माहौल में जीते हैं, वे इतने तनाव में रहते हैं कि अक्सर खुद को ध्यान पर केंद्रित नहीं कर पाते। ऐसे लोगों को मैं स्नानागार में गाने का सुझाव देता हूं। नहाते वक्त जो गाना अपने आप जबान पर आ जाए, वो वाकई आत्मा को नई स्फूर्ति देता है। जैसे-जैसे शरीर पर पानी गिरे, मन में एक गाना उठने दीजिए। मेरा मानना है कि स्नानागार का गाना सच्चा भजन है और यह तनाव से निकलकर आराम करने का एक व्यवहारिक तरीका है।

आराम करने के कुछ आसान तरीके निम्नलिखित हैं:-

- गर्म पानी से भरे टब में लेट जाइएः ऐसे टब में पीठ के बल लेटने पर आपको वह एहसास होता है, जो गर्भ में आपने कभी महसूस किया होता है। ऐसे में आप सुरक्षित और शांत माहौल का अनुभव कर सकते हैं।
- धीरे चलें और ढीले कपड़े पहनेंः कपड़ों और चलने के तरीके और तनाव के बीच एक गहरा संबंध है। तेज चलते वक्त मस्तिष्क तेजी से सोचने के लिए मजबूर हो जाता है। उसे शांत करने के लिए आपको धीरे चलने की आदत डालनी चाहिए। जैसे ही आप अपनी चाल धीमी करते हैं, वैसे ही आपके विचारों की गति भी धीमी होने लगती है। शरीर और मस्तिष्क के इस संबंध का इस्तेमाल करते हुए आप मन में मच रही उथल-पुथल को कम कर देते हैं। जिस समय आप कसे कपड़े पहनते हैं, तो आपमें एक आक्रामकता आ जाती है। ढीले कपड़े आपको एक आजादी देते हैं और सहजता का अहसास कराते हैं। इस प्रकार आप मन और शरीर के संबंध का उपयोग करके अपनी मन में होने वाली हलचल को कम कर सकते हैं। जब आप तंग वस्त्र पहनते हैं तो आपका मूड अपने आप आक्रामक हो उठता है। ढीले कपड़े आपको बंधनहीनता और

मुक्त स्वभाव का एहसास कराते हैं।

- प्रकृति के साथ एकात्म होंः टहलने जाएं, बेहतर हो कि हरे-भरे वातावरण में टहलें। वृक्षों के नृत्य का आनन्द लें या आकाश में सितारों को निहारें। तारों को निहारते हुए हमें एहसास होता है कि हमारी समस्याएं कितनी छोटी हैं और समूचे ब्रह्माण्ड में हमारा अस्तित्व मात्र एक छोटे से कण की तरह है।
- आंखों पर बर्फ रखें : शरीर के थके होने के बावजूद अक्सर मस्तिष्क नहीं थकता। आपकी इंद्रियां ही जवाब देने लगती हैं और पांच इंद्रियों में से आंख ही सबसे नाजुक होती है। पीठ के बल लेट कर आंखों पर बर्फ रखने से तनाव कम होता है। आराम की यह एक कारगर तकनीक है।
- सूफी व लेबनीज संगीत सुनिएः इसकी धुनें मन को शांत कर देती हैं।
- यौन संबंध : अपनी पसंद के मुताबिक अपने साथी के साथ सहज सेक्स भी तनाव कम करने का एक कारगर तरीका है।
- अहं को नियंत्रित करना : जिस समय आप शक्ति और सफलता के शिखर पर हों, उस समय अपने अहंकार को संभालना बहुत ज़रूरी होता है। आप जब बहुत अधिक प्रगति कर लेते हैं तो आपके साथ विशेष व्यवहार किया जाता है और आपका अहं भी ऐसे व्यवहार के अनुरूप अपने आप को ढाल लेता है। इससे आपके अहं में धैर्य की कमी हो जाती है। यह क्षण भर की उपेक्षा भी सहन नहीं कर पाता और बहुत तीक्ष्ण प्रतिक्रिया दिखाता है। क्षणिक अपेक्षा से भी यह परेशान हो उठता है और आपको भी परेशान कर देता है।
- वक्त के प्रबंधन का तरीका विकसित करेंः हर आदमी के काम की एक लय होती है। अपनी लय को समझें और अपने कामों को इस लय में ऐसे ढालें, जिससे आपका काम बेहतर ढंग से कम समय में हो सके। एक बार यह व्यवस्था समझ ली और इसका अमनीकरण कर दिया तो आप पाएंगे कि आपके पास पर्याप्त खाली समय बचता है। फिर आपको समय से जूझने की जरूरत नहीं पड़ेगी।

अध्याय-15

हंसी/हास्य-बोध की शक्ति

जो हंसता है, वही देर तक जीता है।

– मैरी पूले

हास्य बोध से दूर व्यक्ति उस स्प्रिंग विहीन गाड़ी की तरह होता है, जो सड़क पर पड़े हर पत्थर से झटके खाती और आवाज करती है।

– हेनरी वार्ड बीकर

जब तक व्यक्ति अपने अंदर अच्छी तरह से हास्य भावना विकसित नहीं कर लेता, तब तक वह सही मायनों में परिपक्व नहीं होता।

जिस प्रकार लोगों में कला और संगीत के लिए प्रशंसा की भावना पैदा होती है, हास्य भावना भी ठीक वैसे ही उत्पन्न होती है। जब हम परिपक्व हो रहे होते हैं तो हास्य भाव का अच्छे ढंग से उपयोग करने की समझ इसी प्रक्रिया का एक हिस्सा होती है। हास्य भावना का विवेकपूर्ण ढंग से और अच्छी तरह उपयोग करने से हमारे आपसी संबंधों में सुधार होता है, तनाव से छुटकारा मिलता है, मानसिक सुकून प्राप्त होता है, आपसी टकरावों को कम करने में मदद मिलती है और यह किसी भी स्थिति में आवेशों को शांत करने का काम करती है।

हंसना आपके पाचन क्रिया के लिए अच्छा है, यह आपके तनाव संबंधी हारमोनों का स्तर घटाता है, आपकी प्रतिरक्षा शक्ति को बढ़ाता है और शरीर के भीतरी अवयवों की मालिश करता है। हंसना आपकी आध्यात्मिक सेहत के लिए भी अच्छा है, क्योंकि यह अपने आप में एक तरह का ध्यान भी है। क्या आपने कभी गौर किया है कि हंसते समय आप विचारों और चिंताओं से पूरी तरह मुक्त होते हैं?

इतना ही नहीं, अगर आप खुद पर हंसने की कला सीख लें तो यह आपके अहं को कम करने में भी मदद करती है। जब हम अपनी ग़लतियों के हास्य पक्ष को देखते हैं तो इससे अपनी शर्मिंदगी को कम करना हमारे लिए आसान हो जाता है क्योंकि हम हास्य भावना का उपयोग करके स्वयं को मानवीय बना लेते हैं। हंसी हमारे जीवन की स्वस्थ लय का एक हिस्सा है, जो जीवन की एकरसता से मुक्ति दिलाती है।

हंसी हमारे अंदर सामुदायिकता का भाव उत्पन्न करती है, हम एक-दूसरे के साथ मिल कर हंसना पसंद करते हैं। इसलिए यह एक आपसी सहयोग का साधन है। हंसते समय लोग आपसी भेदभाव को भूल कर परस्पर नजदीक आ जाते हैं। उस संदर्भ में हंसी एक ऐसी सामाजिक चिकनाई है, जो न सिर्फ आपके होंठों, बल्कि आपके दिलों को भी खोलती है।

इस तरह यह परस्पर गठबंधन में एक उत्प्रेरक का काम करती है। साथ ही, शक्ति को बढ़ाती भी है। यह सच है कि हंसी के बिना गुजरे चार दिन भी आदमी को कमजोर बनाने के लिए काफी होते हैं।

हंसी रचनात्मकता की पराकाष्ठा तक पहुंचने की कुंजी भी है। यह हमारे दिमाग को तमाम जुड़ावों से मुक्त करती है। इस कारण यह हमारे मस्तिष्क को लचीला बनाती है, जिससे यह नए जुड़ाव बनाने में सक्षम हो जाता है।

लेकिन हंसी को लोग क्रूरतापूर्ण ढंग से इस्तेमाल भी करते हैं। ताने और बुरे इरादों से सुनाए गए चुटकुले छद्म दुश्मनी का एक विकृत रूप हैं। जो लोग दूसरों को नीचा दिखाने के लिए, उनका तिरस्कार करने

या उन्हें समाज से बाहर करने के लिए हास्य भावना का सहारा लेते हैं, वे वास्तव में क्रूर होते हैं। हास्य भावना का दुरुपयोग करना अपरिपक्वता की निशानी होती है।

तीन तरह के हास्य भाव से हमें बचने की कोशिश करनी चाहिएः

- जो हास्य, दूसरों के उपहास से पैदा हो।
- जो हास्य, खुद के भोंडे प्रदर्शन से पैदा किया गया हो।
- जो हास्य, यौन संबंधों के वीभत्स चित्रण से उपजा हो।

इस तरह के हास्य को व्यर्थ और निम्न कोटि का हास्य माना जाता है, जो कुछ लोगों को नाराज भी कर सकता है। इसके अलावा, बाकी हास्य स्वस्थ होता हैं। मुस्कान एक खूबसूरत सौंदर्य उत्पाद है, जबकि हंसी ताकत का एक बेहतरीन टॉनिक है।

अध्याय-16

संतुलन की शक्ति

अपने दिमाग के संतुलन को विकसित करें। आप हमेशा सराहे और दोषी ठहराएं जाते रहेंगे, लेकिन इनका असर कभी भी अपने दिमागी संतुलन पर न आने दे। दिमागी सुकून को बनाए रखें।

— सुत्त निपात

दो तरह के संतुलन होते हैं। एक संतुलन तो वह है, जिसका जिक्र सुत्त निपात की ऊपर दी गई सुक्ति में हुआ है, जिसे स्थिर चित्तता या दिमागी स्थिरता कहते हैं। इस तरह का संतुलन आपके आस-पास होने वाली घटनाओं के प्रति आपकी प्रतिरक्षात्मकता को और बढ़ाता है। आपके बाहरी हालात आपकी भीतरी स्थितियों को प्रभावित नहीं करते। तब सफलता आपमें प्रमाद नहीं लाती और न ही पराजय आप में हताशा भरती है। प्रशंसा आपके सिर पर नहीं चढ़ती और आलोचना आपका दिल नहीं तोड़ती। तब आप लगभग दिए की उस लौ की तरह हो जाते हैं, जो थरथराती नहीं है।

संभल जाने दो मीरा की थिरकती पायल,
और गौतम के सधे पांव जरा बहक जाने दो।

— अनाम?

दूसरी तरह के संतुलन का जिक्र ऊपर लिखी हुई कविता की दो पंक्तियों में है। इसे इंसान तब सीखता है, जब वह मध्यम मार्ग पर चलता है। उस समय वह अतिवादिता से बचकर सुनहरे मध्यम मार्ग पर चलने लगता है। उदाहरण के लिए तब वह न तो कायर होता है और न ही दुस्साहसी, वह सिर्फ साहसी होता है। इसी तरह, वह अहंकार और झिझक के बीच में से विनम्रता को चुनता है, मितव्यतता और अपव्ययता में से दानशीलता को चुनता है, गंभीरता और मसखरी में से वह स्वस्थ हास्य को चुनता है और झगड़ालूपन और चापलूसी में से वह मित्रता को चुनता है।

उसके बाद आता है तीसरी तरह का संतुलन, जिसे कन्फ्यूशियस के लेखन में देखा जा सकता है। जहां ऊपर वर्णित दो प्रकार आपको निजी रूप से संतुलित बनाने में मदद करते हैं, वहीं संतुलन का यह तीसरा प्रकार आपके संबंधों में संतुलन स्थापित करने में मदद करता है। इस मायने में यह सामाजिक संतुलन बनाने में महत्त्वपूर्ण है।

उदाहरण के लिए, जहां हम छोटे भाई और बड़े भाई के संबंधों की बात करते हैं, वहीं कन्फ्युशियस का कहना है कि छोटे भाई को बड़े भाई का सम्मान करना चाहिए और बड़े भाई को छोटे भाई के प्रति विनम्रता बरतनी चाहिए। यहां ध्यान दें कि कन्फ्यूशियस इन संबंधों को निभाने की जिम्मेदारी अकेले छोटे भाई के कंधों पर नहीं लाद रहे बल्कि वह बड़े भाई को छोटे भाई के प्रति विनम्र होकर संबंधों को निभाने का एक दायित्व बड़े भाई पर भी डाल रहे हैं।

इसी प्रकार पति-पत्नी के संबंधों के बारे में वह कहते हैं कि पत्नी को अपने पति के प्रति आज्ञाकारी होना चाहिए और पति का यह धर्म है कि वह पत्नी के प्रति पूरी तरह से वफादार रहे।

इस तरह का 'सामाजिक संतुलन' संबंधों में न्यायप्रियता लाता है और सही मायनों में सबंधों को स्थायित्व प्रदान करता है।

जब व्यक्ति ऊपर उल्लिखित तीन तरह के संतुलन अपने अंदर पैदा कर लेता है, और जब वह जीवन की राह पर निकलता है तो पाता है

कि खुशियां भी उसके साथ-साथ चल रही हैं। जब यह संतुलन गड़बड़ाने लगता है तो वह रास्ते से भटक जाता है और यह भटकाव सिर्फ तभी तक होता है, जब तक वह अपनी धुरी फिर से नहीं पा लेता। इस तरह जब वह दोबारा संतुलन पा लेता है तो फिर वह ब्रह्मांड के नियमों के साथ लयबद्ध हो जाता है और उसके लिए संभावनाओं के तमाम द्वार खुल जाते हैं।

अध्याय-17

प्रेम का जादू

प्रेम अपने आप में एक ताकत है। प्रेम कोई गैरसत्तात्मक ताकत नहीं है। यह एक सत्ताविरोधी ताकत है। चूंकि यह सत्ताविरोधी ताकत है, इसलिए इसे सत्ता की साधारण श्रेणी में न गिनकर सबसे महत्वपूर्ण शक्ति के तौर पर देखा जाना चाहिए।

ताकत दो तरह की होती है। एक ताकत सजा के भय से आती है और दूसरी प्रेम से निकलती है। प्रेम की ताकत सजा के भय से निकली ताकत की अपेक्षा हजार गुणा ज्यादा प्रभावी और स्थाई होती है।

– महात्मा गांधी

"पुरुष जब मिलते हैं तो वे जोर से एक दूसरे से हाथ टकराते हैं और महिलाएं गले लग कर मिलती हैं और दीर्घ काल में गले मिलने से बेहतर ढंग से भाव प्रकट होते हैं।"

– एडवर्ड हागलैंड

प्रेम एक क्रिया है। जब आपके हाथ दूसरों की मदद करना चाहते हैं, जब आपके पैर गरीबों और जरूरतमंदों के लिए उठ खड़े होते हैं, जब आपकी आंखें उनके दुख देखने लगती हैं और आपके कान उनकी पुकार सुनने लगते हैं तो आप उन्हें प्रेम करने लगते हैं। इतना करने के बावजूद प्रेम प्रयासरहित होता है। यह आपको थकाता नहीं है।

लेकिन याद रखें, जैसा कि कहा गया है, दुनिया को एक प्यारी जगह बनाने के लिए पहले आपको एक प्यार भरा चेहरा दिखाना पड़ेगा। आखिर इसका मतलब क्या है? इसका आशय है कि शुरुआत में प्रेम करना एक मेहनत का काम है, जो आगे चलकर एक स्वचालित क्रिया में बदल जाता है। प्रेम करने के लिए शुरू में देखभाल और करुणा का भाव ओढ़ना पड़ता है। समय के साथ-साथ आपसी आदान-प्रदान शुरू होता है और दोनों ही तरफ सच्चे प्रेम का अंकुर फूटता है। तब नकाब चेहरे में तब्दील हो जाता है। तब उत्पादकता बढ़ती है, संबंधों में निखार आता है और हवा में संगीत गूंजने लगता है।

अध्याय-18

प्रेम और अनुशासन साथ-साथ चलने चाहिए

अनुशासनहीन जीवन जीने वाला व्यक्ति प्रतिष्ठाहीन मृत्यु मरता है।

— आइसलैंड की कहावत

... क्योंकि बुराई करने वाले को अगर यह पता चले कि उसका व्यवहार स्वीकार्य है तो उसे सीखने को कुछ न मिला। लेकिन बुराई करने वाले को अगर यह पता चले कि उसका यह व्यवहार अब स्वीकार्य नहीं है तो जरूर उसे सीखने को मिला।

इसलिए दूसरों को प्यार करने का यह कतई मतलब नहीं है कि उन्हें मनमानी करने की छूट दी जाए।

इसलिए हो सकता है कि खुद को शांतिप्रिय व्यक्ति की तरह स्थापित करने के लिए आपको ऐसे इंसान की अपनी उस छवि को छोड़ना पड़े, जो युद्ध नहीं करता। इतिहास में बहुत से शांतिप्रिय लोगों को युद्ध के निर्णय लेने पड़े हैं।

ज्यादातर वैयक्तिक और निजी संबंधों में भी यही बात लागू होती है। जिंदगी एक बार नहीं, कई बार आपके व्यक्तित्व के उन पहलुओं को प्रदर्शन की चुनौती देती है, जो पहलू आपके स्थापित व्यक्तित्व से मेल नहीं खाते।

— नील डोनाल्ड वाल्श

क्या आप कभी यह सोचने पर मजबूर हुए हैं कि प्रेम के सच्चे पुरुष ईसा मसीह ने क्यों चाबुक मार कर सूदखोरों को मंदिर से बाहर खदेड़ दिया था? क्योंकि शायद उन्हें पता था कि अब प्रेम से काम नहीं चलने वाला। या फिर शायद उन्हें लगा होगा कि प्रेम से काम लेने का समय तो निकल गया। अब तो अनुशासन से ही काम लेना होगा।

आखिर व्यक्ति में प्रेम के साथ-साथ अनुशासन से काम लेने की कला कैसे आ जाती है? कोई व्यक्ति यह कैसे जानेगा कि किसी हालात में कब उसे प्रेम से काम लेना है और कब अनुशासन से? और वह व्यक्ति यह कैसे जान पाएगा कि उसने जो तरीका अख्तियार किया है, वह ठीक है या नहीं? इसका जवाब मैं एक उदाहरण के माध्यम से देना चाहूंगाः

मान लीजिए, मेरी मेरे संगठन का एक चपरासी मुझसे आकर आर्थिक मदद मांगता है, क्योंकि उसे अपने बेटे के लिए कुछ महंगी किताबें खरीदनी हैं। मैं बिना कोई सवाल किए उसे जरूरत के मुताबिक पैसे दे देता हूं। वह खुश होकर चला जाता है। इसके बाद अगला आदमी भी इसी तरह की मांग लेकर मेरे पास आता है। तब मैं उससे कहूंगा, 'अपने खर्चों पर काबू रखना सीखो! तुम्हें कोई मदद नहीं मिलेगी। चलो अब यहां से निकलो।' दुखी और निराश होकर अपनी आंखों में आंसू लिए वह कमरे से बाहर चला जाता है। लेकिन मैं सुकून में हूं। क्योंकि मैं जानता हूं कि यह चपरासी न सिर्फ पियक्कड़ है, बल्कि अपने पैसों को लेकर लापरवाह भी। इसलिए जब मैं उसे बाहर निकालता हूं तो मेरी भीतरी आवाज मेरा विरोध नहीं करती।

अगर मैंने पहले चपरासी (एक जिम्मेदार व्यक्ति) के साथ इस तरह का व्यवहार किया होता तो मेरी भीतरी आवाज ने मेरे इस अन्यायपूर्ण

कार्य का प्रतिरोध किया होता। अगर आप अपनी इस भीतरी आवाज को सुनना सीख जाते हैं तो आप प्रेम और अनुशासन दोनों से ही काम लेने में सक्षम हो जाते हैं। आपको यह भी पता चल जाता है कि किस परिस्थिति में कौन सी प्रतिक्रिया उचित होगी। अगर आपकी भीतरी आवाज आपका विरोध नहीं करती तो समझ लें कि आप सही कर रहे हैं, फिर चाहे वह प्रेम हो या अनुशासन।

अध्याय-19

अतीत को पीछे छोड़ने की कला

जिस दिन बच्चे को यह एहसास हो जाता है कि सारे बड़े अपूर्ण हैं, उस दिन वह किशोर हो जाता है। जिस दिन वह उन्हें माफ कर देता है, उस दिन वह खुद वयस्क हो जाता है, जिस दिन वह अपने आप को माफ कर देता है, उस दिन वह बुद्धिमान हो उठता है।

– ऐडन नाउलेन

विवेक में हुई वृद्धि की पैमाइश इस तरह से की जा सकती है कि आपके भीतर की कड़वाहट कितनी कम हुई है।

– फैड्रिक नीत्शे

मेरी जानकारी में ऐसा कोई अक्लमंद इंसान नहीं है, जिसने अतीत में कभी कोई गलती न की हो। उसकी समझदारी इसी में है कि वह इन गलतियों से सबक ले और फिर इन घटनाओं के बारे में न सोचे।

हम सभी कभी न कभी डर से ग्रस्त हुए हैं, कहीं न कहीं अपने फर्ज में चूके हैं या किसी ने किसी अपने को हमने चोट पहुंचाई है। लेकिन हमारे सामने हमेशा पहले से बेहतर बनने की उम्मीद रहती है।

अपने पछतावे से निकल कर इस उम्मीद के साथ जीवन में आगे बढ़ना ही समझदारी है।

बचपन से ही हम लोगों के दिमाग में तमाम चीजों के बारे में कुछ खास राय या बातें बिठा दी जाती हैं। उनमें से कुछ बातें तो तब भी दिमाग में बैठी रहती हैं, जब उनकी उपयोगिता खत्म हो जाती है।

वे हमारे दिमाग में तब भी घर किए रहती हैं, जब हम उन मुकामों पर पहुंच जाते हैं, जहां हमें उनसे विपरीत राय बनाने की जरूरत पड़ती है। हमारी हारें और जीतें इन बातों का अंकन करती चली जाती हैं। उम्र, मौसम और जलवायु बदल जाती हैं, लेकिन दिमाग में ये बातें बैठी रह जाती हैं। दरअसल, हमें इन बातों पर फिर से गौर करने की जरूरत है। इनमें से स्थायी और आधिकारिक सच को रखकर बाकी सभी बातों और विचारों को भूल जाना चाहिए। आपको पूरी ईमानदारी से अपनी गलतियों और दोषों को स्वीकार कर लेना चाहिए, फिर उन्हें भूल जाना चाहिए। इस तरह आप अपने अतीत से फायदेपूर्ण ढंग से मुक्ति पाते हैं। ऐसे में अतीत का सिर्फ सबक याद रहता है, सदमा नहीं।

अध्याय-20

अंधविश्वासों को जीतना

अंधविश्वास 'कारण और प्रभाव' के संबंध का एक ऐसा अनुमान है, जिसे न तो पूरी तरह साबित किया जा सकता है और न ही खारिज। अक्सर अंधविश्वास का कोई आधार नहीं होता। वह पैदा ही तब होता है, जब हम किसी इत्तेफाक को गलती से एक कारण के प्रभाव का रूप मान लेते हैं।

जाने-माने व्यवहारीय मनोवैज्ञानिक बी एफ स्किनर ने 1948 में एक प्रयोग से यह साबित किया कि कबूतर भी अंधविश्वासी बनाए जा सकते हैं। इस प्रयोग के दौरान उन्होंने आठ भूखे कबतूरों को पिंजरे में रखा और उन्हें नियमित दाना डालने लगे। इस दौरान कबतूर कुछ भी करते, फिर भी उनको हर 15 सैकंड में दाना दिया जाता। आठ में से छह कबूतरों ने इस दौरान अलग-अलग, मगर अजीबोगरीब बर्ताव विकसित कर लिए। उदाहरण के लिए एक कबूतर पिंजरे के कोने में अपना सिर मारा करता था, जबकि दूसरे कबूतर नाचते रहते और एक खास तरीके से आगे पीछे हिलते रहते थे। डॉ. स्किनर ने यह निष्कर्ष निकाला कि पहली बार खाना मिलने पर कबूतर अपने हिसाब से हरकत कर रहे थे। इसके बाद कबूतरों को लगने लगा कि जब वे एक खास ढंग से बर्ताव करते हैं, तभी उन्हें दाना मिलता है। हालांकि यह तय था कि

दाना उन्हें बिना इस हरकत के भी मिलता। इस तरह ये कबूतर अंधविश्वासी हो गए थे।

अंधविश्वास शुरू होने की यह प्रक्रिया इंसानों और जानवरों पर इसी तरह से लागू होते देखी गई है, यानी जो घटनाएं बार-बार होती हैं, उनका अपने जीवन से कोई कारगर संबंध न होने के बावजूद लोग उन पर विश्वास करने लगते हैं। इस तरह अंधविश्वास का एक स्रोत इत्तेफाक है।

अंधविश्वास का दूसरा स्रोत स्थानीय संस्कृति भी होती है। एक उदाहरण लीजिए। पेरिस की अपनी पहली विदेश यात्रा से ठीक पहले मैंने अपने नौकर के साथ दुर्व्यवहार किया, 'जिसका मुझे आज भी दुख है।' पेरिस पहूंचने के अगले ही दिन मैंने पाया कि मेरा पासपोर्ट गुम हो गया है। अपने सामान और कमरे को काफी ढूंढ़ने के बाद भी जब पासपोर्ट नहीं मिला तो मैंने बड़े झेपते हुए अपने साथियों को बताया कि मेरा पासपोर्ट खो गया है। इसके बाद तो कहर बरपा हो गया। अगले 24 घंटे के अंदर एक नए पासपोर्ट का इंतजाम करना था और उसके बाद दूसरे देशों में जाने के लिए वीजा भी लिया जाना था। इस सारी चीजों में बड़ी फहीजत हुई। आखिरकार बड़ी मशक्कत और शर्मिंदगी के बाद एक दोस्त की मदद से मुझे नया पासपोर्ट और नए वीजा मिले। इसके कुछ ही कुछ घंटों बाद अपने ब्रीफकेस से कागज निकालते वक्त मेरा हाथ एक छोटी किताबनुमा चीज से टकराया। देखा तो यह मेरा पुराना पासपोर्ट था।

दरअसल, पासपोर्ट कभी खोया ही नहीं था, बस मेरे बैग के कोने में पड़ा हुआ था। मेरी समझ में नही आया कि ऐसा कैसे हुआ? पर अब मैं जानता हूं। मैंने अपने नौकर से र्दुव्यवहार किया था और यह बात मेरे मन को मथ रही थी। कार्मिक दर्शन में गहरा विश्वास रखने के कारण मैं इस र्दुव्यवहार के फल का इंतजार करने लगा। फल अपने आप तो नहीं आया, तो मैंने ही इसे बुलवा लिया। आज मैं जानता हूं कि मेरे कर्मों का हिसाब ऊपरवाला नहीं रख रहा था, मेरी सांस्कृतिक परवरिश अपना रंग दिखा रही थी और उसने ही इस घटना को जन्म दिया था।

आप जिस ढंग से पाले पोसे जाते हैं, आप में जो डर बैठाए जाते हैं या जो लालसाएं आप में पैदा हो जाती हैं, उन्हीं की वजह से आप में अंधविश्वास पैदा होता है। बॉलिवुड के एक स्टार को शहर में जब भी कहीं शूटिंग पर जाना होता है तो वह रोज एक ही रास्ते का इस्तेमाल करते हैं। चाहे दूसरी सड़कों पर ट्रैफिक कम हो या वे सड़कें बेहतर हों, फिर भी वह इसी रास्ते से जाते हैं।

ऐसे अंधविश्वास लोगों को कमजोर, अकुशल और अकर्मण्य बनाते हैं।

दिल्ली के एक कार डीलर ने मुझसे एक बार कहा था कि अक्सर बिक्री का लक्ष्य पूरा करने के दबाव के चलते कार खरीदने के लिए सबसे आकर्षक कीमत की पेशकश महीने के आखिरी दिन होती है। लेकिन महीने का अखिरी दिन अगर शनिवार पड़ जाए तो तमाम छूट के बावजूद बिक्री बेहद कम रहती है। क्यों? क्योंकि भारत में शनिवार का दिन धातु (लोहा) खरीदने के लिए शुभ नहीं माना जाता। सवाल आता है कि लोग फिर इसे कब खरीदते हैं? एक दिन बाद यानी अगले महीने, फिर चाहे उन्हें इसके लिए ऊंची कीमत ही क्यों न देनी पड़े।

कोई भी व्यक्ति इन अंधविश्वासों से कैसे छुटकारा पा सकता है? इसके लिए सबसे पहले हमें इनका स्रोत ढूंढना होगा। आखिर ये अंधविश्वास कहां से उपजते हैं?

एक गुरुजी ने अपने यहां एक बिल्ली पाल रखी थी। जब वह उपदेश देते थे, तो वह उनके आसपास मंडराती रहती थी। इससे सभी श्रोताओं को परेशानी महसूस होती थी। इसलिए वह अपना उपदेश शुरू करने से पहले ही उसे एक टोकरी के नीचे क़ैद कर देते। जब उनका उपदेश ख़त्म हो जाता तो वह उसे आज़ाद कर देते। यह सिलसिला कई सालों तक चलता रहा। जिस दिन गुरूजी की मृत्यु हुई, उनके स्थान पर एक नए गुरूजी की नियुक्ति हो गई। उन्हें भी पूर्ववत् श्रोताओं के सामने उपदेश देना था। जब वह बोलने के लिए बैठे, तो उन्हें बिल्ली कहीं दिखाई नहीं दी। स्वभाविक था कि अपने मालिक की मृत्यु

के बाद बिल्ली ने भी उस सभागार में आना छोड़ दिया था। नए गुरूजी ने अपने शिष्यों को उसकी तलाश करने भेजा। शिष्य थोड़ी देर बाद उसे ढूंढ लाए और उसे टोकरी के नीचे रख दिया। उसके बाद ही गुरूजी ने अपना उपदेश आरंभ किया। बिल्ली के मरने तक उपदेशों का यही क्रम जारी रहा। उसके बाद एक नई बिल्ली वहां लाई गई। कुछ अरसे बाद नए गुरूजी भी चल बसे। नई बिल्ली भी मर गई। बार-बार यही सिलसिला चलता रहा लेकिन उपदेश जारी रहे और उपदेशों के शुरू होने से पहले नई बिल्लियों को टोकरी के नीचे क़ैद करके रखने का सिलसिला भी पूर्ववत् जारी रहा। अब हालत यह हो गई कि बिल्लियों के बिना वहां उपदेश देना अशुभ माना जाने लगा।

अंधविश्वास की जड़ें आमतौर पर रीति-रिवाजों, लालच या डर में देखी जा सकती हैं। इनका स्रोत देखने के बाद आप अक्सर इनकी सारहीनता पर मुस्कराने लगते हैं। ऐसे में धीरे-धीरे अंधविश्वास अपने आप खत्म होने लगते हैं। उनकी सारहीनता का एहसास उनका जड़ समूल नाश कर देता है।

अंधविश्वास जीवन का रस समाप्त कर देता है। एक अंधविश्वासी व्यक्ति हमेशा डर, धार्मिक रस्मों और शगुन-अपशगुन की ज़ंजीरों में ही जकड़ा रहता है। अंधविश्वासी जनता अक्सर अयोग्य और भ्रमित नेताओं को चुन लेती है और अपने लिए भी एक बड़े नुकसान का कारण बनती है। ऐसी अंधविश्वासी जनता को नियंत्रित करना भी एक मुश्किल काम है।

अध्याय-21

स्वर्णिम विनम्रता के फायदे

देवदूत इसलिए उड़ पाते हैं, क्योंकि वे अपनी महानता को लादे नहीं फिरते।

– जी.के. चेर्स्टटन

विनम्रता का मतलब यह नहीं कि आप खुद को कम करके आंकें, बल्कि इसका आशय यह है कि आप अपने बारे में कम सोचें।

– कैन ब्लेंचार्ड

नर्वस ब्रेकडाउन की तरफ बढ़ने का एक लक्षण तो यह है कि आप मानने लगें कि आप जरूरत से ज्यादा महत्वपूर्ण हैं।

– बर्टेंड रसल

अगर दुश्मन से छुटकारा चाहते हैं तो यह समझिए कि वास्तविक दुश्मन अहंकार है।

– कीगॉन सूत्र

जो अपने आप में सुरक्षित हैं, वही विनम्र होते हैं।

– जी.के. चेर्स्टटन

भय व चिंताओं से सुरक्षित व्यक्ति ही विनम्र हो सकता है।

– जी.के.चेस्टर्टन

कुछ लोग अहंकार के सफर पर जाने में भी पर्याप्त सफल नहीं हो पाते, क्योंकि उनकी गाड़ी की गति ही बहुत ज़्यादा नहीं होती।

– फ्रेड स्मिथ

आप इतने महान नहीं हैं, इसलिए ज़्यादा विनम्र न बनें।

– गोल्डा मेयर

बॉलीवुड के मेरे सबसे पसंदीदा सितारों में से एक, शाहरुख खान ने अपने वक्तव्यों और अपने कार्यों से हमेशा एक परिपक्व विनम्रता का परिचय दिया है, लेकिन जब 15 अगस्त 2009 को न्यूयॉर्क हवाई अड्डे पर उनकी तलाशी ली गई तो उन्होंने 'तुम लोग जानते नहीं कि मैं कौन हूं?' के अंदाज़ में सुरक्षाकर्मियों पर धौंस जमाने की कोशिश की और आग बबूला हुए। इसका अर्थ है अहंकार पूरी तरह से जाता नहीं है। आदर-सत्कार और सम्मान से यह शांत होता है। लेकिन जब इनमें कमी आती है तो अहंकार फिर से सिर उठाने लगता है।

अहंकार (इगो) एक तरह का सुरक्षा कवच है। अहं अपने हितों की सुरक्षा करने में आपकी मदद करता है। महत्वपूर्ण है कि आप यह सीखें कि इसका इस्तेमाल कैसे करना है और साथ ही इस तरफ भी सचेत रहें कि कब आप उसके गुलाम बन रहे हैं। किसी कमरे मे घुसते समय अगर आपकी आंखों में यह सवाल हो कि लोगों को पता है कि मैं कौन हूं, तो समझ लीजिए कि आप अपने अहं के गुलाम हो चुके हैं। अगर सचमुच ऐसा है तो आपका अहं आपको बहुत कष्ट देगा। असल में अहं से तीन बड़ी मुश्किलें आती हैं:

- अहं आपको अकेला बना देता है।
- अहं आपको मानसिक आघातों के सामने इस कदर असहाय कर देता है कि ये आघात आपको जरूरत से ज्यादा बड़े लगने लगते हैं (इसके विपरीत विनम्र व्यक्ति ऐसे आघातों से काफी हद तक सुरक्षित होता है और विनम्रता उसे शांत स्वभाव भी देती है)

- अहं के कारण आप कई बार ऐसे आघातों की कल्पना भी कर लेते हैं।

सवाल है, क्या विनम्रता का मतलब अहंकार शून्यता है? मुझे यही बताया गया था और मैंने पढ़ा भी यही था, लेकिन ये जवाब मुझे तसल्ली नहीं देते थे। जैसा कि मैं पहले भी कह चुका हूं कि बचपन में हमें बातें सिखाई जाती हैं। जैसे बिजली के स्विच को न छुआ जाए। बचपन में ऐसी बातें बताना बिल्कुल सही है। लेकिन बड़े हो कर भी अगर ऐसी बातों से चिपके रहें तो हम बिजली की जादुई ताकत से चलने वाले उपकरण जैसे कंप्यूटर, इंटरनेट, एयर कंडीशनर आदि का कभी इस्तेमाल नहीं कर पाएंगे। इसका मतलब है कि एक उम्र ऐसी आती है, जब हमें इन बातों को छोड़ना पड़ता है। साथ ही, अपने व्यवसायिक जीवन के शुरू में या मध्य में यह जरूरी है कि आप अपने अहंकार को काबू में रखें। अगर आप ऐसा नहीं करेंगे तो आपको इसकी बड़ी कीमत चुकानी पड़ेगी। लेकिन एक दौर ऐसा भी आता है, जब आपको आगे बढ़कर कमान संभालनी पड़ती है। ऐसे वक्त पर कभी-कदा आपको अहं की जरूरत पड़ती है। ऐसा इसलिए होता है, क्योंकि आप संस्थान के प्रतिनिधि होते हैं। आप न सिर्फ उसके मुखिया होते हैं, बल्कि आप उसके मुख्य अभिभावक भी होते हैं। इसलिए कभी-कभी आपको अपने पूरे विश्वास के साथ अपनी उपस्थिति दर्ज करानी पड़ती है।

आपका अहं रेनकोट की तरह होना चाहिए। ज्यादातर वक्त पर उसकी जरूरत नहीं पड़ती और न ही आप रोज उसे लेकर चलते हैं। उसका इस्तेमाल सिर्फ बारिश के दौरान ही होता है। बारिश के वक्त ही आप उसे पहनते हैं और जब बादल छंट जाते हैं तो आप उसे वापस अल्मारी में रख देते हैं।

जो लोग दूसरों की इज्जत नहीं करते उनसे कैसे निपटा जाए? एक तरीका तो यह है कि उनकी तरफ ऐसे देखा जाए, जैसे हम कीचड़ को देखते है, और उस पर नजर जाते ही हम रास्ता बदल लेते हैं। लेकिन कीचड़ पर आप नाराज नहीं होते, न ही उद्विग्न होते हैं। दूसरों की

इज्जत न करने वाले लोगों के प्रति यह नज़रिया अधिकांशतः तभी संभव होता है जब आपका परिवार या आपके कुछ दोस्त पूरी वफादारी के साथ आपकी सराहना करते हैं, आपको सम्मान के लायक समझते हैं और आपकी इज़्ज़त करते हैं। ध्यान दें कि इससे आपका अहं पूरी तरह संतुष्ट होता है, परिणामस्वरूप छोटी-छोटी बातों पर आक्रामक हो उठने की उसकी प्रकृति में कमी आती है।

परिस्थिति कैसी भी हो, आपको अपने ऊपर हुए हमले की प्रतिक्रिया नहीं करनी चाहिए। उसका जवाब सोच-समझकर ही देना चाहिए। सोच-समझकर ही क्यों? दरअसल, तब आपकी प्रतिक्रिया नपी-तुली होती है। बिना सोचे प्रतिक्रिया करने में आपे के बाहर होने का डर रहता है। आपको यह भी समझना चाहिए कि आप चुप्पी और शरीर के हाव-भाव से भी अपनी नाराजगी जता सकते हैं। इस तरह का संवाद या प्रतिक्रिया शब्दों से होने वाले घाव नहीं छोड़ती।

संतुलन बनाना बहुत जरूरी है। खुद को जरूरत से ज्यादा गंभीरता से लेना भी उतना ही बुरा है, जितना खुद को पूरी गंभीरता से न लेना। संयम का मध्यम मार्ग ही श्रेयस्कर है। शीर्षधिकारियों से ही नहीं, बल्कि अपने संस्थान के सभी लोगों से आपकी बातचीत विनम्र होनी चाहिए। साथ ही, इसमें शालीनता (ठहराव) भी होनी चाहिए, जिसे मैं स्वर्णिम विनम्रता कहता हूं।

विनम्रता के कई और भी रूप हैं। उदाहरण के लिए कमजोरी से उपजी विनम्रता भी एक रूप है, जो जबर्दस्ती अपनाई गई विनम्रता है। दरअसल, कोई विकल्प न होने के कारण कमजोर व्यक्ति विनम्र बना रहता है।

इसके इलावा, ज़बर्दस्ती अपनाई गई विनम्रता या कहें कि अनिवार्य रूप से आने वाली विनम्रता है, जिसे मैं वृद्धावस्था के कारण व्यक्ति में आने वाली विनम्रता का नाम देता हूं। बहुतों में यह विनम्रता उम्र के साथ आती है। यह किसी परिवर्तन के कारण पैदा नहीं होती, बल्कि शारीरिक शक्ति के क्षय के कारण उपजती है। अपने अहं को बनाए रखने के लिए थोड़ी आक्रामकता की जरूरत होती है, जिसके लिए शारीरिक

शक्ति जरूरी है। ज्यादातर लोगों में उम्र के साथ-साथ यह शक्ति कम होने लगती है। अपनी शारीरिक ताकत कम होते देख उनके पास विनम्र होने के सिवाय कोई और विकल्प नहीं रह जाता। इस किस्म के लोग अभी भी सिर उठाकर चलना चाहते हैं, लेकिन ढलती शारीरिक ताकत उन्हें ऐसा करने से रोकती है।

विनम्रता की एक और किस्म है, जो अहंकार से ही उपजती है। इसमें शक्तिशाली व्यक्ति खुद को विनम्र बनाकर प्रस्तुत करता है। शक्तिशाली, मगर विनम्र होने की ये छवि उसे और अधिक चमकदार बनाती है, क्योंकि इस छवि में लोगों को विरोधाभास दिखाई देता है। ऐसी विनम्रता अक्सर अनजाने में अहंकार के तुष्टिकरण के लिए ही अपनाई जाती है। यह अहंकार के ही खेल का नतीजा होती है। लेकिन यह बनावटी विनम्रता है। असल में यह एक ढोंग है।

उससे ज़्यादा स्वाभाविक विनम्रता होती है स्वर्णिम विनम्रता, जिसमें आप दूसरों को सम्मान देते हैं और प्रत्युत्तर में दूसरों से सम्मान पाते हैं - यह पूरी तरह से एक बुनियादी विनम्रता का पूर्व लक्षण है। बुनियादी विनम्रता हर छोटे व बड़े व्यक्ति के प्रति दिखाया गया एक सच्चा सम्मान है, जहां आपके सुख-चैन को दूसरों के द्वारा दिए गए सम्मान पर निर्भर नहीं रहना पड़ता। स्वर्णिम विनम्रता ही विनम्रता की इस श्रेष्ठ किस्म की ओर बढ़ाया गया एक कदम है।

सबके लिए सुझाव

- *सम्मान दोस्तों के बीच एक सेतु का काम करता है।*

  – फ्रेड स्मिथ
- एक व्यक्ति की पहचान इससे होती है कि जब उसके पास कुछ नहीं होता, तो वह अपने बारे में क्या सोचता है और जब उसके पास सब कुछ होता है, तो वह दूसरों के बारे में क्या सोचता है।

अध्याय-22

विवेक और परिपक्वता की शक्ति

विज्ञान से हमारा ज्ञान सुव्यवस्थित होता है। विवेक से हमारा जीवन सुव्यवस्थित होता है।

— इमैनुअल कैंट

विवेक का मार्ग कौन सा है? कहने को तो यह सीधा और सरल हैः भले ही आप गलती पर गलती करते जाएं, पर उनकी संख्या अवश्य कम होती रहनी चाहिए।

— पीट हेन

किस चीज को नजरअंदाज किया जाए, यह जान लेने की कला ही बुद्धिमान होने की निशानी है।

— विलियम जेम्स

अविवेकपूर्ण तरीके से लगाई गई ताकत अपने आप पर ही भारी पड़ती है।

— होराके/होराक

विवेकहीन अधिकार उस भारी धार हीन कुल्हाड़ी की तरह है, जो तोड़ तो सकती है, तराश नहीं सकती।

– एनी ब्रेडस्ट्रीट

मेरी राय में परिपक्वता का मतलब है – कैसा व्यवहार करें, क्या बोलें, कब बोलें और कैसे बोलें की जानकारी होना। यह एक व्यवहारजन्य खूबी है। जबकि दूसरी ओर विवेक का मतलब है, जीवन के प्रति आपकी समझ कैसी है। और समझ भी ऐसी, जो विभिन्न स्थितियों में भी समान रूप से कारगर हो। विवेक अपने आप में सार्वभौम विचार है। विवेक के नजरिए से देखें तो किसी भी क्षेत्र में सफलता पाने के लिए – चाहे वह भौतिक, शारीरिक, मनोवैज्ञानिक, सामाजिक या आध्यात्मिक – इन सभी क्षेत्रों में थोड़ी बहुत सफलता पाना जरूरी है। यह नजरिया जीवन की निहित पूर्णता और आपसी जुड़ाव पर आधारित है।

विवेक का अर्थ किसी वस्तु की वास्तविक प्रकृति को देखने-समझने की क्षमता और फिर उसके आधार पर अपना विकल्प चुनना है, जो सच्चा भी है, सही और स्थायी भी। इसके साथ-साथ अपने दिमाग़ (ज्ञान के भण्डार) और अपने मन (मूल्य प्रणाली) दोनों का उपयोग करके मनुष्य जाति के अनुभव के ज़रिए सीखे गये पाठों को नज़र में रख कर चलना।

सच्चा ज्ञान पुराने अनुभवों या इतिहास से उपजता है और फिर भविष्य के परिणामों का अनुमान लगाने की कोशिश करता है। वह अपने हितों और सार्वजनिक हितों के बीच एक संतुलन बनाता है। यह विवेक ही किसी व्यक्ति को दूसरों की जिंदगी से तालमेल बनाते हुए काम करने की काबलियत देता है और उसे भौतिक, शारीरिक, मनोवैज्ञानिक, सामाजिक और आध्यात्मिक रूप से प्रगति करने में मदद करता है।

क्या विवेक और परिपक्वता को सीखा जा सकता है? इन खूबियों को सीखना थोड़ा मुश्किल है। ज्यादातर लोग अज्ञानी रह कर ही मर जाते हैं। हमेशा उम्र से ही विवेक और परिपक्वता नहीं आती। प्रायः उम्र अकेली आती है। जैसा के टैनिसन ने कहा हैः 'ज्ञान तो आ जाता है, लेकिन विवेक कहीं पीछे रह जाता है।' लेकिन कोई भी व्यक्ति

जिंदगी में समझदार लोगों से गहरे और लंबे संबंध बनाकर अपने अंदर परिपक्वता और समझ पैदा कर सकता है, जिसके लिए उसे पढ़ने के साथ-साथ आस-पास की दुनिया के सूक्ष्म अध्ययन का भी सहारा लेना पड़ेगा। विवेकवान व्यक्तियों और अपने अनुभवों से सीखें, फिर जो विवेक प्राप्त होगा, वह इत्र की सुगंध की तरह आपके आस-पास बसा रहेगा।

उपसंहार :
विवेक की सीमाएं लांघिए

अपने आस-पास घटते चमत्कारों को देखिए। उन पर अपनी मिल्कियत न जताइए। इनमें बहती कलाकारी को देखिए और शांत रहिए।

— रूमी

अपने भीतर मौजूद संभावनाओं की नई दुनिया और महाद्वीपों के प्रति कोलंबस जैसा खोजी रवैया रखिए। व्यापार के नहीं, बल्कि विचारों के नए आयाम ढूंढिए।

— हेनरी डेविड थोरू

आस्था वो नखलिस्तान है, जहां विचारों का कारवां कभी नहीं पहुंच पाता।

— खलील ज़िब्रान

मैं समझता तो नहीं, लेकिन विश्वास जरूर करता हूं और जो बात मेरा मस्तिष्क नहीं समझ पाता, उसे मैं आस्था की मदद से पकड़कर रखता हूं।

— सेंट बर्नार्ड

आप क्या करते हैं, यह महत्वपूर्ण नहीं है, महत्वपूर्ण यह है कि आप कुछ न कुछ करें।

— महात्मा गांधी

सफलता के लिए कर्म के साथ-साथ धैर्य भी जरूरी है।

— थॉमस ए. एडिसन

एक दृष्टिहीन व्यक्ति की कल्पना कीजिए। अगर आप उससे कहें कि कमरे में रोशनी है तो हो सकता है कि आपको जवाब मिले, 'मैं न तो उसे छू सकता हूं, न सूंघ सकता हूं, न चख सकता हूं और न ही सुन सकता हूं, इसलिए रोशनी का कोई अस्तित्व नहीं है। आप मनगढंत बातें कर रहे हैं।' दरअसल, हमारी समझ की सीमाएं होती हैं। जब भी हम इन सीमाओं के पार देखना चाहते हैं तो हममें इन्हें देखने की काबलियत काफी नहीं होती। असल में समझ के दायरे के अंदर की चीजों को देखने में आखें बहुत मदद करती हैं। लेकिन समझ की सरहदों पर पहुंचकर हमारे अंधे हो जाने का भय है। इस दायरे के बाहर चीजों को समझने और देखने के लिए ये दृष्टि पर्याप्त नहीं है। ऐसे में हमारी हालत भी उसी दृष्टिहीन व्यक्ति की तरह हो जाती है। हम किसी चीज का अस्तित्व सिर्फ इसलिए नकार देते हैं, क्योंकि वह हमारी देखने की क्षमता के बाहर है। नीचे दिए जा रहे उदाहरण को खुले दिमाग, खुली आंखों और खुले मन से पढ़िए।

मैं किसी भी नेता की जिंदगी में तीन चरण देखता हूं:

चरण - 1 : जब वह नेता बनता है। उसके नेता बनने में न सिर्फ उसकी काबलियत, बल्कि उसके भाग्य की भी भूमिका होती है। यहां पहुंचने के बाद कुछ नेता दूसरे चरण पर पहुंचते हैं।

चरण - 2 : इस चरण में वह अच्छा नेता बनता है। उसके पास लोगों को प्यार करने के साथ-साथ उन्हें अनुशासित करने की काबलियत भी आ जाती है। अक्सर इस चरण में वह बड़ा प्रभावशाली व्यक्तित्व विकसित कर लेता है। ज्यादातर नेता इस चरण के आगे नहीं बढ़ पाते। कुछ मुट्ठी भर ही तीसरे चरण तक पहुंचते हैं।

चरण - 3 : इस चरण में एक नेता अपनी लय में इस तरह रंग जाता है कि प्रकृति भी उसका साथ देने लगती है। वह जो चाहता है, वही होता है। वह जो भी कार्य करता है, उसमें उसे संघर्ष का सामना नहीं करना पड़ता। अब उसे शक्ति का सहारा नहीं लेना पड़ता। उसकी लय ही उसे वो नतीजे देने लगती है, जिसकी उसने कल्पना की थी। इसमें शक नहीं है कि दूसरे चरण में हुनरमंद योद्धा की जो छवि उसने विकसित की है, वो उसके विरोधियों को उससे लोहा लेने से रोकती है। लेकिन अक्सर उसकी अपनी लय में रमने की काबलियत ही ब्रह्मांड के साथ उसका ऐसा सामंजस्य बैठाती है कि वह उसकी मदद करने के लिए तैयार हो जाता है। अब पूरा ब्रह्मांड उसके कहे अनुसार चलने लगता है।

इसी तरह मैं इंसानों में भी तीन तरह के भाग्य देखता हूं, जो उनकी जिंदगी को संचालित करते हैं।

ज्यादातर लोगों को जिंदगी में पैदल ही भाग लेना पड़ता है। कुदरत बहुत कम ही लोगों को घोड़ा मुहैया कराती है। इसके बाद वे घोड़े को प्रशिक्षित करते हैं, घुड़सवारी सीखते हैं और फिर घोड़े पर बैठकर वे जिंदगी की दौड़ में हिस्सा लेते हैं। लेकिन ऐसे लोग बिरले ही होते हैं, जिनके लिए कुदरत रथ मुहैया कराती है। उन्हें न तो पैदल दौड़ना पड़ता है और न ही घुड़सवारी सीखनी पड़ती है। उनके पास उनके रथ चलकर आते हैं। वे रथ पर चढ़कर खूबसूरत नजारों का लुत्फ लेते हुए जिंदगी की दौड़ में हिस्सा लेते हैं। ऐसा नहीं कि वे मेहनत नहीं करते, पर उन्होंने तीसरे चरण से ताओ का तरीका सीख लिया है। जाहिर है कि उन्हें इसकी शक्ति भी मिलेगी।

तैयारी के अलावा वह कौन सी काबलियत है, जो लोगों को रथ पाने या उसे ढूंढने में मदद करती है? शायद इसमें करुणा और संवेदनशीलता मददगार होती है। करुणा आपके रथ आप तक पहुंचाने में मददगार होती है। संवेदनशीलता आपका रथ पहचानने में मदद करती है। आपकी संवेदनशीलता कभी-कभी आपको यह अहसास भी कराती है कि अनजाने में आप ब्रह्मांड की लय में रुकावट बन रहे हैं और आप ब्रह्मांड को अपनी ही मदद करने से रोक रहे हैं।

कभी जरा यह प्रयोग करके देखिए। एक शांत पल में तारों की ओर नजर डालिए। अगर आप संवेदनशील और किस्मत वाले हैं तो तारों से अपने संबंध को पहचान लेंगे। ध्यान रहे, यह प्रयोग आक्रामक रवैये से मत कीजिएगा। अगर आपने इस जिद के साथ प्रयोग शुरू किया कि आपको सफल होना ही है, तो आपको सफलता नहीं मिलेगी। याद रखिए, स्वर्ग के पक्षी उन्हीं हाथों पर बैठते हैं, जो उन्हें लपकते नहीं है। किसी अपेक्षा के साथ इस प्रयोग को शुरू मत कीजिए, वर्ना आपकी अधीरता इसे असफल बना देगी। इस प्रयोग को पूरे आराम और इत्मिनान से शुरू कीजिए और उसकी लय में बह जाइए। आपका संबंध अपने आप ही आप पर उजागर होने लगेगा। अगर पहली बार सफलता न मिले तो फिर कोशिश कीजिए, लेकिन यह कोशिश जिद में आकर न हो, बल्कि उस छोटे बच्चे की तरह हो, जो बार-बार सीढ़ियां चढ़ने की कोशिश करता है। अगर आप असफल हो जाएं तो बिना खीजे दोबारा वैसे ही कोशिश कीजिए, जैसी पहली बार की थी। अगर आप इस नजरिए से आगे बढ़ेंगे तो आपको जरूर सितारों से अपना संबंध दिखाई दे जाएगा। यह संबंध वाकई सच्चा है। बस आपके ढूंढने भर की देर है। हमें यह पता होना चाहिए कि कुछ वैज्ञानिक यह मानते हैं कि यह संबंध ज्ञान की प्राप्ति की तरह है, जो दिमाग़ की हलचलों से ही निकलता है। यदि यह सच भी हो तो भी इसका अनुभव महत्त्वपूर्ण है क्योंकि यह आपके दिमाग़ में नये जोड़ बिठायेगा।

सितारों, पहाड़ियों, नदियों आदि से ऐसा संबंध व्यक्ति में बह्मांडीय चेतना विकसित करता है और जिंदगी की सच्चाई और ब्रह्मांड के नियमों के प्रति उसे सचेत करता है। इसके बाद व्यक्ति उस सार्वभौम ऊर्जा से एकात्म स्थापित कर लेता है और खुद को ब्रह्मांड से जुड़ा हुआ पाता है।

यह बाहरी संपर्क आपको भीतर से भी बदलता है। लहरें जब तट पर आती हैं तो कुछ अनुभव लेती हैं और जब वे वापस लौटती हैं तो उन्हीं अनुभवों को सागर तक ले जाती हैं। धीरे-धीरे ये बदलाव सागर में भी दिखाई देने लगते हैं। बाहरी और भीतरी दुनिया में हुए यही बदलाव आपको आपका रथ दिलवाने में और उसे ढूंढने में आपकी मदद करते हैं।

किसी भी स्थिति की गहरी जानकारी, जब ब्रह्मांड की लय की समझ से मिल जाती है तो फिर व्यक्ति नैसर्गिक लय पर सहजता से आगे बढ़ने लगता है। बुद्धिमान व्यक्ति उस सच्चाई को देख लेता है, जो दूसरे नहीं देख पाते और श्रेष्ठ व्यक्ति उन गहराइयों में भी झांक लेते हैं, जिनकी दूसरे कल्पना तक नहीं कर पाते। ये मौलिक खूबी आपको महीन और छिपी हुई सच्चाइयों को पकड़ने की नायाब काबलियत देती है। श्रेष्ठ व्यक्ति को पता होता है कि भविष्य के गर्भ में क्या छिपा है। ऐसे में वह अपनी कोशिशों से खुद को एक कीमती जगह पर खड़ा करता है और जल्दी ही धरती के नीचे से सफलता का सिंहासन बाहर निकलता है। और फिर वह उस पर विराजमान हो जाता है। दुनिया जब उसकी सफलता पर ताली बजाती है तो वह पूरी विनम्रता से झुक कर उसे स्वीकार करता है, क्योंकि उसे पता है कि इस सफलता में उसकी मेहनत तो पूरी भूमिका का सिर्फ एक हिस्सा भर है। इसके बाद वह एक नए लक्ष्य की तैयारी में जुट जाता है।

उसकी अगली यात्रा भी पिछली यात्रा जैसी ही प्रतीत होती है। वह लगातार कोशिश करता रहता है, लेकिन जिद्दी नहीं होता। मेहनत करने और जिद में बहुत फर्क है। अगर आप अपनी काबलियत से ज्यादा पाने के लिए जिद करेंगे तो वह हठधर्मिता न सिर्फ बेमानी होगी, बल्कि आपको नुकसान भी पहुंचा सकती है। हो सकता है कि वह आपकी बद्किस्मती का कारण भी बन जाए। यह जरूरी नहीं कि हर कार्रवाई भाग्यशाली ही हो। कभी-कभी आपको अपनी ऊर्जा पर नजर रखनी पड़ती है और सही समय पर उसे प्रवाहित करने का इंतजार करना पड़ता है। हर चीज का वक्त और स्थान निश्चित है। श्रेष्ठ व्यक्ति सही वक्त की पहचान रखते हैं। वे यह फर्क करना जानते हैं कि कब सब्र रखना है और कब डट कर मेहनत करनी है। उनका मस्तिष्क इस लय को अच्छी तरह समझता है। वे न सिर्फ प्रकृति, बल्कि ब्रह्मांड से भी पूरी गहराई से जुड़े होते हैं। ऐसे लोग न सिर्फ उसके सुरों के मतलब समझते है, बल्कि उसके संगीत का पूरा आनंद भी उठाते हैं।

ऐसा व्यक्ति काम करते हुए भी प्रार्थना करता है। मेहनत और प्रार्थना का संगम करके वह आशातीत सफलता पाता है। मैं इसे पवित्र मेहनत मानता हूं। जो व्यक्ति इस तरह से मेहनत करता है, वह यह

समझता है कि ब्रह्मांड की ताकत उसकी कल्पना से परे है। जिसे हम चमत्कार कहते हैं, वो ब्रह्मांड की ताकत उसकी कल्पना से परे है। जिसे हम चमत्कार कहते हैं, वो ब्रह्मांड के लिए रोजमर्रा की बातें हैं। सफल व्यक्ति ब्रह्मांड की इसी रोजमर्रा की गतिविधि को अपनी मेहनत से जोड़कर सफलता में बदलने की कोशिश करता है। चीन के फौजी रणनीतिज्ञ दू मू ने कहा था, 'दस हजार फुट ऊंची पहाड़ी से चट्टाने लुढ़काई जाएं, तो उन्हें रोकना असंभव होगा। ये चट्टान की काबलियत नहीं, बल्कि पहाड़ी की कृपा है।' दू मू ब्रह्मांड की ताकत के इस्तेमाल की ओर ही इशारा कर रहे थे।

विवेक खुद को और दूसरों को समझने का दूसरा नाम है, जबकि ज्ञान ब्रह्मांड को समझने की काबलियत। महान लोग समझदार और ज्ञानी दोनों ही होते हैं, इसलिए वे पूर्ण सफलता प्राप्त करते हैं।

चुनी हुई पुस्तक सूची

1. रॉबर्ट ग्रीन और जूस्ट एल्फर्स, द 48 लॉज़ ऑफ पावर, वीवा बुक्स, नई दिल्ली, 1999
2. जेफरी पेफर्ट, मैनेजिंग विद पावर, हावर्ड बिजनेस स्कूल प्रेस, बोस्टन, 1992
3. नीजेल ब्लंडेल, द वर्ल्ड' स ग्रेटेस्ट स्कैंडल्स, ऑक्टोपस बुक्स, लंदन, 1986
4. पैट्रिक फ्रेंच, लिबर्टी और डेथ, हार्पर कॉलिंस, नई दिल्ली, 1998
5. स्टेनली फॉस्टर रीड, द टॉक्सिक एक्सक्यूटिव, रैंडम हाउस वेल्यू पब्लिकेशन, 1994
6. स्यू ब्लैक हॉल, द वर्ल्ड' स ग्रेटेस्ट ब्लंडर्स, बाउंटी बुक्स, लंदन, 1997
7. हैरियट र्‍यूबिन, द प्रिसेंसाः मैकियावैली फॉर वीमेन, डीटीपी, 1998
8. चिंग निंग चू, थिक फेस ब्लैक हर्ट, वार्नर बिजनेस बुक्स, 1994
9. शर्ली पेडी, सीक्रेट्स ऑफ द कारपोरेट जंगल, जयको पब्लिकेशन हाउस, मंबुई, 1997
10. डॉ. लॉरेंस जे पीटर्स, पीटर्स कोटेशंस—आइडियाज़ फॉर आवर टाइम, बैंटम बुक्स, न्यूयॉर्क, 1977

11. मियामोतो मुसाशी, थॉमस क्लेरी, द बुक ऑफ फाइव रिंग्स, शाम्भाला, बोस्टन, 2003
12. शीतल कुमार जैन, द बुक ऑफ ग्रेट एरर्स, पुस्तक महल, नई दिल्ली, 2000
13. डोनाल्ड जी क्राउस, द आर्ट ऑफ वार फॉर एक्सक्यूटिव्स, पैरिग्री, न्यूयॉर्क, 2000
14. राल्फ डी सायर, मिलट्री मैथड्स, वेस्टव्यू प्रेस, अप्रैल 1995
15. माइकल ए लीदीन, मैकियावैली ऑन मॉडर्न लीडरशिप, सेंट मार्टिन 'स प्रेस, न्यूयॉर्क, 2000
16. पाउलो कोहिलो, द डेविल एंड मिस प्रिम, हार्पर कॉलिंस, लंदन, 2001
17. नील डोनाल्ड वॉल्श, कन्वरसेशन विद गॉड, हॉडर एंड स्टॉटन, लंदन, 1996
18. क्लिफटन फेडीमैन, लिटल (एड.), द लिटल ब्राउन बुक ऑफ एनिक्डॉट्स, ब्राउन एंड कंपनी, लंदन, 1985
19. विल डूरंट, द स्टोरी ऑफ फिलॉसफी, पॉकेट बुक्स, न्यूयॉर्क, 1953
20. जो हायमस, ज़ेन इन द मार्शल, आर्ट्स बैंटम बुक्स, न्यूयॉर्क, 1982
21. राल्फ डी सायर, मि-चुन ली सायर, द आर्ट ऑफ द वॉरियर, शाम्भाला, बोस्टन, 1996
22. राबर्ट बी सिआल्डिनी, द साइकॉलजी ऑफ परसुएशन, क्विल विलियम मॉरो, न्यूयॉर्क, 1993
23. डॉन ई. फेरेनबेकर, द ड्रेड स्कॉट केसः इट्स सिग्निफिकन्स इन अमेरिकन लॉ एंड पॉलिटिक्स, न्यूयॉर्क, ऑक्सफोर्ड यूनिवर्सिटी प्रैस, 1978
24. गैरी पर्लमैनः हाऊ टू स्पॉट ए लाइयर, http://www.the palmbeachtimes.com/, 2012
25. फिलिप बी. स्टॉर्म, वाइ मैन मस्ट लाई, 2010

Wisdom Village Publications Pvt Ltd

Knowledge is information. Wisdom is transformation.

Nek Vyakti Kaise Jeetay?
Pavan Choudary
Hindi
ISBN 9789380710396 (PB)
Price Rs. 195.00

Lal Bahadur Shastri Netritva ke Sutra
Anil Shastri &
Pavan Choudary
Hindi
ISBN 9789380710426 (PB)
Price Rs. 250.00

Naye Zamane Ke Patrakarita
Saaurabh Shukla
Hindi
ISBN 9789380710228(PB)
Price Rs. 250.00

Safalta Ki Triveni
Pavan Choudary
Hindi
ISBN 9788190655569(P
Price Rs.100.00

Nidar Bano
Kiran Bedi
Hindi
ISBN 9789380710341(PB)
Price Rs. 250.00
ISBN 9789380710358(HB)
Price Rs. 499

Swachh Bharat Checklist
Kiran Bedi &
Pavan Choudary
Hindi
ISBN 9789380710617(PB)
Price Rs. 75.00

Kayede Ke Fayede
Kiran Bedi &
Pavan Choudary
Hindi
ISBN 9789380710037(PB)
Price Rs.110.00

Rampur ka Pradhan
Kuldeep M. Sharma
Hindi
ISBN 9789380710082(P
Price Rs.195.00

ORDER YOUR COPY. ON BULK ORDERS AVAIL SPECIAL DISCOUNT. CONTACT
-+91 98108 00469, Website: www.wisdomvillagepublications.com, Email: wvpdindia@gmail.com